科学技术进步法一本通

法规应用研究中心　编

中国法制出版社
CHINA LEGAL PUBLISHING HOUSE

编 辑 说 明

“法律一本通”系列丛书自2005年出版以来，以其科学的体系、实用的内容，深受广大读者的喜爱。2007年、2011年、2014年、2016年、2018年、2019年、2021年我们对其进行了改版，丰富了其内容，增强了其实用性，博得了广大读者的赞誉。

我们秉承“以法释法”的宗旨，在保持原有的体例之上，今年再次对“法律一本通”系列丛书进行改版，以达到“应办案所需，适学习所用”的目标。新版丛书具有以下特点：

1. 丛书以主体法的条文为序，逐条穿插关联的现行有效的法律、行政法规、部门规章、司法解释、请示答复和部分地方规范性文件，以方便读者理解和适用。

2. 丛书紧扣实践和学习两个主题，在目录上标注了重点法条，并在某些重点法条的相关规定之前，对收录的相关文件进行分类，再按分类归纳核心要点，以便读者最便捷地查找使用。

3. 丛书紧扣法律条文，在主法条的相关规定之后附上案例指引，收录最高人民法院、最高人民检察院指导性案例、公报案例以及相关机构公布的典型案例的裁判摘要、案例要旨或案情摘要等。通过相关案例，可以进一步领会和把握法律条文的适用，从而作为解决实际问题的参考。并对案例指引制作索引目录，方便读者查找。

4. 丛书以脚注的形式，对各类法律文件之间或者同一法律文件不同条文之间的适用关系、重点法条疑难之处进行说明，以便读者系统地理解我国现行各个法律部门的规则体系，从而更好地为教学科研和司法实践服务。

5. 丛书结合二维码技术的应用为广大读者提供增值服务，扫描前勒口二维码，即可免费部分使用中国法制出版社推出的【法融】数据库。【法融】数据库中“国家法律法规”栏目便于读者查阅法律文件准确全文及效力的同时，更有部分法律文件权威英文译本等独家资源分享。“最高法指导案例”和“最高检指导案例”两个栏目提供最高人民法院和最高人民检察院指导性案例的全文，为读者提供更多增值服务。

中国法制出版社

2022年12月

目　录

第一章　总　　则

第 一 条【立法宗旨与依据】 …………………………… 1

第 二 条【科技工作指导方针】 ……………………… 10

第 三 条【科学技术进步工作目标】 ………………… 19

第 四 条【科技创新体制】 ………………………… 31

第 五 条【科技安全】 ……………………………… 43

第 六 条【跨学科、跨地区、跨行业、跨领域】 ………… 43

第 七 条【服务国家目标与自由探索相结合】 ………… 56

★ 第 八 条【课题自主选择】 ………………………… 57

第 九 条【学校及其他教育机构的重要作用】 ………… 58

第 十 条【人才发展体制】 ………………………… 58

★ 第十一条【崇尚科学风尚】 ………………………… 59

★ 第十二条【科学技术普及】 ………………………… 60

第十三条【知识产权制度】 ………………………… 72

第十四条【科学技术评价制度】 …………………… 88

第十五条【政府职责】 ……………………………… 93

第十六条【科技部门职责】 ………………………… 94

第十七条【科技工作协调机制】 …………………… 116

第十八条【奖励制度】 …………………………… 132

第二章　基础研究

第十九条【科技规划部署与制度保障】 ……………… 158

第二十条【财政投入】 …………………………… 158

第二十一条【设立基金】 ………………………………………… 167
第二十二条【学科布局与知识体系】 ……………………………… 188
第二十三条【资源配置机制】 ……………………………………… 188
第二十四条【基础研究基地建设】 ………………………………… 193
第二十五条【学科建设】 …………………………………………… 193

第三章　应用研究与成果转化

第二十六条【应用研究与基础研究融通发展】 ……………………… 200
第二十七条【科研攻关协调机制】 ………………………………… 201
★ 第二十八条【核心技术攻关举国体制】 ………………………… 202
第二十九条【共性基础技术研究】 ………………………………… 202
第 三 十 条【科技成果中试、工程化和产业化】 ………………… 202
第三十一条【提高科技成果转化成效】 …………………………… 203
第三十二条【有关知识产权的转让和许可实施】 ………………… 209
★ 第三十三条【以知识价值为导向的分配政策】 ………………… 210
★ 第三十四条【知识产权境内外使用规定】 ……………………… 227
★ 第三十五条【包容审慎原则】 …………………………………… 228
第三十六条【农业科学技术研究、传播与普及】 ………………… 228
第三十七条【科学技术研究开发与产品、服务标准制定】…… 234
第三十八条【技术交易中介服务机构】 …………………………… 235

第四章　企业科技创新

第三十九条【企业为主体的技术创新体系】 ……………………… 240
第 四 十 条【鼓励企业技术创新的活动】 ………………………… 241
第四十一条【鼓励企业开发技术创新活动】 ……………………… 245
★ 第四十二条【多层次资本市场】 ………………………………… 246
第四十三条【企业的税收优惠】 …………………………………… 248

第四十四条【公共研究开发平台】…………………… 248
★ 第四十五条【企业的知识产权】 …………………… 249
第四十六条【国有企业的技术进步】………………… 250
第四十七条【创造公平竞争的市场环境】…………… 256

第五章　科学技术研究开发机构

第四十八条【科研机构的设置和布局】……………… 258
第四十九条【自然人、法人和非法人组织设立科学技术研究开发机构】…………………… 259
第 五 十 条【科研机构的权利】…………………… 260
第五十一条【科研机构的义务】…………………… 261
★ 第五十二条【现代院所制度】 ……………………… 263
第五十三条【评估制度】 ………………………… 263
第五十四条【科学技术资源开放共享机制】……… 264
★ 第五十五条【民办科学技术研究开发机构】……… 265
第五十六条【新型研究开发机构】………………… 266

第六章　科学技术人员

第五十七条【提高科技人员的社会地位】…………… 267
第五十八条【优化科学技术人才队伍结构】……… 268
第五十九条【完善创新人才教育培养机制】……… 268
第 六 十 条【待遇和荣誉激励】…………………… 269
第六十一条【科技人员的合理流动和继续教育】 ………… 272
★ 第六十二条【职务与职称】 ……………………… 273
第六十三条【科学技术人员分类评价制度】……… 278
第六十四条【科学技术人员管理制度】…………… 279
第六十五条【鼓励科技人员到艰苦地区工作】 ………… 279

★ 第六十六条【青年、少数民族、女性、老年科学技术人员】 …………………………… 283
第六十七条【科技人员的义务】 …………………………… 288
第六十八条【宽容失败】 …………………………… 289
★ 第六十九条【建立科研诚信档案】 …………………………… 290
第 七 十 条【科技团体】 …………………………… 291

第七章 区域科技创新

★ 第七十一条【国家统筹科学技术资源区域空间布局】 …… 298
第七十二条【县级以上地方人民政府推动区域创新】 …… 309
第七十三条【科学技术计划制定的相关要求】 ………… 309
★ 第七十四条【设立科技园区】 …………………………… 310
第七十五条【鼓励建设重大科技创新基地与平台】 ……… 313
第七十六条【建立区域科技创新合作机制和协同互助机制】 …………………………… 314
第七十七条【分享机制】 …………………………… 314
第七十八条【鼓励地方积极探索区域科技创新模式】 …… 314

第八章 国际科学技术合作

第七十九条【开放包容、互惠共享】 …………………… 314
第 八 十 条【鼓励各类创新主体开展国际科学技术合作与交流】 …………………………… 315
第八十一条【鼓励企业事业单位、社会组织】 ………… 315
★ 第八十二条【国际科学技术研究合作知识产权保护与科技伦理、安全审查机制】 ………… 316
第八十三条【鼓励在华外资企业、外籍科学技术人员等承担和参与科学技术计划项目】 ……… 316

第八十四条【吸引外籍科学技术人员】 …………………… 316

第九章　保障措施

第八十五条【制定产业、金融、税收、政府采购等政策保障】 …………………… 318
第八十六条【提高科学技术经费投入占比】 …………………… 319
第八十七条【财政性科学技术资金的用途】 …………………… 321
第八十八条【国家科学技术计划的设立】 …………………… 323
第八十九条【国家设立基金及其他非营利性基金】 …… 324
第九十条【税收优惠政策】 …………………… 325
第九十一条【政府采购相关规定】 …………………… 335
★ 第九十二条【知识产权质押融资业务】 …………………… 336
第九十三条【整合和设置国家科学技术研究实验基地】 …………………… 340
第九十四条【购置大型科学仪器、设备】 …………………… 341
第九十五条【科研论文和科学技术信息交流机制】 …… 341
★ 第九十六条【鼓励对科学技术进步的捐赠】 …………………… 341
第九十七条【决策责任免除规定】 …………………… 342

第十章　监督管理

第九十八条【科技监督体系与科技伦理治理体制】 …… 342
第九十九条【科学技术决策的规则和程序】 …………………… 352
第一百条【财政性科学技术资金绩效管理】 …………………… 352
第一百零一条【科学技术计划项目分类管理机制】 ……… 353
★ 第一百零二条【科学技术资源的信息系统和资源库的使用及保密】 …………………… 353

第一百零三条【建立科技伦理委员会及科技伦理审查机制】 …… 354
第一百零四条【科学技术项目诚信档案及科研诚信管理信息系统】 …… 355
第一百零五条【建立健全科学技术统计调查制度和国家创新调查制度】 …… 369
★ 第一百零六条【科学技术保密制度】 …… 370
第一百零七条【禁止的科学技术研究开发和应用活动】 …… 389

第十一章　法律责任

第一百零八条【滥用职权、玩忽职守、徇私舞弊的法律责任】 …… 390
第一百零九条【阻挠、限制、压制科学技术研究开发活动的法律责任】 …… 391
第一百一十条【虚报、冒领、贪污财政性科技资金等的法律责任】 …… 392
★ 第一百一十一条【不履行科学技术资源共享使用义务的法律责任】 …… 392
第一百一十二条【从事禁止的科学技术研究开发和应用活动的法律责任】 …… 393
第一百一十三条【违反科学技术活动管理规范的法律责任】 …… 394
第一百一十四条【骗取科技奖励等的法律责任】 …… 396
第一百一十五条【综合法律责任】 …… 397

第十二章 附 则

第一百一十六条【国防科技进步】…………………………… 397
第一百一十七条【施行日期】 …………………………… 397

附 录

本书所涉文件目录 ……………………………………… 398

中华人民共和国科学技术进步法

（1993年7月2日第八届全国人民代表大会常务委员会第二次会议通过　2007年12月29日第十届全国人民代表大会常务委员会第三十一次会议第一次修订　2021年12月24日第十三届全国人民代表大会常务委员会第三十二次会议第二次修订　2021年12月24日中华人民共和国主席令第103号公布　自2022年1月1日起施行）

目　　录

第一章　总　　则
第二章　基础研究
第三章　应用研究与成果转化
第四章　企业科技创新
第五章　科学技术研究开发机构
第六章　科学技术人员
第七章　区域科技创新
第八章　国际科学技术合作
第九章　保障措施
第十章　监督管理
第十一章　法律责任
第十二章　附　　则

第一章　总　　则

第一条　立法宗旨与依据[①]

为了全面促进科学技术进步，发挥科学技术第一生产力、创新第一动力、人才第一资源的作用，促进科技成果向

① 条文主旨为编者所加，下同。

现实生产力转化，推动科技创新支撑和引领经济社会发展，全面建设社会主义现代化国家，根据宪法，制定本法。

● 法　律

1.《促进科技成果转化法》（2015 年 8 月 29 日）①

第 1 条　为了促进科技成果转化为现实生产力，规范科技成果转化活动，加速科学技术进步，推动经济建设和社会发展，制定本法。

2.《科学技术普及法》（2002 年 6 月 29 日）

第 1 条　为了实施科教兴国战略和可持续发展战略，加强科学技术普及工作，提高公民的科学文化素质，推动经济发展和社会进步，根据宪法和有关法律，制定本法。

3.《专利法》（2020 年 10 月 17 日）

第 1 条　为了保护专利权人的合法权益，鼓励发明创造，推动发明创造的应用，提高创新能力，促进科学技术进步和经济社会发展，制定本法。

● 行政法规及文件

4.《国家科学技术奖励条例》（2020 年 10 月 7 日）

第 1 条　为了奖励在科学技术进步活动中做出突出贡献的个人、组织，调动科学技术工作者的积极性和创造性，建设创新型国家和世界科技强国，根据《中华人民共和国科学技术进步法》，制定本条例。

---

① 本书法律文件使用简称，以下不再标注。本书所标规范性文件的日期为该文件的通过、发布、修订后公布、实施日期之一。以下不再标注。

部门规章及文件

5.《国家科学技术奖励条例实施细则》(2008年12月23日)

第3条　国家科学技术奖励工作深入贯彻落实科学发展观和“尊重劳动、尊重知识、尊重人才、尊重创造”的方针，鼓励团结协作、联合攻关，鼓励自主创新，鼓励攀登科学技术高峰，促进科学研究、技术开发与经济、社会发展密切结合，促进科技成果向现实生产力转化，促进国家创新体系建设，营造鼓励创新的环境，努力造就和培养世界一流科学家、科技领军人才和一线创新人才，加速科教兴国、人才强国和可持续发展战略的实施，推进创新型国家建设。

6.《国防科学技术奖励办法》(2010年5月29日)

第1条　为了奖励在推动国防科学技术进步中做出突出贡献的单位和个人，鼓励自主创新，促进国防现代化建设和国民经济的发展，根据《国家科学技术奖励条例》及其实施细则，制定本办法。

7.《国家技术创新计划管理办法》(2002年10月29日)

第1条　为促进国家技术创新计划的科学化管理，根据《中华人民共和国科学技术进步法》、《中华人民共和国促进科技成果转化法》等有关法律、法规，制定本办法。

司法解释及文件

8. 最高人民法院《关于充分发挥审判职能作用 为深化科技体制改革和加快国家创新体系建设提供司法保障的意见》(2012年7月19日　法发〔2012〕15号)

为深入贯彻全国科技创新会议精神和党中央、国务院《关于深化科技体制改革加快国家创新体系建设的意见》，充分发挥人民法院在深化科技体制改革和加快国家创新体系建设中的审判职能作用，制定本意见。

……

二、加大智力成果保护力度，有效激励自主创新和技术跨越

（三）切实贯彻加强保护、分门别类和宽严适度的知识产权司法政策，合理界定专利权保护范围和强度。根据原始创新、集成创新和引进消化吸收再创新的实际和特点，进一步完善专利等科技成果司法保护体系和裁判标准，积极促进关键领域的原创性重大突破以及战略性高技术领域跨越式发展，不断适应科技领域日益活跃的创新实际，不断强化法律适用标准的与时俱进。结合专利创新程度和产业政策，进一步强化司法裁判对科技创新活动的导向作用，有针对性地加大对关键领域和核心技术的保护力度。对于创新程度高、对技术革新具有突破和带动作用的首创发明，给予相对较高的保护强度和较宽的保护范围，促进原始创新能力明显提高。适度从严把握等同侵权的适用条件，避免不适当地扩张专利权保护范围，防止压缩创新空间和损害公共利益，促进集成创新、引进消化吸收再创新能力大幅增强。进一步完善权利要求解释规则，合理划定民事权利与公有领域的法律界限，既保护权利人的正当权益，鼓励发明创造，又防止其不适当地侵入公有领域，妨碍科技创新。

（四）合理调整专利授权确权司法审查标准，积极鼓励发明创造。妥善审理专利授权确权纠纷案件，依法履行对专利授权确权行为的司法审查职责，强化对实质性授权条件的审查判断，为科技创新营造良好的司法环境。根据不同技术领域的特点、具体产业政策的要求和我国科技发展的实际，细化和完善专利授权确权司法审查标准，促使专利审查规则和授权行为的规范化、科学化，不断提高专利授权质量。完善司法审查程序和证据规则，改进裁判方式，尽可能避免循环诉讼和程序往复，促进行政争议的实质性解决，尽快稳定权利状态，提高司法审查、授权确权的质量和效率。充分考虑专利文件撰写的客观局限，在专利申请文件公开的范围内，尽可能保证确有创造性的发明创造取得专利权，实现专利申请人所获得的权利与其技术贡献相匹配，最大限度地

提升科技支撑引领经济社会发展的能力。

（五）加强工业设计司法保护，推动经济和产业格局优化。依法审理涉及发明、实用新型、外观设计、集成电路布图设计等各类科技成果权的纠纷案件，积极推进我国工业设计和制造水平的深刻变革。综合利用各种法律手段，加大工业设计保护力度，激发设计人员的创作热情，促进实用与美感兼具、创新与文化融合的工业设计不断涌现，提升我国在国际分工和产业链中的地位。贯彻新专利法提高外观设计授权标准的立法精神，根据一般消费者的知识水平和认知能力，适当考虑外观设计的设计空间，细化和完善司法审查标准，提高外观设计授权质量，推动产品设计多样化。加强对具有独创性的集成电路布图设计的保护，依法打击非法复制和商业利用集成电路布图设计的行为，鼓励集成电路技术创新。

（六）依法明晰技术成果归属，激发创造热情。依法审理技术成果权属、发明人资格纠纷案件，准确界定职务成果与非职务成果的法律界限，既要根据意思自治原则，依法支持发明人依合同约定取得技术成果权，又要准确把握职务技术成果的认定标准，防止职务成果非职务化。依法审理职务发明人奖励、报酬纠纷案件，结合科技创新质量和实际贡献，保障发明人获得相应奖励和报酬的权利，既要激励企业职工从事技术创新的积极性，又要鼓励企业加大研发投入，增强社会创造活力。

（七）妥善处理专利与标准的关系，合理平衡各方利益。对于涉及国家、行业或者地方标准的专利侵权纠纷案件，要结合行业特点、标准性质、制定程序等，根据公平合理无歧视的原则，合理确定当事人的法律责任，推动专利信息事先披露、许可费支付等标准制定程序和规则的完善。合理规范和平衡专利权人与社会公众之间的利益关系，规范公众可以获得实施许可的方式、条件和程序，既要鼓励专利的标准化，发挥标准对技术创新的推动作用，又要防止标准对技术创新的阻碍，实现标准和技术创新的互相促进和良性循环，共同提高创新主体的核心竞争力。

（八）依法制止科技领域的不正当竞争和垄断行为，营造公平有序的创新环境。针对高新技术领域市场竞争激烈、新类型不正当竞争行为频发的新情况新特点，妥善运用反不正当竞争法的原则条款，以诚实信用原则和公认的商业道德为基本标准，有效遏制各种搭车模仿、阻碍创新的新类型不正当竞争行为，为形成公平诚信的竞争秩序提供及时有力的司法规范和引导。加强高科技领域垄断纠纷案件的审理，积极探索和总结法律适用的新问题，有效遏制垄断行为，打破行业壁垒和部门分割，保障各类企业公平获得创新资源，实现创新资源的合理配置和高效利用，促进技术创新和产业发展。

（九）加强商业秘密司法保护，维护合法正当的创新秩序。结合商业秘密保护的实际，针对商业秘密纠纷案件举证难、保密难等特点，尽可能降低商业秘密权利人的维权难度，合理分配当事人的举证责任，有效遏制侵犯商业秘密行为。依法认定商业秘密的构成要件，促使企业增强对商业秘密的保护意识，规范和完善保密措施。妥善处理商业秘密保护与科技人才合理流动的关系，既要保护企业的商业秘密，又要保障科技人才的合理流动，鼓励科研院所、高等院校与企业创新人才双向交流。

（十）加大农业科技成果保护力度，促进农业科技创新。依法审理各类涉农科技纠纷案件，严厉打击制售假冒伪劣品种、侵犯植物新品种权等侵犯农业科技成果的行为，最大程度地激励农业技术创新，促进农业生物技术、先进制造技术、精准农业技术等方面重大自主创新成果的创造，积极推动突破农业技术瓶颈和抢占现代农业科技制高点。切实从我国农业科技整体水平出发，依法确认育种者免责、农民免责，合理平衡权利人与社会公众的利益关系，加快农业技术转移和成果转化，推动现代农业经营方式转变，促进涉农新型产业的发展。

（十一）加强科技领域的商标权司法保护，促进企业提高品牌战略的创新能力。依法审理商标权纠纷案件，增强科技型企业的商标意识，支持和引导科技型企业实施商标品牌战略，促使其在经营中积极、规范使用自主商标，提高企业的市场竞争力和创新能力。严厉制裁商标假冒、恶意模仿等侵权行为，维护知名品牌市场价值，发挥知名品牌凝聚创新要素和整合创新资源的品牌效应，促使拥有知名品牌的企业发挥骨干创新主体的引领作用。

（十二）加大涉科技领域和商业领域的著作权保护力度，推进科技创新、文化创新和新兴产业发展。针对科技创新带来的著作权保护领域和保护需求的新变化，根据文化创新的需要和商业领域著作权保护的新特点，加强相关著作权保护力度，积极促进文化创新、商业模式创新和文化创意产业发展，推进文化与科技、产业相互激励和深度融合。大力加强软件、数据库、动漫、网络、文化创意等新兴文化产业和高新科技领域的著作权保护，准确把握新科技环境下著作权司法标准，实现激励创作、促进产业发展和保障创新成果惠及民生的协调统一。积极应对数字化、网络化、智能化带来的著作权保护新问题，在保护著作权益的同时，注重促进工业化和信息化的融合，提高科技对文化事业和文化产业发展的支撑能力。

（十三）充分发挥涉科技领域的司法审查职能，积极营造促进科技创新的执法环境。依法审理涉科技领域的行政案件，支持和监督行政机关依法制裁侵犯科技成果权的行为，促进行政执法的法治化和规范化。依法受理行政机关申请的强制执行案件，经审查符合执行条件的，应及时裁定并予以执行，促进行政机关营造有利于知识产权保护和国家创新体系建设的行政管理秩序。

（十四）充分发挥刑罚功能，严惩侵犯知识产权犯罪。对侵犯商标权、著作权、商业秘密及假冒专利等知识产权犯罪行为，进一步完善定罪量刑标准，规范缓刑适用，根据犯罪情况和危害后果，依法从严惩处。在依法判处主刑的同时，加大罚金刑的适用与执行力度，并通过采取销毁侵权产品以及追缴、退赔违法所得等措施，剥夺侵权人的再犯罪能力和条件。

三、依法促进创新要素合理配置，积极推动科技与经济社会发展紧密结合

（十五）妥善处理技术合同纠纷，促进科技成果转化。依法审理科技创新中产生的各类技术合同纠纷案件，认真贯彻合同法，尊重当事人意思自治，审慎把握合同无效和合同解除的事由，加强保护守约方合法权益，合理认定技术成果开发、转让、许可、质押、技术咨询和中介等环节形成的利益分配及责任承担，引导和支持企业加强技术研发能力建设，推动产学研用紧密结合，培育和规范知识产权服务市场，促进技术成果迅速转化为现实生产力和市场竞争力。

（十六）妥善处理科技领域的劳动、人事纠纷，保障科技人才合理流动。坚持依法保障劳动者合法权益与用人单位生存发展并重理念，依法审理科研人才与用人单位的劳动、人事纠纷案件，切实保障科研院所、高等院校等单位的科研人才在订立、履行、变更、解除或者终止劳动、聘用合同过程中的合法权益，保障科研人才向企业研发机构的合理流动，推动建立开放、竞争、流动的单位用人机制。

（十七）妥善处理科技领域的企业改制、破产纠纷，优化创新主体运作机制。依法审理科技型企业纠纷案件，促进技术开发类科研机构向企业化转制，引导科技型企业不断完善公司治理结构和建立现代企业制度。依法审理涉及以技术成果投资的股权、期权纠纷案件，合理平衡创业投资机构与企业等创新主体的利益关系，引导创业投资机构投资科技型中小企业，促进社会投资主体多元化。依法受理企业破产案件和强制清算案件，妥善处理淘

汰落后技术和过剩产能中的企业破产纠纷，保障市场主体依法有序退出市场。

（十八）妥善处理科技领域的金融纠纷，促进对科技创新的金融支持。依法审理借款纠纷案件，保护合法的民间借贷和企业融资行为，拓宽金融为企业科技创新融资的渠道，引导银行等金融机构加大对科技型中小企业的金融支持。依法审理担保物权纠纷案件，依法认定企业以知识产权和股权质押等方式作出的担保，促进解决科技型中小企业融资难的问题。

（十九）妥善处理科技领域的涉外纠纷，促进科技国际合作与交流。依法平等保护中外当事人的合法权益，积极营造更加公平、透明、稳定、可预期的贸易投资环境和发展环境，积极促进创新主体充分利用国际国内创新资源，提高科技发展的科学化水平和国际化程度。依法审理企业在参股并购、联合开发、专利交叉许可以及外商来华设立研发机构中的纠纷案件，促进对国际科技资源的引进，推动全方位、多层次、高水平的科技国际合作。

四、加强统筹协调，完善工作措施，进一步提高司法保障能力

（二十）加大调解力度，不断完善多元纠纷解决机制。坚持以“调解优先、调判结合”为原则，以“案结事了”为目标，根据科技创新的特点和实际，积极引导当事人选择委托调解、专家调解、行业调解等方式解决科技领域的各类纠纷。从有利于科技成果转化出发，着眼于当事人市场利益的包容共存，努力促成当事人和解。对于相关科技行业亟需明确行为规则的典型案件，依法及时裁判，明确法律标准，充分发挥司法裁判的指引和导向功能。

（二十一）积极完善知识产权审判体制和工作机制，不断满足科技创新对知识产权司法保护的新需求。适应科技体制改革和国家创新体系建设对于知识产权审判专业化程度要求越来越高的新形势，进一步推进由知识产权审判庭集中审理知识产权民事、行政和刑事案件的试点工作，加强对试点工作的指导和总结，不

断推动试点工作规范化。根据科技创新对知识产权司法保护的新需求，统筹规划知识产权审判管辖布局。在科技成果司法保护需求强烈的国家自主创新示范区、国家高新技术产业开发区、国家高技术产业基地等区域，适当增加具有审理专利、植物新品种、集成电路布图设计等技术类案件管辖权的第一审法院，在具有特色创新资源的区域适当增加具有审理一般知识产权案件管辖权的基层法院，保障创新资源密集的区域率先实现创新驱动发展。

（二十二）加强能动司法，积极促进智力成果创造、运用和管理水平提高。在加强知识产权司法保护的同时，积极推动知识产权创造、运用和管理。密切关注科技体制改革和国家创新体系建设带来的新情况新问题，及时发布司法解释和司法政策，增强司法服务的针对性和前瞻性。及时总结成熟可行的司法经验，向立法机关和国家有关部门提出立法建议，推动激励创新的法律体系不断完善。高度重视通过审判工作发现影响和制约科技创新的普遍性、苗头性问题，及时向政府、企业、科研机构等有关方面提出司法建议，促进加强管理、健全制度。大力加强对关键技术领域科技创新可能产生重大影响的诉讼态势分析，及时向有关方面发出工作预警，形成保护创新的合力。加强宣传和舆论引导，充分发挥人民法院的法制宣传教育职能，不断增强全社会的创新意识，进一步形成尊重劳动、尊重知识、尊重人才、尊重创造的创新文化氛围。

第二条 科技工作指导方针

坚持中国共产党对科学技术事业的全面领导。

国家坚持新发展理念，坚持科技创新在国家现代化建设全局中的核心地位，把科技自立自强作为国家发展的战略支撑，实施科教兴国战略、人才强国战略和创新驱动发展战略，走中国特色自主创新道路，建设科技强国。

法律

1.《促进科技成果转化法》(2015 年 8 月 29 日)

第 3 条第 1 款 科技成果转化活动应当有利于加快实施创新驱动发展战略，促进科技与经济的结合，有利于提高经济效益、社会效益和保护环境、合理利用资源，有利于促进经济建设、社会发展和维护国家安全。

2.《科学技术普及法》(2002 年 6 月 29 日)

第 1 条 为了实施科教兴国战略和可持续发展战略，加强科学技术普及工作，提高公民的科学文化素质，推动经济发展和社会进步，根据宪法和有关法律，制定本法。

3.《中华人民共和国国民经济和社会发展第十四个五年规划和 2035 年远景目标纲要》(2021 年 3 月 11 日)

第二篇　坚持创新驱动发展　全面塑造发展新优势

坚持创新在我国现代化建设全局中的核心地位，把科技自立自强作为国家发展的战略支撑，面向世界科技前沿、面向经济主战场、面向国家重大需求、面向人民生命健康，深入实施科教兴国战略、人才强国战略、创新驱动发展战略，完善国家创新体系，加快建设科技强国。

第四章　强化国家战略科技力量

制定科技强国行动纲要，健全社会主义市场经济条件下新型举国体制，打好关键核心技术攻坚战，提高创新链整体效能。

第一节　整合优化科技资源配置

以国家战略性需求为导向推进创新体系优化组合，加快构建以国家实验室为引领的战略科技力量。聚焦量子信息、光子与微纳电子、网络通信、人工智能、生物医药、现代能源系统等重大创新领域组建一批国家实验室，重组国家重点实验室，形成结构合理、运行高效的实验室体系。优化提升国家工程研究中心、国家技术创新中心等创新基地。推进科研院所、高等院校和企业科研力量优化配置和资源共享。支持发展新型研究型大学、新型研发机构等新型创新主体，推动投入主体多元化、管理制度现代化、运行机制市场化、用人机制灵活化。

第二节　加强原创性引领性科技攻关

在事关国家安全和发展全局的基础核心领域，制定实施战略性科学计划和科学工程。瞄准人工智能、量子信息、集成电路、生命健康、脑科学、生物育种、空天科技、深地深海等前沿领域，实施一批具有前瞻性、战略性的国家重大科技项目。从国家急迫需要和长远需求出发，集中优势资源攻关新发突发传染病和生物安全风险防控、医药和医疗设备、关键元器件零部件和基础材料、油气勘探开发等领域关键核心技术。

专栏2　科技前沿领域攻关
01 新一代人工智能 前沿基础理论突破，专用芯片研发，深度学习框架等开源算法平台构建，学习推理与决策、图像图形、语音视频、自然语言识别处理等领域创新。
02 量子信息 城域、城际、自由空间量子通信技术研发，通用量子计算原型机和实用化量子模拟机研制，量子精密测量技术突破。
03 集成电路 集成电路设计工具、重点装备和高纯靶材等关键材料研发，集成电路先进工艺和绝缘栅双极型晶体管（IGBT）、微机电系统（MEMS）等特色工艺突破，先进存储技术升级，碳化硅、氮化镓等宽禁带半导体发展。

04 脑科学与类脑研究 脑认知原理解析，脑介观神经联接图谱绘制，脑重大疾病机理与干预研究，儿童青少年脑智发育，类脑计算与脑机融合技术研发。
05 基因与生物技术 基因组学研究应用，遗传细胞和遗传育种、合成生物、生物药等技术创新，创新疫苗、体外诊断、抗体药物等研发，农作物、畜禽水产、农业微生物等重大新品种创制，生物安全关键技术研究。
06 临床医学与健康 癌症和心脑血管、呼吸、代谢性疾病等发病机制基础研究，主动健康干预技术研发，再生医学、微生物组、新型治疗等前沿技术研发，重大传染病、重大慢性非传染性疾病防治关键技术研究。
07 深空深地深海和极地探测 宇宙起源与演化、透视地球等基础科学研究，火星环绕、小行星巡视等星际探测，新一代重型运载火箭和重复使用航天运输系统、地球深部探测装备、深海运维保障和装备试验船、极地立体观监测平台和重型破冰船等研制，探月工程四期、蛟龙探海二期、雪龙探极二期建设。

第三节　持之以恒加强基础研究

强化应用研究带动，鼓励自由探索，制定实施基础研究十年行动方案，重点布局一批基础学科研究中心。加大基础研究财政投入力度、优化支出结构，对企业投入基础研究实行税收优惠，鼓励社会以捐赠和建立基金等方式多渠道投入，形成持续稳定投入机制，基础研究经费投入占研发经费投入比重提高到8%以上。建立健全符合科学规律的评价体系和激励机制，对基础研究探索实行长周期评价，创造有利于基础研究的良好科研生态。

第四节　建设重大科技创新平台

支持北京、上海、粤港澳大湾区形成国际科技创新中心，建设北京怀柔、上海张江、大湾区、安徽合肥综合性国家科学中心，支持有条件的地方建设区域科技创新中心。强化国家自主创新示范区、高新技术产业开发区、经济技术开发区等创新功能。适度超前布局国家重大科技基础设施，提高共享水平和使用效率。集约化建设自然科技资源库、国家野外科学观测研究站（网）和科学大数据中心。加强高端科研仪器设备研发制造。构建国家科研论文和科技信息高端交流平台。

专栏3　国家重大科技基础设施
01 战略导向型 建设空间环境地基监测网、高精度地基授时系统、大型低速风洞、海底科学观测网、空间环境地面模拟装置、聚变堆主机关键系统综合研究设施等。
02 应用支撑型 建设高能同步辐射光源、高效低碳燃气轮机试验装置、超重力离心模拟与试验装置、加速器驱动嬗变研究装置、未来网络试验设施等。
03 前　引领型 建设硬X射线自由电子激光装置、高海拔宇宙线观测站、综合极端条件实验装置、极深地下极低辐射本底前沿物理实验设施、精密重力测量研究设施、强流重离子加速器装置等。
04 民生改善型 建设转化医学研究设施、多模态跨尺度生物医学成像设施、模式动物表型与遗传研究设施、地震科学实验场、地球系统数值模拟器等。

第五章　提升企业技术创新能力

完善技术创新市场导向机制，强化企业创新主体地位，促进各类创新要素向企业集聚，形成以企业为主体、市场为导向、产学研用深度融合的技术创新体系。

第一节　激励企业加大研发投入

实施更大力度的研发费用加计扣除、高新技术企业税收优惠等普惠性政策。拓展优化首台（套）重大技术装备保险补偿和激励政策，发挥重大工程牵引示范作用，运用政府采购政策支持创新产品和服务。通过完善标准、质量和竞争规制等措施，增强企业创新动力。健全鼓励国有企业研发的考核制度，设立独立核算、免于增值保值考核、容错纠错的研发准备金制度，确保中央国有工业企业研发支出年增长率明显超过全国平均水平。完善激励科技型中小企业创新的税收优惠政策。

第二节　支持产业共性基础技术研发

集中力量整合提升一批关键共性技术平台，支持行业龙头企业联合高等院校、科研院所和行业上下游企业共建国家产业创新中心，承担国家重大科技项目。支持有条件企业联合转制科研院所组建行业研究院，提供公益性共性技术服务。打造新型共性技术平台，解决跨行业跨领域关键共性技术问题。发挥大企业引领支撑作用，支持创新型中小微企业成长为创新重要发源地，推动产业链上中下游、大中小企业融通创新。鼓励有条件地方依托产业集群创办混合所有制产业技术研究院，服务区域关键共性技术研发。

第三节　完善企业创新服务体系

推动国家科研平台、科技报告、科研数据进一步向企业开放，创新科技成果转化机制，鼓励将符合条件的由财政资金支持形成的科技成果许可给中小企业使用。推进创新创业机构改革，建设专业化市场化技术转移机构和技术经理人队伍。完善金融支持创新体系，鼓励金融机构发展知识产权质押融资、科技保险等科技金融产品，开展科技成果转化贷款风险补偿试点。畅通科技型企业国内上市融资渠道，增强科创板“硬科技”特色，提升创业板服务成长型创新创业企业功能，鼓励发展天使投资、创业投资，更好发挥创业投资引导基金和私募股权基金作用。

第六章 激发人才创新活力

贯彻尊重劳动、尊重知识、尊重人才、尊重创造方针，深化人才发展体制机制改革，全方位培养、引进、用好人才，充分发挥人才第一资源的作用。

第一节 培养造就高水平人才队伍

遵循人才成长规律和科研活动规律，培养造就更多国际一流的战略科技人才、科技领军人才和创新团队，培养具有国际竞争力的青年科技人才后备军，注重依托重大科技任务和重大创新基地培养发现人才，支持设立博士后创新岗位。加强创新型、应用型、技能型人才培养，实施知识更新工程、技能提升行动，壮大高水平工程师和高技能人才队伍。加强基础学科拔尖学生培养，建设数理化生等基础学科基地和前沿科学中心。实行更加开放的人才政策，构筑集聚国内外优秀人才的科研创新高地。完善外籍高端人才和专业人才来华工作、科研、交流的停居留政策，完善外国人在华永久居留制度，探索建立技术移民制度。健全薪酬福利、子女教育、社会保障、税收优惠等制度，为海外科学家在华工作提供具有国际竞争力和吸引力的环境。

第二节 激励人才更好发挥作用

完善人才评价和激励机制，健全以创新能力、质量、实效、贡献为导向的科技人才评价体系，构建充分体现知识、技术等创新要素价值的收益分配机制。选好用好领军人才和拔尖人才，赋予更大技术路线决定权和经费使用权。全方位为科研人员松绑，拓展科研管理“绿色通道”。实行以增加知识价值为导向的分配政策，完善科研人员职务发明成果权益分享机制，探索赋予科研人员职务科技成果所有权或长期使用权，提高科研人员收益分享比例。深化院士制度改革。

第三节　优化创新创业创造生态

大力弘扬新时代科学家精神，强化科研诚信建设，健全科技伦理体系。依法保护企业家的财产权和创新收益，发挥企业家在把握创新方向、凝聚人才、筹措资金等方面重要作用。推进创新创业创造向纵深发展，优化双创示范基地建设布局。倡导敬业、精益、专注、宽容失败的创新创业文化，完善试错容错纠错机制。弘扬科学精神和工匠精神，广泛开展科学普及活动，加强青少年科学兴趣引导和培养，形成热爱科学、崇尚创新的社会氛围，提高全民科学素质。

第七章　完善科技创新体制机制

深入推进科技体制改革，完善国家科技治理体系，优化国家科技计划体系和运行机制，推动重点领域项目、基地、人才、资金一体化配置。

第一节　深化科技管理体制改革

加快科技管理职能转变，强化规划政策引导和创新环境营造，减少分钱分物定项目等直接干预。整合财政科研投入体制，重点投向战略性关键性领域，改变部门分割、小而散的状态。改革重大科技项目立项和组织管理方式，给予科研单位和科研人员更多自主权，推行技术总师负责制，实行“揭榜挂帅”、“赛马”等制度，健全奖补结合的资金支持机制。健全科技评价机制，完善自由探索型和任务导向型科技项目分类评价制度，建立非共识科技项目的评价机制，优化科技奖励项目。建立健全科研机构现代院所制度，支持科研事业单位试行更灵活的编制、岗位、薪酬等管理制度。建立健全高等院校、科研机构、企业间创新资源自由有序流动机制。深入推进全面创新改革试验。

第二节　健全知识产权保护运用体制

实施知识产权强国战略，实行严格的知识产权保护制度，完善知识产权相关法律法规，加快新领域新业态知识产权立法。加强知识产权司法保护和行政执法，健全仲裁、调解、公证和维权援助体系，健全知识产权侵权惩罚性赔偿制度，加大损害赔偿力度。优化专利资助奖励政策和考核评价机制，更好保护和激励高价值专利，培育专利密集型产业。改革国有知识产权归属和权益分配机制，扩大科研机构和高等院校知识产权处置自主权。完善无形资产评估制度，形成激励与监管相协调的管理机制。构建知识产权保护运用公共服务平台。

第三节　积极促进科技开放合作

实施更加开放包容、互惠共享的国际科技合作战略，更加主动融入全球创新网络。务实推进全球疫情防控和公共卫生等领域国际科技合作，聚焦气候变化、人类健康等问题加强同各国科研人员联合研发。主动设计和牵头发起国际大科学计划和大科学工程，发挥科学基金独特作用。加大国家科技计划对外开放力度，启动一批重大科技合作项目，研究设立面向全球的科学研究基金，实施科学家交流计划。支持在我国境内设立国际科技组织、外籍科学家在我国科技学术组织任职。

● 行政法规及文件

4.《国家科学技术奖励条例》（2020 年 10 月 7 日）

第 4 条　国家科学技术奖励工作坚持中国共产党领导，实施创新驱动发展战略，贯彻尊重劳动、尊重知识、尊重人才、尊重创造的方针，培育和践行社会主义核心价值观。

● 部门规章及文件

5.《国家科学技术奖励条例实施细则》（2008 年 12 月 23 日）

第 3 条　国家科学技术奖励工作深入贯彻落实科学发展观和“尊重劳动、尊重知识、尊重人才、尊重创造”的方针，鼓励团结协作、联合攻关，鼓励自主创新，鼓励攀登科学技术高峰，促进科学研究、技术开发与经济、社会发展密切结合，促进科技成果向现实生产力转化，促进国家创新体系建设，营造鼓励创新的环境，努力造就和培养世界一流科学家、科技领军人才和一线创新人才，加速科教兴国、人才强国和可持续发展战略的实施，推进创新型国家建设。

第三条 科学技术进步工作目标

科学技术进步工作应当面向世界科技前沿、面向经济主战场、面向国家重大需求、面向人民生命健康，为促进经济社会发展、维护国家安全和推动人类可持续发展服务。

国家鼓励科学技术研究开发，推动应用科学技术改造提升传统产业、发展高新技术产业和社会事业，支撑实现碳达峰碳中和目标，催生新发展动能，实现高质量发展。

● 行政法规及文件

1.《国家科学技术奖励条例》（2020 年 10 月 7 日）

第 3 条 国家科学技术奖应当与国家重大战略需要和中长期科技发展规划紧密结合。国家加大对自然科学基础研究和应用基础研究的奖励。国家自然科学奖应当注重前瞻性、理论性，国家技术发明奖应当注重原创性、实用性，国家科学技术进步奖应当注重创新性、效益性。

● 部门规章及文件

2. 生态环境部《关于深化生态环境科技体制改革激发科技创新活力的实施意见》（2019 年 12 月 2 日 环科财〔2019〕109 号）

一、完善科技创新能力体系建设

（一）构建支撑生态环境治理体系与治理能力现代化的科技创新格局

引领聚集各方科研力量和科技资源，投入到打好污染防治攻坚战和生态环境保护中，更好地发挥科技支撑作用。针对生态环境质量持续改善和环境管理的科技需求，聚焦重大创新方向，优化调整科研力量布局，完善科技创新体系，促进科技成果支撑引领生态环境治理体系与治理能力现代化。

（二）打造高水平科技创新平台

争创生态环境领域国家实验室。以现有的国家级科技创新平台为基础，进一步凝练重大创新方向和创新目标，在区域大气污染防治、水生态环境质量改善、土壤与地下水保护修复、固体废物资源化、核与辐射安全、生物多样性与生态安全、环境健康与风险防控、气候变化与协同治理、海洋生态修复与环境治理、绿色发展与环境政策综合模拟等领域，支持创建若干国家重点实验室、国家工程研究中心和国家野外科学观测研究站等。

给予国家环境保护重点实验室、工程技术中心和科学观测研究站等部级科技创新平台稳定的运行维护支持，促进优势学科领域实现国际上的并跑领跑。强化部级科技创新平台管理与绩效评估工作，对成绩突出的在科研项目立项、基础设施建设、大型仪器设备购置等方面给予政策倾斜和建设资金奖励。

支持部属科研单位和部级科技创新平台开展形式多样的生态环境科普活动，大力推进科研项目成果科普化，建设一批高水平的国家生态环境科普基地。

（三）推进产学研用协同创新模式

支持部属科研单位围绕国家生态环境保护重大战略部署，联合全国科研院所、高校、企业等优势科研资源，建立科学研究与行政管理深度融合的联合研究中心和攻关中心。鼓励围绕重点区域、流域、海域环境治理和生态保护需求，探索建立若干产学研用相结合、权责清晰、组织高效的区域创新平台或研发基地。鼓励围绕生态环境保护重大技术研发、装备研制、工程示范和产业发展，与科研院所、企业合作建立产业技术创新联盟，形成协同创新和融合发展新模式。完善国家生态环境科技成果转化综合服务平台，鼓励部属科研单位围绕生态环境科技成果转化，与有关单位合作建设成果转化示范基地。

（四）完善实施仪器设备与数据共享机制

优化整合生态环境领域现有各类科研基础设施、大型仪器设备等资源，统筹监测、调查、科研项目等数据，构建仪器设备共用、数据资源共享的机制和多层次开放服务机制。实行部属科研单位仪器设备与数据共享评价制度，并将评价结果作为部属科研单位修缮购置专项等资金投入的重要依据。

二、优化科研立项，加大投入力度

（五）推动重大科研项目立项实施

围绕国家重大发展战略，聚焦重大科学问题，凝练生态环境领域关键科技需求，以生态环境质量改善和生态文明建设为目标，超前谋划设计区域性、流域性、海域性重大科研项目。围绕贯彻落实国家核安全观，凝练核与辐射监管领域关键技术与重大装备需求，设计储备重大科研项目。推动重大科研项目立项实施，部属科研单位应进一步明确自身定位和科技创新优势，建立有利于承担重大科研项目实施和科技成果产出的工作机制，推动建设规范化的生态环境科研项目管理专业机构。

（六）实施政府购买服务改革试点

推进政府购买服务改革，对适宜由部属科研单位或其他社会力量承担的政府购买服务事项，采用直接委托或竞争性购买等方式，实行合同化管理。部属科研单位承接政府购买服务取得的收入，应当纳入单位预算统一核算，依法纳税并享受相关税收优惠等政策，税后收入由受托单位按相关政策规定进行支配。

三、深化科研管理“放管服”改革

（七）赋予部属科研单位更大自主权

充分尊重科研院所在岗位设置、人员聘用、内部机构调整、绩效工资分配、评价考核、科研组织等方面的管理权限。部属科研单位可根据事业发展需要和人员现状，在核定的内设机构总数内提出调整建议，经征得分管业务工作的部领导同意后，报部机构编制部门。在核定的内设机构框架下，部属科研单位可根据发展需要自主设置研究团队。部属科研单位完善内部用人制度，根据科技创新事业发展需要，在主责主业范围内自主设置岗位、自主聘用工作人员、自主聘用内设机构负责人。对科研实力突出、高层次人才集中、管理规范有效的部属科研单位，可适当增加高级专业技术岗位比例。专业技术人员直接提任领导人员可参照《科研事业单位领导人员管理暂行办法》执行。

部属科研单位逐步建立实施章程管理制度，明确职能定位、权力责任和业务范围。实施章程管理的单位，可按照精简、效能的原则，自主设置、变更和取消单位的内设机构。

（八）强化部属科研单位绩效管理

部属科研单位要制定中长期发展目标和规划，明确绩效目标及指标。按照权责利效相统一和分类评价原则，建立以创新、结果和实绩为导向，以支撑服务生态环境保护重点工作为核心的评价考核机制，突出中长期绩效管理，评价结果以适当方式公开，并作为部属科研单位财政拨款、科技创新基地建设、领导人员考评奖励、绩效工资总量核定、职称评审等的重要依据。

（九）简化科研活动过程管理

在项目管理、人才培养、基地建设、国际合作等科技活动中，精简申报要求，减少科研项目实施周期内的一般性评估、检查、抽查、审计等活动，减少项目材料的重复报送，减少项目执行期、人才培养期、科研基地建设期之内的过程管理程序。合并项目财务验收和技术验收，实施针对关键节点的“里程碑”式管理和结果导向的绩效管理。赋予项目负责人在研究方案、技术路线和团队组建等方面更大自主权。部属科研单位建立完善有利于科研活动的设备耗材采购管理制度，对科研急需的设备和耗材，简化采购流程，缩短采购时间。

（十）区别管理科研人员国际合作交流活动

承担科研任务的人员（含担任领导职务同时承担科研任务的专家学者、返聘人员），因公出国（境）开展活动、科学研究、学术访问、出席重要国际学术会议以及执行国际学术组织履职任务等学术交流合作，应实施导向明确的区别管理，计划单列。出国（境）批次数、团组人数、在外停留天数，应根据科研实际需要从严控制，不列入限量管理范围。对计划外确需临时参加国际学术会议的，应在报批时说明理由，部相关主管司局按有关规定审批并办理。鼓励科研人员申请国家留学基金等学术交流与培训项目。

四、推进高层次科技人才队伍建设

（十一）加大专业领域人才培养力度

切实营造有利于专业人才发现、储备、培养和再教育的良好环境，部属科研单位加大生态环境专业技术领军人才培养力度，在承担项目、自主选题、奖励、职称评定、岗位聘用、薪酬待遇等方面给予政策倾斜。支持科研人员在基础研究和应用基础研究领域瞄准前沿开展自由探索，建立鼓励创新、宽容失败的容错机制。加大青年人才培养力度，优先支持青年人才牵头申报国家科技计划（专项、基金等）项目，并保障科研条件。做好研究生培养工作，充分发挥部属科研单位在生态环境领域的专业优势、学科优势和师资优势，整合教育资源，扩大招生规模，健全学位层次和教育基础设施，完善研究生培养共建与资源共享机制。

（十二）建立灵活的高层次人才引进交流机制

部属科研单位根据创建国家级科技创新平台和牵头实施国家重大科技创新任务需要，制订年度急需紧缺高层次等优秀人才引进计划，明确激励范畴和考核标准，制定有关内控制度办法。简化招聘流程，可采取“一人一议”决策方式和灵活多样的引聘方式自主引进、自筹经费、自定薪酬，所需岗位不占本单位专业技术岗位指标，其薪酬在所在单位绩效工资总量中单列，相应增加单位当年绩效工资总量。

（十三）改进创新科技人才评价考核方式

鼓励部属科研单位建立科技人才分类评价考核体系。按基础研究、支撑决策、技术服务等类别制定科学合理、各有侧重的人才差异化评价标准，优化收入分配激励机制。突破唯论文、唯学历、唯项目、唯奖项的人才评价障碍，推行代表作评价制度，突出品德、能力、业绩导向，将科研成果对生态环境工作的决策支撑作用、成果转化效益和科技服务满意度等作为人才评价、聘用和考核的重要指标。

五、促进科技成果转化政策落地

（十四）落实科技成果转化政策

科研人员受托开展技术开发、技术评估、技术咨询、技术服务、技术培训、科学普及等，均纳入科技成果转化范畴。对横向项目，依据合同法和促进科技成果转化法进行管理。横向项目完成后获得的净收入，优先按合同约定提取报酬，如无合同约定，允许提取一定比例，用于奖励对完成和转化成果作出重要贡献的人员。

（十五）推进实施科研人员股权激励

部属科研单位积极探索符合科技成果特点和本单位实际的转化机制和创新模式，对市场急需、可能形成国产化优势的技术成果，可采取投资和技术入股方式进行转化，赋予科研人员职务科技成果长期使用权，给予科研人员和团队不低于60%的股权激励保障。部属科研单位内设研发机构负责人可依法依规获得科技成果转化现金和股权奖励。在科技成果定价、收益分配基准、股权分配等方面领导班子要集体决策、勇于担当，并建立健全股权激励相关的执行机制与监督机制。

六、加强作风和学风建设

（十六）大力弘扬新时代科学家精神

要大力弘扬爱国、创新、求实、奉献、协同、育人的新时代科学家精神，厚植家国、民族、为民、事业情怀，崇尚学术民主、坚持诚信底线，反对浮夸浮躁、投机取巧和“圈子”文化。营造良好科研创新环境，鼓励科研人员积极投身污染防治攻坚战和生态文明建设，努力取得科技新突破，创造新业绩，支撑美丽中国建设。对在污染防治攻坚战和生态文明建设中取得重要原始创新、获得重大科技突破、做出杰出贡献的科研团队和人员，予以一定的奖励，并适当扩大其团队规模，优先推荐其承担国家重大科研任务，支持其参与国家重大人才计划的竞争，支持其承担更多的部门预算项目，宣传报道其先进事迹。

（十七）落实科研诚信责任

完善生态环境领域科研诚信制度，建立科研人员信用记录，加大信息公开力度，实行“零容忍”“一票否决”、终身追责和联合惩戒。对于违反作风和学风的科研人员，视情节给予通报并向社会公开，纳入失信行为黑名单，采取减少或取消其科研项目和研究经费、降低或取消其岗位等级、取消参与表彰资格、撤回相关荣誉称号、追究相关责任等处理措施。情节特别严重、构成违法犯罪的，依法移交司法机关。

（十八）全面加强党的领导

部属科研单位要始终坚持和加强党的领导，增强“四个意识”，坚定“四个自信”，做到“两个维护”，始终在思想上政治上行动上同以习近平同志为核心的党中央保持高度一致，确保科技改革始终沿着正确政治方向发展。牢固树立抓好党建是最大政绩的鲜明导向，把完成好科技创新攻坚克难的重大任务、激发科研人员的积极性创造性、增强科研人员的获得感和荣誉感，作为检验党建工作的重要标准，注重发展优秀青年科技骨干加入党组织，充分发挥基层党组织政治功能，以党建工作新成效保障党中央和部党组各项改革措施不折不扣地落实。把全面从严治党要求贯穿到改革全过程、落到实处，积极推进重大决策、重大事项、重要制度等公开，强化内部流程控制，完善风险评估机制，坚决防止改革中滋生腐败。助力打造“政治强、本领高、作风硬、敢担当，特别能吃苦、特别能战斗、特别能奉献”的生态环境保护科技铁军。

部科技、人事、财务等部门建立监督评估机制，归口联系司局加强对部属科研单位的指导和支持，推进各项改革措施落地生效。部属科研单位党政主要领导是本单位抓落实第一责任人，要强化担当作为，狠抓组织落实，结合实际情况，半年内制定完善本单位科研、人事、财务、成果转化、科研诚信等具体管理办法，建立健全相关工作体系和配套制度，确保各项改革措施稳定有序、公平公正推进落实，真正激发科技创新活力，为打好污染防治攻坚战、推进生态环境治理体系和治理能力现代化、建设美丽中国作出更大贡献。

3. **教育部《高等学校碳中和科技创新行动计划》**（2021 年 7 月 12 日　教科信函〔2021〕30 号）

我国力争 2030 年前实现碳达峰、2060 年前实现碳中和，是党中央经过深思熟虑作出的重大战略决策，事关中华民族永续发展和构建人类命运共同体。为贯彻党中央、国务院重大战略部署，引导高校把发展科技第一生产力、培养人才第一资源、增强创新第一动力更好地结合起来，为做好碳达峰、碳中和工作提供科技支撑和人才保障，制定本行动计划。

一、总体目标

深入贯彻落实习近平总书记重要讲话精神和党中央、国务院决策部署，充分发挥高校基础研究深厚和学科交叉融合的优势，加快构建高校碳中和科技创新体系和人才培养体系，着力提升科技创新能力和创新人才培养水平，加快碳中和科技成果在重点领域、重点行业和重点区域的示范应用，构建教育、科技和产业统筹推进、融合发展的格局，为构建清洁低碳安全高效的能源体系、实施重点行业领域减污降碳行动、实现绿色低碳技术重大突破、完善绿色低碳政策和市场体系、营造绿色低碳生活、提升生态碳汇能力、加强应对气候变化国际合作等提供科技支撑和人才保障，扎实推进生态文明建设，确保如期实现碳达峰、碳中和目标。

近期目标。利用 3—5 年时间，在高校系统布局建设一批碳中和领域科技创新平台，汇聚一批高水平创新团队，不断调整优化碳中和相关专业、学科建设，推动人才培养质量持续提升，实现碳中和领域基础理论研究和关键共性技术新突破。

中期目标。通过 5—10 年的持续支持和建设，若干高校率先建成世界一流碳中和相关学科和专业，一批碳中和原创理论研究和关键核心技术达到世界领先水平，为实现碳中和打下坚实基础。

远期目标。立足实现碳中和目标，建成一批引领世界碳中和基础研究的顶尖学科，打造一批碳中和原始创新高地，形成碳中和战略科技力量，为我国实现能源碳中和、资源碳中和、信息碳中和提供充分科技支撑和人才保障。

二、主要举措

1. 碳中和人才培养提质行动

推进碳中和未来技术学院和示范性能源学院建设，布局一批适应未来技术研究所需的科教资源和数字化资源平台，打造引领未来科技发展和有效培养复合型、创新型人才的教学科研高地。加大在新工科建设中的支持力度，鼓励高校与科研院所、骨干企业联合设立碳中和专业技术人才培养项目，协同培养各领域各行业高层次碳中和创新人才。

加强与人工智能、互联网、量子科技等前沿方向深度融合，推动碳中和相关交叉学科与专业建设。加快与哲学、经济学、管理学、社会学等学科融通发展，培养碳核算、碳交易、国际气候变化谈判等专业人才。加快制定碳中和领域人才培养方案，建设一批国家级碳中和相关一流本科专业，加强能源碳中和、资源碳中和、信息碳中和等相关教材建设，鼓励高校开设碳中和通识课程，将碳中和理念与实践融入人才培养体系。

2. 碳中和基础研究突破行动

围绕零碳能源、零碳原料/燃料与工艺替代、二氧化碳捕集/利用/封存、集成耦合与优化技术等关键技术创新需求，开展碳减排、碳零排、碳负排新技术原理研究。加强温室气体排放监测与减排评估、气候变化下的生态系统安全-重大风险识别与人类活动适应机制、减污降碳协同增效实现机制、脱碳路径优化、数字化和低碳化融合等机理机制研究。系统揭示海洋和陆地碳汇格局、过程机制及其与气候系统的互馈机理，阐明地质碳封存固碳功效、增汇潜力与管理模式等碳汇理论。

3. 碳中和关键技术攻关行动

加快碳减排关键技术攻关。围绕化石能源绿色开发、低碳利用、减污降碳等开展技术创新，重点加强多能互补耦合、低碳建筑材料、低碳工业原料、低含氟原料等源头减排关键技术开发；加强全产业链/跨产业低碳技术集成耦合、低碳工业流程再造、重点领域效率提升等过程减排关键技术开发；加强减污降碳协同、协同治理与生态循环、二氧化碳捕集/运输/封存以及非二氧化碳温室气体减排等末端减排关键技术开发。

加快碳零排关键技术攻关。开发新型太阳能、风能、地热能、海洋能、生物质能、核能等零碳电力技术以及机械能、热化学、电化学等储能技术，加强高比例可再生能源并网、特高压输电、新型直流配电、分布式能源等先进能源互联网技术研究。开发可再生能源/资源制氢、储氢、运氢和用氢技术以及低品位余热利用等零碳非电能源技术。开发生物质利用、氨能利用、废弃物循环利用、非含氟气体利用、能量回收利用等零碳原料/燃料替代技术。开发钢铁、化工、建材、石化、有色等重点行业的零碳工业流程再造技术。

加快碳负排关键技术攻关。加强二氧化碳地质利用、二氧化碳高效转化燃料化学品、直接空气二氧化碳捕集、生物炭土壤改良等碳负排技术创新；研究碳负排技术与减缓和适应气候变化之间的协同关系，引领构建生态安全的负排放技术体系；攻关固碳技术核心难点，加强森林、草原、湿地、海洋、土壤、冻土的固碳技术升级，提升生态系统碳汇。

4. 碳中和创新能力提升行动

优化布局一批碳中和领域教育部重点实验室和教育部工程研究中心，开展碳中和应用基础研究和关键技术攻关；建设若干碳中和领域前沿科学中心，探索碳减排、碳零排、碳负排等关键技术的共性科学问题；建设碳中和领域关键核心技术集成攻关大平台，开展从基础研究、技术创新到产业化的全链条攻关。加强国家重点实验室、国家技术创新中心、国家工程研究中心等国家级碳中和创新平台的培育，组建一批攻关团队，持续开展关键核心技术攻关，打造若干碳中和技术创新的战略科技力量。

5. 碳中和科技成果转化行动

支持高校联合科技企业建立技术研发中心、产业研究院、中试基地、产教融合创新平台等，积极参与创新联合体建设，促进跨行业、跨领域、跨区域碳中和关键技术集成耦合与综合优化，加快创新链与产业链深度融合，推动能源深度脱碳、工业绿色制造、农业非二氧化碳减排以及建筑、交通等重点领域低碳发展。不断深化校地合作，支持高校联合地方建设一批碳中和领域省部共建协同创新中心和现代产业学院，构建碳中和技术发展产学研全链条创新网络，支撑建设一批绿色低碳示范企业、示范园区、示范社区、示范城市（群）。

6. 碳中和国际合作交流行动

推进与世界一流大学和学术机构的合作交流，开展碳中和科技领域高水平人才联合培养和科学研究；建设一批高校碳中和领域创新引智基地，大力吸引汇聚海外高层次人才参与我国碳中和学科建设和科学研究；在国家留学基金计划中，对碳中和领域人才培养和相关学术科研交流予以支持。支持高校举办高层次碳中和国际学术会议或论坛，主动加强应对气候变化国际合作，推进国际规则标准制定，共同打造绿色“一带一路”。支持建设碳中和国际科技合作创新平台，推动高校参与国际碳中和领域大科学计划和大科学工程。

7. 碳中和战略研究创新行动

建设碳中和战略研究基地，打造碳中和高端智库，组织高校加强碳中和战略研究，为我国做好碳中和工作提供决策支撑。重点研究碳中和基本内涵、实现路径和主要路线，碳中和与能源、产业及经济体系发展的影响关系；深入分析电力、钢铁、建材、石化等重点行业和能源、建筑、交通等关键领域实现碳中和目标的主要障碍与转型成本；研究利用信息技术实现重点行业领域碳中和途径与信息通信产业低碳化发展模式；研究重点产业空间布局与碳中和目标实现的关联机制；开展面向碳中和的国家气候治理体系、国际气候合作研究，形成技术、行业、领域、区域及国际多维度的创新战略支撑体系。

三、组织实施

1. 加强顶层设计。教育部成立碳中和科技创新专家组，指导和协调行动计划的实施；有关司局积极研究并推进具体任务实施。省（区、市）教育主管部门和高校要以服务国家碳中和重大战略部署为目标，统筹各类资源、加大探索力度，支持碳中和领域学科建设、人才培养、技术创新和国际合作。

2. 优化资源配置。支持高校承担或参与碳中和领域国家重大科技任务，培育国家级、省部级创新平台，建设碳中和产教融合联合体，全面加强高层次人才培养，为碳中和技术创新发展提供急需专业人才。在国家级人才评选中，加大向碳中和领域优秀人才的倾斜力度。

3. 加强宣传推广。通过开展多种形式的科普活动，引导各层次人群践行绿色消费、低碳生活新方式，营造绿色低碳生活新时尚。高校领导干部要加强碳中和相关知识的学习，增强抓好绿色低碳发展的本领，推动绿色校园建设。

第四条 科技创新体制

国家完善高效、协同、开放的国家创新体系，统筹科技创新与制度创新，健全社会主义市场经济条件下新型举国体制，充分发挥市场配置创新资源的决定性作用，更好发挥政府作用，优化科技资源配置，提高资源利用效率，促进各类创新主体紧密合作、创新要素有序流动、创新生态持续优化，提升体系化能力和重点突破能力，增强创新体系整体效能。

国家构建和强化以国家实验室、国家科学技术研究开发机构、高水平研究型大学、科技领军企业为重要组成部分的国家战略科技力量，在关键领域和重点方向上发挥战略支撑引领作用和重大原始创新效能，服务国家重大战略需要。

部门规章及文件

1. **《国家工程研究中心管理办法》**（2020 年 7 月 29 日）

第 3 条 建设工程中心旨在坚定实施创新驱动发展战略，服务经济社会发展，支撑关键核心技术研发，围绕产业链部署创新链，围绕创新链布局产业链，提升产业链供应链稳定性和竞争力，推动经济高质量发展。工程中心以国家和行业需求为出发点，通过建立工程化研究、验证设施和有利于技术创新、成果转化的机制，培育、提高创新能力，搭建产业发展与科技创新之间的桥梁，推动产业关键共性技术、前沿引领技术、现代工程技术、颠覆性技术创新，加快科研成果向现实生产力转化，促进重大科研成果转化应用以及产业基础高级化和产业链现代化。工程中心建设的主要目的是：

（一）坚持目标导向，着眼加快重大科技成果工程化、产业化，布局建设开放服务的创新平台，为各类创新主体开展实验室技术熟化、工程化放大和可靠性验证等活动提供基础条件，促进提高科技成果转化能力和转化效率；

（二）坚持问题导向，瞄准国家战略任务和重点工程实施中的重大技术难题，以及保产业链供应链稳定的关键领域环节，引导优势创新单元组建创新联合体，突破关键核心技术和重大装备等瓶颈制约，提高科技创新服务经济社会发展的能力；

（三）坚持结果导向，围绕提升产学研协同创新的效能，深化体制机制改革和创新，探索建立知识、技术、数据等生产要素由市场评价贡献、按贡献决定报酬的机制，激发科技人员推动技术创新和科技成果转化的积极性、主动性和创造性。

2. 科技部《关于促进新型研发机构发展的指导意见》（2019 年 9 月 12 日　国科发政〔2019〕313 号）

为深入实施创新驱动发展战略，推动新型研发机构健康有序发展，提升国家创新体系整体效能，提出如下意见。

一、新型研发机构是聚焦科技创新需求，主要从事科学研究、技术创新和研发服务，投资主体多元化、管理制度现代化、运行机制市场化、用人机制灵活的独立法人机构，可依法注册为科技类民办非企业单位（社会服务机构）、事业单位和企业。

二、促进新型研发机构发展，要突出体制机制创新，强化政策引导保障，注重激励约束并举，调动社会各方参与。通过发展新型研发机构，进一步优化科研力量布局，强化产业技术供给，促进科技成果转移转化，推动科技创新和经济社会发展深度融合。

三、发展新型研发机构，坚持“谁举办、谁负责，谁设立、谁撤销”。举办单位（业务主管单位、出资人）应当为新型研发机构管理运行、研发创新提供保障，引导新型研发机构聚焦科学研究、技术创新和研发服务，避免功能定位泛化，防止向其他领域扩张。

四、新型研发机构一般应符合以下条件。

（一）具有独立法人资格，内控制度健全完善。

（二）主要开展基础研究、应用基础研究，产业共性关键技术研发、科技成果转移转化，以及研发服务等。

（三）拥有开展研发、试验、服务等所必需的条件和设施。

（四）具有结构相对合理稳定、研发能力较强的人才团队。

（五）具有相对稳定的收入来源，主要包括出资方投入，技术开发、技术转让、技术服务、技术咨询收入，政府购买服务收入以及承接科研项目获得的经费等。

五、多元投资设立的新型研发机构，原则上应实行理事会、董事会（以下简称“理事会”）决策制和院长、所长、总经理（以下简称“院所长”）负责制，根据法律法规和出资方协议制定章程，依照章程管理运行。

（一）章程应明确理事会的职责、组成、产生机制，理事长和理事的产生、任职资格，主要经费来源和业务范围，主营业务收益管理以及政府支持的资源类收益分配机制等。

（二）理事会成员原则上应包括出资方、产业界、行业领域专家以及本机构代表等。理事会负责选定院所长，制定修改章程、审定发展规划、年度工作计划、财务预决算、薪酬分配等重大事项。

（三）法定代表人一般由院所长担任。院所长全面负责科研业务和日常管理工作，推动内控管理和监督，执行理事会决议，对理事会负责。

（四）建立咨询委员会，就机构发展战略、重大科学技术问题、科研诚信和科研伦理等开展咨询。

六、新型研发机构应全面加强党的建设。根据《中国共产党章程》规定，设立党的组织，充分发挥党组织在新型研发机构中的战斗堡垒作用，强化政治引领，切实保证党的领导贯彻落实到位。

七、推动新型研发机构建立科学化的研发组织体系和内控制度，加强科研诚信和科研伦理建设。新型研发机构根据科学研究、技术创新和研发服务实际需求，自主确定研发选题，动态设立调整研发单元，灵活配置科研人员、组织研发团队、调配科研设备。

八、新型研发机构应采用市场化用人机制、薪酬制度，充分发挥市场机制在配置创新资源中的决定性作用，自主面向社会公开招聘人员，对标市场化薪酬合理确定职工工资水平，建立与创新能力和创新绩效相匹配的收入分配机制。以项目合作等方式在新型研发机构兼职开展技术研发和服务的高校、科研机构人员按照双方签订的合同进行管理。

九、新型研发机构应建立分类评价体系。围绕科学研究、技术创新和研发服务等，科学合理设置评价指标，突出创新质量和贡献，注重发挥用户评价作用。

十、鼓励新型研发机构实行信息披露制度，通过公开渠道面向社会公开重大事项、年度报告等。

十一、符合条件的新型研发机构，可适用以下政策措施。

（一）按照要求申报国家科技重大专项、国家重点研发计划、国家自然科学基金等各类政府科技项目、科技创新基地和人才计划。

（二）按照规定组织或参与职称评审工作。

（三）按照《中华人民共和国促进科技成果转化法》等规定，通过股权出售、股权奖励、股票期权、项目收益分红、岗位分红等方式，激励科技人员开展科技成果转化。

（四）结合产业发展实际需求，构建产业技术创新战略联盟，探索长效稳定的产学研结合机制，组织开展产业技术研发创新、制订行业技术标准。

（五）积极参与国际科技和人才交流合作。建设国家国际科技合作基地和国家引才引智示范基地；开发国外人才资源，吸纳、集聚、培养国际一流的高层次创新人才；联合境外知名大学、科研机构、跨国公司等开展研发，设立研发、科技服务等机构。

十二、鼓励设立科技类民办非企业单位（社会服务机构）性质的新型研发机构。科技类民办非企业单位应依法进行登记管理，运营所得利润主要用于机构管理运行、建设发展和研发创新等，出资方不得分红。符合条件的科技类民办非企业单位，按照《中华人民共和国企业所得税法》《中华人民共和国企业所得税法实施条例》以及非营利组织企业所得税、职务科技成果转化个人所得税、科技创新进口税收等规定，享受税收优惠。

十三、企业类新型研发机构应按照《中华人民共和国公司登记管理条例》进行登记管理。鼓励企业类新型研发机构运营所得利润不进行分红，主要用于机构管理运行、建设发展和研发创新等。依照《财政部 国家税务总局 科技部关于完善研究开发费用税前加计扣除政策的通知》（财税〔2015〕119 号），企业类新型研发机构享受税前加计扣除政策。依照《高新技术企业认定管理办法》（国科发火〔2016〕32 号），企业类新型研发机构可申请高新技术企业认定，享受相应税收优惠。

十四、地方政府可根据区域创新发展需要，综合采取以下政策措施，支持新型研发机构建设发展。

（一）在基础条件建设、科研设备购置、人才住房配套服务以及运行经费等方面给予支持，推动新型研发机构有序建设运行。

（二）采用创新券等支持方式，推动企业向新型研发机构购买研发创新服务。

（三）组织开展绩效评价，根据评价结果给予新型研发机构相应支持。

十五、鼓励地方通过中央引导地方科技发展专项资金，支持新型研发机构建设运行。鼓励国家科技成果转化引导基金，支持新型研发机构转移转化利用财政资金等形成的科技成果。

十六、科技部组织开展新型研发机构跟踪评价，建设新型研发机构数据库，发布新型研发机构年度报告。将新型研发机构纳入创新调查和统计调查制度实施范围，逐步推动规模以下企业类新型研发机构纳入国家统计范围。地方科技行政管理部门负责协调推动本地区新型研发机构建设发展、开展监测评价、进行动态调整等工作。

十七、建立新型研发机构监督问责机制。对发生违反科技计划、资金等管理规定，违背科研伦理、学风作风、科研诚信等行为的新型研发机构，依法依规予以问责处理。

十八、地方可参照本意见，立足实际、突出特色，研究制定促进新型研发机构发展的政策措施开展先行先试。

3. 科技部、财政部《国家技术创新中心建设运行管理办法（暂行）》（2021年2月10日　国科发区〔2021〕17号）

第一章　总　则

第1条　为贯彻党的十九大关于“建立以企业为主体、市场为导向、产学研深度融合的技术创新体系”的战略部署，落实科技部、财政部《关于推进国家技术创新中心建设的总体方案（暂行）》，规范国家技术创新中心的建设和运行，制定本办法。

第 2 条　国家技术创新中心（以下简称创新中心）定位于实现从科学到技术的转化，促进重大基础研究成果产业化。创新中心以关键技术研发为核心使命，产学研协同推动科技成果转移转化与产业化，为区域和产业发展提供源头技术供给，为科技型中小企业孵化、培育和发展提供创新服务，为支撑产业向中高端迈进、实现高质量发展发挥战略引领作用。

第 3 条　创新中心分为综合类和领域类。

1. 综合类创新中心围绕落实国家重大区域发展战略和推动重点区域创新发展，开展跨区域、跨领域、跨学科协同创新与开放合作，成为国家技术创新体系的战略节点、高质量发展重大动力源，形成支撑创新型国家建设、提升国家创新能力和核心竞争力的重要增长极。

2. 领域类创新中心围绕落实国家科技创新重大战略任务部署，开展关键技术攻关，为行业内企业特别是科技型中小企业提供技术创新与成果转化服务，提升我国重点产业领域创新能力与核心竞争力。

第 4 条　创新中心的建设遵循聚焦关键、分类指导、开放共享、协同创新的原则。创新中心应为独立法人实体，针对不同领域竞争态势和创新规律，探索不同类型的组建模式。

第 5 条　创新中心应全面加强党的建设。根据《中国共产党章程》规定，设立党的组织，强化政治引领，切实保证党的领导贯彻落实到位。

第二章　管理职责

第 6 条　科技部负责创新中心规划布局和宏观管理，主要职责是：

1. 制定创新中心建设总体布局和管理制度。

2. 批准创新中心的建设、撤销及名称、注册地变更等重大事项。优先支持符合条件的国家工程技术研究中心转建国家技术创新中心。

3. 组织开展创新中心建设运行情况年度报告和绩效评估，并根据评估结果进行动态调整。

4. 支持创新中心承担国家重大科研任务，推动项目、基地、人才一体化部署实施。

第 7 条　财政部根据创新驱动发展和区域科技创新需求，结合绩效评估结果安排创新中心后补助经费，根据工作需要，对政策实施情况开展绩效评价。

第 8 条　国务院有关部门和各省（自治区、直辖市、计划单列市、新疆生产建设兵团，以下简称地方政府）科技管理部门负责创新中心的培育、推荐和监督管理，主要职责是：

1. 落实国家有关创新中心建设的规划和政策。

2. 结合国家重大战略、重大工程以及经济社会发展的重要领域，组织开展创新中心的培育和推荐工作。

3. 对创新中心的建设运行进行监督管理，对创新中心研发方向、发展目标、组织结构等重大调整提出意见建议。

4. 保障创新中心建设运行所需条件，对创新中心给予政策、土地和经费等支持，积极引导社会资本共同支持创新中心建设。

5. 协助组织本部门、本地区推荐的创新中心开展年度报告和绩效评估。

第 9 条　科技部委托相关专业化机构负责创新中心日常管理与服务等相关支撑工作。

第 10 条　创新中心负责本中心的建设和运行，主要职责是：

1. 建立健全创新中心内部管理制度，制定创新中心章程，履行法人主体责任。

2. 构建科学合理的科技创新人才队伍，吸引集聚国际化、专业化、高层次创新人才，充分调动各类人员的积极性。

3. 多元化筹措建设运行经费，按规定管理和使用经费。

4. 按要求开展建设运行年度报告，配合做好绩效评估。

5. 承担落实科研作风学风和科研诚信的主体责任。

6. 将创新中心重大事项变更书面报科技部批准。

第三章 组建程序和条件

第 11 条 科技部会同相关部门和地方政府根据国家重大区域发展战略部署以及关键领域技术创新需求，对创新中心建设进行统筹布局，坚持“少而精”原则，有序组织开展创新中心建设。

第 12 条 综合类创新中心按照自上而下、一事一议的方式进行统筹布局建设。

第 13 条 组建综合类创新中心应具备以下基本条件：

1. 建设布局符合京津冀协同发展、长三角一体化发展、粤港澳大湾区建设等国家重大区域发展战略和重点区域创新发展规划。

2. 建设主体由相关地方政府牵头或多地方联动共同建设，发挥有关地区和部门比较优势，指导推动有优势、有条件的科研力量参与建设。

3. 国务院有关部门、地方政府对创新中心建设给予支持，集聚整合相关优势高校、科研院所、企业、新型研发机构等源头创新力量，成为创新中心的重要研究实体。

4. 技术领域聚焦区域重大需求或参与国际竞争的领域，凝练若干战略性技术领域作为重点方向，明确技术创新的重点目标和主攻方向。

5. 组织架构一般采取“中心（本部）+若干专业化创新研发机构”的模式，明确区域空间布局，形成大协作、网络化的技术创新平台。

第 14 条　国务院有关部门和地方政府科技管理部门按照领域类创新中心总体布局，结合本部门、本地区资源优势和技术创新需求，开展领域类创新中心的培育和推荐。

第 15 条　组建领域类创新中心应具备以下基本条件：

1. 建设布局与党中央、国务院重大战略、重大任务、重大工程部署紧密结合，聚焦事关国家长远发展、影响产业安全、参与全球竞争的关键技术领域，符合全球产业与技术创新发展趋势。

2. 建设主体单位在该领域的科技创新优势突出、代表性强，改革创新积极性高。建设力量集聚整合该领域内全国科研优势突出的高校、科研院所、骨干企业等，形成分工明确、有紧密利益捆绑的协同合作关系，共同开展协同攻关与成果转化。

3. 牵头地方在该领域具有突出的科教优势、产业基础、市场需求等，符合国家在重点区域规划的重点科技和产业领域布局。

4. 技术目标围绕产业链梳理“卡脖子”技术和“长板”技术，凝练提出明确的技术创新目标和攻关任务，突出需要解决的行业重大关键技术问题，细化建设任务的短期、中期和长期目标。

5. 人才团队集聚本领域知名的技术带头人，形成稳定的全职全时核心技术团队、专业化的技术支撑服务团队以及成果转化应用团队，聘用具有丰富科研和管理经验的高层次复合型人才作为中心运营管理主要负责人。

第 16 条　领域类创新中心按照以下程序组建：

1. 科技部围绕贯彻落实党中央、国务院重大决策部署，按年度提出优先布局的领域安排。

2. 建设主体单位结合自身优势和具体情况，向国务院有关部门或地方政府科技管理部门提出建设意向申请。

3. 国务院有关部门、地方政府在统筹平衡的基础上，开展创新中心培育，将符合条件的创新中心推荐给科技部。培育期间应完成组织编制创新中心建设运行方案，做好筹建理事会（董事会）、实施法人实体化运行等前期准备工作。

4. 科技部对符合组建条件的创新中心组织开展专家咨询论证，并按照择优、择重、择需的原则开展建设，成熟一个、启动一个。

第四章　运行管理

第 17 条　创新中心实行理事会（董事会）决策制。理事会（董事会）由参与创新中心建设的法人单位和相关政府部门等方面的代表组成。主要任务如下：

1. 制定创新中心章程。

2. 聘任创新中心主任。

3. 聘任专家委员会委员。

4. 确定年度工作计划，并对建设运行中的重大问题进行决策。

5. 制定建设运行方案。方案一般以三年为建设运行周期，应明确发展目标、重点任务、管理运行机制、保障措施、工作进度、考核指标等内容。

第 18 条　创新中心实行中心主任（总经理）负责制。创新中心主任（总经理）应是创新中心的全职工作人员。

第 19 条　创新中心实行专家委员会咨询制。专家委员会负责审议创新中心的发展目标、重点技术创新任务等，并对相关重大事项提出意见建议。

第 20 条　创新中心实行固定与流动相结合的人员聘用制度，应通过市场化机制加强人才的选拔与聘任。

第 21 条　创新中心应全面落实科技成果转化奖励、股权分红激励等政策措施，建立市场化的绩效评价与收入分配激励机制。

第22条　创新中心应充分依托高校、科研院所的优势学科和科研资源，协同开展关键共性技术攻关、成果转移转化和技术创新服务。

第23条　构建政府引导、市场化运作的良性机制，国务院有关部门或地方政府支持创新中心建设，引导创新中心通过竞争性课题、市场化服务收入等方式扩展资金来源渠道。

第24条　创新中心应加强知识产权保护和运用，科研人员取得的职务发明成果均应标注创新中心名称。

第25条　创新中心实行年度报告制度，经所属国务院有关部门或地方政府科技管理部门审核后报科技部备案。年度报告主要内容包括创新中心本年度推动建设任务的实施进展、存在的问题以及下一步工作考虑，并附有必要的建设运行客观数据。

第26条　创新中心运行期间需变更名称、注册地或其他重大事项的，应提出书面申请，经所属国务院有关部门或地方政府科技管理部门审核后报科技部批准。

第五章　绩效评估

第27条　科技部组织创新中心开展绩效评估，委托第三方机构实施。

第28条　绩效评估主要内容包括承担国家重大战略科技任务、实施关键技术攻关、引领行业技术进步、面向社会提供技术创新服务、培育孵化科技型企业等方面的情况，以客观数据为主要评估依据。

第29条　绩效评估一般以三年为一个周期，评估结果分为优秀、良好和较差三类。绩效评估结果是后补助经费安排以及动态调整的重要依据。

第30条　科技部根据绩效评估结果对创新中心实行动态管理。评估结果优秀和良好的创新中心可进入下一轮建设运行周期，评估结果较差的创新中心应限期整改。不参加评估或中途退出评估、整改检查未通过的不再列入创新中心序列。

第31条　绩效评估过程中，参与各方不得弄虚作假，不得以任何方式影响评估。发现弄虚作假、违反科研诚信情况的按有关规定处理。

第六章　附　　则

第32条　综合类创新中心命名为“××国家技术创新中心”，英文名称为“××National Center of Technology Innovation”；领域类创新中心命名为“国家××技术创新中心”，英文名称为“National Center of Technology Innovation for ××”。

第33条　本办法由科技部、财政部负责解释。

第34条　本办法自发布之日起施行。

第五条　科技安全

国家统筹发展和安全，提高科技安全治理能力，健全预防和化解科技安全风险的制度机制，加强科学技术研究、开发与应用活动的安全管理，支持国家安全领域科技创新，增强科技创新支撑国家安全的能力和水平。

● 法　律

《生物安全法》（2020年10月17日）

第67条　国家采取措施支持生物安全科技研究，加强生物安全风险防御与管控技术研究，整合优势力量和资源，建立多学科、多部门协同创新的联合攻关机制，推动生物安全核心关键技术和重大防御产品的成果产出与转化应用，提高生物安全的科技保障能力。

第六条　跨学科、跨地区、跨行业、跨领域

国家鼓励科学技术研究开发与高等教育、产业发展相结合，鼓励学科交叉融合和相互促进。

国家加强跨地区、跨行业和跨领域的科学技术合作，扶持革命老区、民族地区、边远地区、欠发达地区的科学技术进步。

国家加强军用与民用科学技术协调发展，促进军用与民用科学技术资源、技术开发需求的互通交流和技术双向转移，发展军民两用技术。

法　律

1.《促进科技成果转化法》（2015 年 8 月 29 日）

第 12 条第 6 项　对下列科技成果转化项目，国家通过政府采购、研究开发资助、发布产业技术指导目录、示范推广等方式予以支持：

……

（六）能够加快民族地区、边远地区、贫困地区社会经济发展的。

第 14 条第 2 款　国家建立有效的军民科技成果相互转化体系，完善国防科技协同创新体制机制。军品科研生产应当依法优先采用先进适用的民用标准，推动军用、民用技术相互转移、转化。

2.《科学技术普及法》（2002 年 6 月 29 日）

第 4 条　科普是公益事业，是社会主义物质文明和精神文明建设的重要内容。发展科普事业是国家的长期任务。

国家扶持少数民族地区、边远贫困地区的科普工作。

3.《高等教育法》（2018 年 12 月 29 日）

第 8 条　国家根据少数民族的特点和需要，帮助和支持少数民族地区发展高等教育事业，为少数民族培养高级专门人才。

行政法规及文件

4.《国务院办公厅关于推动国防科技工业军民融合深度发展的意见》（2017年11月23日　国办发〔2017〕91号）

二、进一步扩大军工开放

（三）推动军品科研生产能力结构调整。打破军工和民口界限，不分所有制性质，制定军品科研生产能力结构调整方案，对全社会军品科研生产能力进行分类管理，形成小核心、大协作、专业化、开放型武器装备科研生产体系。核心能力由国家主导；重要能力发挥国家主导和市场机制作用，促进竞争，择优扶强；一般能力完全放开，充分竞争。

（四）扩大军工单位外部协作。将军工集团公司军品外部配套率、民口配套率纳入国防科技工业统计。进一步完善军工企业考核指标体系，在保障国家战略、国防安全和完成重大专项任务的前提下，进一步推进民品开发和军工科技成果转化。规范军工集团公司对民口军品配套单位的收购行为，避免垄断和不公平竞争，维护市场良性竞争秩序。

（五）积极引入社会资本参与军工企业股份制改造。修订军工企业股份制改造分类指导目录，科学划分军工企业国有独资、国有绝对控股、国有相对控股、国有参股等控制类别，除战略武器等特殊领域外，在确保安全保密的前提下，支持符合要求的各类投资主体参与军工企业股份制改造。按照完善治理、强化激励、突出主业、提高效率的要求，积极稳妥推动军工企业混合所有制改革，鼓励符合条件的军工企业上市或将军工资产注入上市公司，建立军工独立董事制度，探索建立国家特殊管理股制度。充分发挥国有企业混合所有制改革试点示范带动作用，及时推广相关经验。

（六）完善武器装备科研生产准入退出机制。加大“放管服”改革力度，推进科学规范、安全高效的准入退出制度建设。健全武器装备科研生产准入退出动态调整机制，精简优化许可管理范围，减少许可项目数量，规范退出标准和流程。实行武器装备科研生产许可与武器装备承制单位资格两证联合审查，推进多证融合。规范武器装备科研生产定密和招投标工作，凡不属于国家秘密事项的，不再纳入保密资格认定等行政许可范围；凡不需要承制单位具有保密资格的武器装备科研生产项目，不得将保密资格作为招投标条件。

（七）推进武器装备科研生产竞争。适应竞争性装备采购要求，推动系统集成商、专业承包商、市场供应商体系建设，推进分系统及配套产品竞争，明确细化总体单位开展分系统和配套产品采购的规则要求。改进完善军品价格和税收政策，营造公平竞争环境，引导更多有优势、有意愿的民口单位参与武器装备科研生产竞争。

三、加强军民资源共享和协同创新

（八）推动科技创新基地和设备设施等资源双向开放共享。面向国防建设和经济建设两个需求，进一步推动国防科技重点实验室、国防重点学科实验室、国防科技工业创新中心优化布局与建设，并分类推进开放共享。加强民口科技创新基地建设统筹，促进国家实验室、国家重点实验室等科技创新资源共享，发布开放目录清单，制定开放共享管理办法。在确保国家秘密安全的前提下，逐步将国防科研设备设施纳入统一的国家科研仪器设施网络管理平台，提升开放共享水平。

（九）加强军工重大试验设施统筹使用。编制发布军工重大试验设施共享目录，推动具备条件的军工重大试验设施向民口开放，建立常态化开放共享和技术服务机制。对新建重大试验设施，加强军工内部、军工与民口统筹。

（十）完善军民协同创新机制。建立军工和民口科技规划、计划、项目安排、政策等会商机制。建立国防科技协同创新机制，积极吸纳民口力量参与国防科技创新，扩大国防科技创新主体范围。发挥好现有国防科技工业创新中心和国家技术创新中心作用，统筹研究在部分新技术领域择优建设创新中心。支持科研院所、高等学校等，围绕国家安全和国防科技重大战略需求，聚焦具有战略性、带动性、全局性的重大共性关键技术，组建国防关键技术创新联盟，开展产学研用合作。

（十一）推动技术基础资源军民共享。建立完善军民标准化协调机制，推动军民标准通用化。开展军工行业标准清查，提出立改废清单，鼓励军工单位参与国家相关专业标准制修订工作。推动军民计量资源互通共享，发挥国防计量技术机构专业优势服务国民经济建设，积极吸收其他计量技术机构服务国防科技工业发展。支持军工鉴定性试验能力向社会开放服务。鼓励依托国家产品质检中心、高等学校、科研院所建立武器装备科研生产第三方测试评估机构。

（十二）积极利用民口产能。鼓励支持军工单位采取入股、租赁等多种方式，将民口产能用于武器装备科研生产。加强军工单位之间科研生产能力统筹利用和协作，积极推动军工资产合理流动。择优利用军工、军队和民口单位科研生产能力，避免不合理的重复建设。

（十三）支持武器装备科研生产单位为大安全、大防务提供装备和服务。在搞好武器装备科研生产的同时，做好军事训练器材研制开发，鼓励武器装备科研生产单位积极参与边海防装备建设，大力发展反恐维稳、安保警戒、应急救援、网络和信息安全等方面的技术、产品和产业。

（十四）健全完善信息发布和共享制度。依托国家军民融合公共服务平台，通过地方科技管理部门和国防科技工业管理部门收集本地区民口前沿技术、先进技术和优质产品等资源信息，集中向军工单位公开发布；按行业收集武器装备科研生产需求，经保密审查后，向社会公开发布。

（十五）加强国防科技工业人才队伍建设。组织实施国防科技工业人才发展规划，利用全社会优势教育资源，围绕武器装备建设和国防科技工业发展需求，大力开展国防特色高校共建和国防特色学科建设，依托高等学校设立国防科技重点实验室和国防重点学科实验室，开展探索性、创新性基础研究和前沿技术研究，支持高等学校与军工单位加强产学研用合作和人才培养。鼓励设立国防科技工业人才培养基金，加强国防科技创新团队建设，培养一批工程型号领军人才，做好国防科技领域青年拔尖人才选拔工作，开展国防科技工业杰出人才奖评选表彰，吸引优秀人才投身国防科技工业建设。依托军工单位及相关院校开展军队装备技术保障人才教育培训。

四、促进军民技术相互支撑、有效转化

（十六）推动完善国防科技工业科技成果管理制度。统筹建设国防科技工业科技成果转化平台，定期发布《国防科技工业知识产权转化目录》，推动知识产权转化运用。推动降密解密工作，完善国防科技工业知识产权归属和收益分配等政策，推动国防科技工业和民用领域科技成果双向转移转化。

（十七）加大军用技术推广支持力度。突出高技术方向，着力发展有利于推动产业结构优化升级、培育国民经济新增长点的高端产业。项目审批方式逐步由事前审批向事后审批转变，经费支持方式可由注入资本金等向投资补助、贷款贴息等转变。

（十八）发挥技术转化评价作用。在军工科研项目立项评估和国防科学技术进步奖评选中，加大成果转化、推广和应用的权重。探索开展相关技术成熟度评价，跟踪具有潜在军用前景的技术发展动态，鼓励军工单位优先利用民口成熟技术和产品。

五、支撑重点领域建设

（十九）加强太空领域统筹。面向军民需求，加快空间基础设施统筹建设。加快论证实施重型运载火箭、空间核动力装置、深空探测及空间飞行器在轨服务与维护系统等一批军民融合重大工程和重大项目。以遥感卫星为突破口，制定国家卫星遥感数据政策，促进军民卫星资源和卫星数据共享。探索研究开放共享的航天发射场和航天测控系统建设。

（二十）推进网络空间领域建设。促进通信卫星等通信基础设施统筹建设。大力发展网络安全、电磁频谱资源管理等技术、产品和装备。推动天地一体化信息网络工程实施。优化军工电子信息类试验场布局和建设，在服务武器装备科研生产的同时，更好地服务国民经济发展。

（二十一）支撑海洋领域建设。推进海洋领域军民试验需求和试验设施统筹，加快深远海试验场建设。大力发展水下探测、信息传输与安全等技术，提高海洋综合感知能力。推动深海空间站、核动力海上浮动平台和深海大洋监测装备建设，积极研发高等级专业破冰船、极地自破冰科学考察船、极地救助船、极地半潜运输船、极地资源勘探船及极地专用核心配套设备、材料等，支撑海洋领域重大工程。

六、推动军工服务国民经济发展

（二十二）发展典型军民融合产业。加强现有投资渠道统筹，优化投资方向。研发具有自主知识产权的先进核反应堆和先进核电技术，加快实施先进核能示范工程，提升核燃料循环产业规模和竞争力，推进核技术应用并实现产业化。积极引导支持卫星及其应用产业发展，促进应用服务创新和规模化应用。加强民用飞机关键技术攻关，加快产业化进程。调整优化民用船舶产业结构，发展高技术船舶和海洋工程。发展军民两用的信息安全与网络安全技术产业。

（二十三）培育发展军工高技术产业增长点。充分发挥军工单位在人才、技术、设备设施等方面优势，支持军工高技术产业化发展，不断提升动态保军能力。优选技术水平高、市场前景好、符合国家产业发展方向的产品和项目，编制发布《军用技术转民用推广目录》和《民参军技术与产品推荐目录》，对列入目录且应用效果好、实现工程化和产业化的项目给予重点支持。

（二十四）以军工能力自主化带动相关产业发展。加强政策统筹，做好与相关科技计划的衔接，制定并组织实施军工高端制造装备创新工程专项行动计划，组织国内优势单位开展专项攻关，提高军工能力建设所需的高端加工制造设备、测试仪器、科研生产软件等国产化率和自主可控水平。在军工生产能力建设中，进一步扩大支持采购国产首台（套）装备政策适用范围。

（二十五）促进军工经济和区域经济融合发展。围绕实施“一带一路”建设、京津冀协同发展、长江经济带发展“三大战略”和西部开发、东北振兴、中部崛起、东部率先“四大板块”布局以及河北雄安新区规划建设，鼓励军工集团公司与地方政府加强战略合作和规划政策对接，在军工单位后勤社会化改革以及参与所在地发展规划、优惠政策和激励措施实施等方面，创新合作方式，落实一批军民融合重大项目，发挥军工辐射带动作用。研究开展军工经济属地化分级统计，建立属地化军民融合产业统计体系。设立国防科技工业军民融合创新示范基地，支持重点省（区、市）开展国防科技工业军民融合综合改革试点，在体制机制创新、资源整合、成果转化和公共服务模式创新等方面取得突破。

（二十六）拓展军贸和国际合作。在确保国防安全和装备技术安全的前提下，着力优化军贸产品结构，提升高新技术装备出口比例，推进军贸转型升级。落实国家“一带一路”和“走出去”战略，推动核电站和核技术装备、宇航装备、航空装备、高技术高附加值船舶及其他高技术成套装备出口，推进“一带一路”空间信息走廊建设和金砖国家遥感卫星星座合作，鼓励参与海外石油矿产资源开发和国际工程承包。充分发挥国家原子能机构和国家航天局的对外合作平台作用，深化核和航天领域国际合作。

七、推进武器装备动员和核应急安全建设

（二十七）强化武器装备动员工作。充分利用武器装备科研生产能力和资源，积极参与武器装备维修保障和服务，推进完善军民一体化维修保障体系。着眼战时部队高技术装备维修力量缺口，推进高新技术武器装备专业保障队伍建设，加强针对性实战化训练演练，形成支前保障能力。

（二十八）提升核应急和安全能力。按照国家核应急体系建设整体布局，加强国家核应急救援力量建设。推进核安全技术研究，军地联合加快国家核安全体系重大工程建设。加强核安全监管，增强核安保能力。加快军工核设施退役治理，提升军工核设施实物保护能力。

八、完善法规政策体系

（二十九）加强法律法规建设。加强国防科技工业法规建设，加快推动原子能法出台，积极推进航天立法。完善相关配套法规和政策制度，不断健全军民融合法律法规体系，进一步引导、规范、保障国防科技工业军民融合深度发展。

（三十）完善社会投资审核制度。修订《国防科技工业社会投资核准和备案管理暂行办法》和《国防科技工业社会投资领域指导目录》，减少和下放政府对国防科技工业领域社会投资的审核，除战略能力外，鼓励各类符合条件的投资主体进入国防科技工业领域。

（三十一）健全配套支持政策。对承担军品重点任务、符合政府投资政策的民营企业，在企业自愿和确保安全保密的前提下，采取投资入股、补助、贷款贴息、租赁、借用等多种方式给予支持。拓展军民融合发展投融资渠道，设立国家国防科技工业军民融合产业投资基金，鼓励支持地方政府、符合条件的机构根据自身发展实际设立相关产业投资基金，重点推动军工高技术产业发展。研究企事业单位参与军品科研生产任务的风险补偿和扶持机制。探索建立军工资产管理新模式，加强对民营企业军工能力的监管。

各地区、各部门要充分认识推动国防科技工业军民融合深度发展的重大意义，做好统筹衔接，加强沟通协调，形成工作合力。各地方人民政府要结合本地区实际，出台有针对性的配套措施。国务院国防科技工业管理部门要会同有关方面制定分工方案，及时研究解决工作中遇到的矛盾和问题，确保国防科技工业军民融合深度发展取得实效。

● 部门规章及文件

5. 国家民委、科技部、农业部、中国科协《关于进一步加强少数民族和民族地区科技工作的若干意见》（2008 年 11 月 3 日　民委发〔2008〕245 号）

三、加强少数民族和民族地区科技工作的重点任务

（七）加强对面向少数民族和民族地区科技项目的扶持力度。以民族地区经济社会发展需求为导向，重点支持对民族地区经济社会发展以及少数民族文化传承与保护方面具有重大战略意义的关键技术、共性技术、公益技术、特色技术的研究开发与应用示范；优先发展能源、资源与环境保护技术；加强少数民族和民族地区农业资源的研究与保护，加快农牧业技术的全面升级；加强基层农技推广体系建设，促进先进适用技术推广应用；建立民族语言信息安全保障体系；依靠科技支撑，提升民族地区公共服务领域科技水平，培育和提高少数民族和民族地区企业创新能力。

（八）高度关注民生，重视科技惠民。推进以改善少数民族和民族地区民生为重点的科技进步。加强对少数民族和民族地区

多发病、地方病、流行病的研究与防治技术开发，提高防病、治病能力和技术水平；加强民族特殊体质研究，提高卫生防疫技术；加强民族医药的研发和成果转化工作，推动民族医药事业发展；提高自然灾害和突发公共安全事件应急处置的科技水平，保障社会公共安全；加强对民族地区社会主义新农村建设的科技支持；在国家科技富民强县专项行动、星火计划等面向基层的国家科技计划中，加强对少数民族和民族地区基层科技工作的支持力度。

（九）加强面向少数民族和民族地区的科技基础条件建设。将民族地区科技基础条件建设的重点项目优先纳入国家科技基础条件平台建设统筹安排；采用多种渠道、多种方式，指导和扶持民族院校和民族地区的院校、科研机构建设符合民族地区科技发展需求的实验室、工程中心、野外实验台（站）等科技基础设施；建设多层次、多功能、多语种、交互式科技信息网络，提高科技管理和服务的信息化能力，拓宽民族地区与内地科技部门的信息交流渠道，促进民族地区的科技需求与内地科技优势的迅速对接，有效提高对民族地区经济社会发展的支撑能力。

（十）普及科学知识，倡导科学方法，传播科学思想，弘扬科学精神，全面提高少数民族和民族地区群众的科学文化素质。繁荣面向少数民族群众的科普创作，大力提高科普作品的原创能力；加强民族地区公众科技传播体系和科普基础设施建设，建立更加广泛的科技传播渠道；加强示范引导，进一步提高科普工作的社会动员能力。

（十一）整合科普资源，加强科普宣传。开发集成与共享服务相结合，提高少数民族科普资源服务水平。鼓励并扶持双语（汉语和少数民族语言文字）科普宣传品的创作、整理和翻译出版；集成、积累和整合少数民族语言科普资源，形成少数民族科普资源库；开展优秀少数民族科普作品的推介、展演、展映、展播和展示活动，鼓励和支持科普资源的区域性合作，扩大少数民族科普资源的共享范围。

（十二）创新、拓宽面向少数民族群众科普宣传工作的手段和渠道。充分体现民族特色和地域文化，注重科普宣传与各类纪念活动、文化艺术相结合；在科技活动周、科普日、星火三十分、三下乡、科普之冬（春、夏）、科普大集、科技专家服务三农等重点品牌科普宣传活动中，注意运用民族语言文字开展科普宣传；充分利用报刊、广播、电视、电影等媒体开展经常性科普宣传；支持少数民族语言文字的媒体开设科普专栏和科普节目；探索利用移动通讯、网络等新的技术手段和方式来开展科普宣传。

（十三）多渠道吸纳优秀人才，开展有计划的教育培训，发展科技人才队伍和科普队伍。进一步做好“少数民族高层次骨干人才培养计划”，加强对少数民族高层次人才的培养力度；继续做好民族职业教育示范点的建设和推广工作，大力推进少数民族地区的职业教育发展；通过面向少数民族和民族地区科研项目和任务的带动，吸引和凝聚更多的少数民族和民族院校的科技人才，为民族地区的科技工作服务；组成由少数民族优秀科技人才参加的、专兼结合的科普专家队伍；引导和动员民族高校的科技专家主动投身科普宣传工作，积极开展少数民族科普资源的创作和翻译，经常性地参加科普宣传活动；进一步加强少数民族科普工作队的建设，形成省（区）、市（地、州、盟）、县（区、旗）完善的工作网络；鼓励民族高校的在校大中专学生，参加科普宣传活动，增强科普宣传活动效果；加强民族地区农村基层科普组织的建设和农村实用人才的培养，加强业务指导，优化工作环境；重视少数民族科普宣传工作者的继续教育和培训，提升其应用现代科技手段和方法开展科普宣传工作的能力。

（十四）优化资源配置，促进合作共赢。进一步推动内地对民族地区的科技支援。坚持政府引导、市场导向、多方合作、互利共赢的原则，推动资源优化配置。大力促进内地的技术、人才和资金优势与少数民族和民族地区的资源优势对接，建立充满活力、有效调动各方面积极性的科技支援民族地区的工作机制；在保护少数民族和民族地区自然资源环境的基础上，鼓励东部地区向民族地区推广先进适用技术，促进形成特色支柱产业；鼓励和吸引内地科研院所、高校到民族地区开展多层次、多形式的产学研合作，建立长期的互惠合作关系；相关部门密切合作，有计划、有步骤地逐步搭建内地和民族地区供需对接与技术交易平台，促进技术合作与技术转移。

四、加强少数民族和民族地区科技工作的保障措施

（十五）建立加强少数民族和民族地区科技工作的长效机制。国家和地方相关部门，要在有效利用自身资源开展工作的基础上，加强部门协同，广泛发动社会力量，共同推动少数民族和民族地区科技进步。要做好共建示范点和示范队的建设工作，及时总结经验，加强交流，加强宣传工作，表彰和奖励在少数民族和民族地区科技工作中涌现出的先进集体和优秀个人，树立先进典型。要发挥民族工作联席会、科普工作联席会和全民科学素质工作联席会的组织协调作用，统筹部署，集成资源，引导全社会共同推动民族地区科技工作。各级民族工作部门要提高认识，把科技工作作为民族工作的重要职能任务切实加强领导，认真履行职责，通过政策引导、创新机制、搭建平台和开展活动等一系列有效措施和手段，加强协调、发挥优势、整合力量，积极参与、密切配合有关部门，制定本地区科技发展规划和促进当地科技发展的政策措施，协调有关部门做好贯彻落实工作；做好少数民族和民族地区科技工作的调查和研究，为部门决策提供参考依据；各级科技、农业部门和科协组织要发挥民族科技工作主力军作用，积极推进少数民族和民族地区的科技进步。

（十六）加强少数民族和民族地区科技工作经费保障。国家和地方相关部门，要切实加大对少数民族和民族地区的科技工作投入力度，在安排科技、科普经费和科技专项时，要结合少数民族和民族地区的实际，适当给予倾斜；民族工作部门要在发展资金等资金中安排一定的资金用于少数民族和民族地区的科技工作。

第七条 服务国家目标与自由探索相结合

国家遵循科学技术活动服务国家目标与鼓励自由探索相结合的原则，超前部署重大基础研究、有重大产业应用前景的前沿技术研究和社会公益性技术研究，支持基础研究、前沿技术研究和社会公益性技术研究持续、稳定发展，加强原始创新和关键核心技术攻关，加快实现高水平科技自立自强。

● 法 律

1.《乡村振兴促进法》（2021 年 4 月 29 日）

第 15 条 国家加强农业种质资源保护利用和种质资源库建设，支持育种基础性、前沿性和应用技术研究，实施农作物和畜禽等良种培育、育种关键技术攻关，鼓励种业科技成果转化和优良品种推广，建立并实施种业国家安全审查机制，促进种业高质量发展。

2.《种子法》（2021 年 12 月 24 日）

第 12 条 国家支持科研院所及高等院校重点开展育种的基础性、前沿性和应用技术研究，以及常规作物、主要造林树种育种和无性繁殖材料选育等公益性研究。

国家鼓励种子企业充分利用公益性研究成果，培育具有自主知识产权的优良品种；鼓励种子企业与科研院所及高等院校构建技术研发平台，建立以市场为导向、资本为纽带、利益共享、风险共担的产学研相结合的种业技术创新体系。

国家加强种业科技创新能力建设，促进种业科技成果转化，维护种业科技人员的合法权益。

第八条 课题自主选择

国家保障开展科学技术研究开发的自由，鼓励科学探索和技术创新，保护科学技术人员自由探索等合法权益。

科学技术研究开发机构、高等学校、企业事业单位和公民有权自主选择课题，探索未知科学领域，从事基础研究、前沿技术研究和社会公益性技术研究。

● 法 律

1.《种子法》（2021 年 12 月 24 日）

第 12 条 国家支持科研院所及高等院校重点开展育种的基础性、前沿性和应用技术研究，以及常规作物、主要造林树种育种和无性繁殖材料选育等公益性研究。

国家鼓励种子企业充分利用公益性研究成果，培育具有自主知识产权的优良品种；鼓励种子企业与科研院所及高等院校构建技术研发平台，建立以市场为导向、资本为纽带、利益共享、风险共担的产学研相结合的种业技术创新体系。

国家加强种业科技创新能力建设，促进种业科技成果转化，维护种业科技人员的合法权益。

2.《高等教育法》（2018 年 12 月 29 日）

第 35 条 高等学校根据自身条件，自主开展科学研究、技术开发和社会服务。

国家鼓励高等学校同企业事业组织、社会团体及其他社会组织在科学研究、技术开发和推广等方面进行多种形式的合作。

国家支持具备条件的高等学校成为国家科学研究基地。

第九条 学校及其他教育机构的重要作用

学校及其他教育机构应当坚持理论联系实际，注重培养受教育者的独立思考能力、实践能力、创新能力和批判性思维，以及追求真理、崇尚创新、实事求是的科学精神。

国家发挥高等学校在科学技术研究中的重要作用，鼓励高等学校开展科学研究、技术开发和社会服务，培养具有社会责任感、创新精神和实践能力的高级专门人才。

● 法　律

1.《高等教育法》（2018 年 12 月 29 日）

第 12 条　国家鼓励高等学校之间、高等学校与科学研究机构以及企业事业组织之间开展协作，实行优势互补，提高教育资源的使用效益。

国家鼓励和支持高等教育事业的国际交流与合作。

2.《义务教育法》（2018 年 12 月 29 日）

第 34 条　教育教学工作应当符合教育规律和学生身心发展特点，面向全体学生，教书育人，将德育、智育、体育、美育等有机统一在教育教学活动中，注重培养学生独立思考能力、创新能力和实践能力，促进学生全面发展。

第十条 人才发展体制

科学技术人员是社会主义现代化建设事业的重要人才力量，应当受到全社会的尊重。

国家坚持人才引领发展的战略地位，深化人才发展体制机制改革，全方位培养、引进、用好人才，营造符合科技创新规律和人才成长规律的环境，充分发挥人才第一资源作用。

● 部门规章及文件

《国家科学技术奖励条例实施细则》（2008 年 12 月 23 日）

第 3 条　国家科学技术奖励工作深入贯彻落实科学发展观和“尊重劳动、尊重知识、尊重人才、尊重创造”的方针，鼓励团结协作、联合攻关，鼓励自主创新，鼓励攀登科学技术高峰，促进科学研究、技术开发与经济、社会发展密切结合，促进科技成果向现实生产力转化，促进国家创新体系建设，营造鼓励创新的环境，努力造就和培养世界一流科学家、科技领军人才和一线创新人才，加速科教兴国、人才强国和可持续发展战略的实施，推进创新型国家建设。

第十一条　崇尚科学风尚

国家营造有利于科技创新的社会环境，鼓励机关、群团组织、企业事业单位、社会组织和公民参与和支持科学技术进步活动。

全社会都应当尊重劳动、尊重知识、尊重人才、尊重创造，形成崇尚科学的风尚。

● 行政法规及文件

1.《国家科学技术奖励条例》（2020 年 10 月 7 日）

第 4 条　国家科学技术奖励工作坚持中国共产党领导，实施创新驱动发展战略，贯彻尊重劳动、尊重知识、尊重人才、尊重创造的方针，培育和践行社会主义核心价值观。

● 部门规章及文件

2.《国家科学技术奖励条例实施细则》（2008 年 12 月 23 日）

第 3 条　国家科学技术奖励工作深入贯彻落实科学发展观和“尊重劳动、尊重知识、尊重人才、尊重创造”的方针，鼓励团结协作、联合攻关，鼓励自主创新，鼓励攀登科学技术高峰，促进科学研究、技术开发与经济、社会发展密切结合，促进科技成果向现实生产力转化，促进国家创新体系建设，营造鼓励创新的环境，努力造就和培养世界一流科学家、科技领军人才和一线创新人才，加速科教兴国、人才强国和可持续发展战略的实施，推进创新型国家建设。

第十二条 科学技术普及

国家发展科学技术普及事业，普及科学技术知识，加强科学技术普及基础设施和能力建设，提高全体公民特别是青少年的科学文化素质。

科学技术普及是全社会的共同责任。国家建立健全科学技术普及激励机制，鼓励科学技术研究开发机构、高等学校、企业事业单位、社会组织、科学技术人员等积极参与和支持科学技术普及活动。

● 法 律

1.《科学技术普及法》（2002 年 6 月 29 日）

第 1 条 为了实施科教兴国战略和可持续发展战略，加强科学技术普及工作，提高公民的科学文化素质，推动经济发展和社会进步，根据宪法和有关法律，制定本法。

第 2 条 本法适用于国家和社会普及科学技术知识、倡导科学方法、传播科学思想、弘扬科学精神的活动。

开展科学技术普及（以下称科普），应当采取公众易于理解、接受、参与的方式。

第 3 条 国家机关、武装力量、社会团体、企业事业单位、农村基层组织及其他组织应当开展科普工作。

公民有参与科普活动的权利。

第 4 条　科普是公益事业，是社会主义物质文明和精神文明建设的重要内容。发展科普事业是国家的长期任务。

国家扶持少数民族地区、边远贫困地区的科普工作。

第 5 条　国家保护科普组织和科普工作者的合法权益，鼓励科普组织和科普工作者自主开展科普活动，依法兴办科普事业。

第 6 条　国家支持社会力量兴办科普事业。社会力量兴办科普事业可以按照市场机制运行。

● 部门规章及文件

2.《“十四五”国家科学技术普及发展规划》（2022 年 8 月 4 日）

三、重要任务

面对新形势、新任务、新要求，根据发展目标，“十四五”期间重点实施以下任务。

（一）强化新时代科普工作价值引领功能。

着力塑造时代新风。将培育和践行社会主义核心价值观贯穿科普工作的全过程，不断巩固壮大积极健康向上的主流思想舆论，提高全民科学文化素质和全社会文明程度。深入挖掘并广泛宣传中华传统文化中的科技内涵，加强中国特色科学文化建设，坚定文化自信、创新自信。推动党校（行政学院）、干部学院、社会科学院、学校等加强科普工作。在爱国主义教育基地、青少年教育基地等场所增加科普功能。充分发挥科普网站、科普平台的作用，引导和支持网络公众科普力量发展，加大网络科普优质内容供给。

加强科普领域舆论引导。依托权威专家队伍，探索建立科普信息科学性审查机制。整治网络传播中以科普名义欺骗群众、扰乱社会、影响稳定的行为，批驳伪科学和谣言信息，净化网络科普生态。坚决破除封建迷信思想，抵制伪科学、反科学，打击假借科普名义进行的抹黑诋毁和思想侵蚀活动。加强少数民族地区、边疆地区、农村地区的科普工作，推进移风易俗，带动树立科学文明新风尚。

大力弘扬科学精神和科学家精神。深刻理解和准确把握新时代科学精神和科学家精神的内涵，把科学精神和科学家精神融入创新实践，在全社会形成尊重知识、崇尚创新、尊重人才、热爱科学、献身科学的浓厚氛围。创新宣传方式和手段，鼓励运用多种形式开展科学精神和科学家精神的宣传报道，增强传播效果、扩大传播范围。推动建设一批科学精神和科学家精神教育基地。推动学风作风和科研诚信建设，营造良好学术生态，为科技创新营造风清气正的环境。

（二）加强国家科普能力建设。

强化科普理论研究。构建新时代科普理论体系。进一步深化对习近平总书记关于科学普及与科技创新的重要指示的理论研究和宣传。深刻把握新时代科普工作的本质和发展需求，加强科普领域的理论和实践战略研究，构建新时代科普理论体系。

增强科普创作能力。加大对原创科普作品的扶持力度。研究制定支持科普创作的政策措施，健全科普创作扶持办法。引导社会力量参与科普创作。依托科研、教育、文化等现有力量，实施科普精品工程，培育高水平的科普创作中心。推动制定实施优秀科普和科幻作品创作计划。搭建科普创作研究平台，健全科学家与创作人员交流机制，建设科幻电影科学顾问库，积极培养创作制作队伍。完善国家、地方科普作品奖评体系，提升优秀作品推介水平，激励更多优秀作品产出。

完善科普设施布局。制定完善科普基地管理办法，统筹各地方各部门科普基地建设。鼓励支持各级政府部门、企事业单位、社会团体等适应公众需要，建设具有地域、产业、学科等特色的科普基地。创建一批全国科普教育基地。全面提升科技馆服务能力，加强对基础设施、科普产品和展教服务内容等规范管理。促进全国科技馆均衡发展，推动有条件的地方因地制宜建设科技馆，支持和鼓励多元主体参与科技馆建设。发挥重大科技基础设施、综合观测站等的科普功能。推动在博物馆、文化馆、图书馆、规划展览馆、文化活动中心等公共文化设施开展科普工作。引导公园、广场、购物中心等公共场所因地制宜开展科普宣传和科普惠民活动。加快推进乡村科普活动站、科普宣传栏等建设布局，持续丰富农村科普设施载体。

构建全媒体科学传播矩阵。引导中央、地方及行业主要新闻媒体参与科普创作与报道，推动在广播、电视、新闻媒体平台、综合性报刊的重要时段或重要版面设立科普专栏专题，打造一批群众喜爱的科普品牌栏目。充分利用有线电视网络资源开展科普服务，提升科普进学校、进家庭的效能。大力发展网络科普，发挥网络新媒体传播速度快、互动性强、覆盖面广的优势，支持适应新媒体特点的科普内容创作和传播载体建设。鼓励和支持以短视频、直播等方式通过新媒体网络平台科普，培育一批具有较强社会影响力的网络科普品牌。打造具有市场竞争力的科普类期刊集群，培育世界一流科普期刊。探索科普传播新形式，重视发展科普讲解、科学演示、科学脱口秀等新型传播形式，增强科学传播效果。

持续推进科普信息化建设。依托中国科普网分步骤建设国家科技资源科普化平台，建设科普专家、科普舆情、科技传播数据库。持续完善科普中国平台建设，提升科普资源汇集、整理、应用的能力。推进基层科普服务平台与国家平台间的互通互联，推动形成覆盖全国的科普服务网络，促进优质科普资源的共建共享共用。加快推进科普与大数据、云计算、人工智能等技术深度融合，打造一批科普数字化应用示范场景。深入实施科普信息化提升工程，强化科普信息与智慧教育、智慧城市、智慧社区等深度融合。推动优质科普信息化资源向革命老区、民族地区、边疆地区、脱贫地区倾斜。

促进科普领域市场化发展。开展促进科普领域市场化发展的政策研究。推进科普与科技、文化、旅游、体育等产业融合发展，培育专业化、市场化科普机构。鼓励建立科普园区和企业联盟。探索制定科普产品和服务相关技术标准和规范，提升优质产品和服务的供给能力。引导各类科普机构开展科普展览、影视、书刊、动漫、玩具、游戏及科普旅游产品、科普新媒体等开发、应用与推广，服务新时代公众日益增长的品质化、个性化、定制化科普需求。鼓励举办科普产品博览会、交易会，搭建科普产品和服务交易平台。鼓励开展科普亲子活动、定制化讲解、科学导游等增值服务，促进科普公益性和市场化协同发展。

（三）推动科普工作全面发展。

开展群众性科普活动。组织科技活动周、全国科普日、公众科学日、科技工作者日等国家重大科普示范活动。结合世界地球日、环境日、海洋日、气象日、水日和国际博物馆日等国际纪念日及我国文化和自然遗产日、全民国家安全教育日、航天日、防灾减灾日、节能减排周、安全生产月、节水宣传周等，开展形式多样、各具特色的主题科普活动。服务乡村振兴战略，组织实施文化科技卫生“三下乡”、科技特派团、科技特派员、“科技110”、科技专家和致富能手下乡等农村科普活动。组织开展适合少数民族地区特点的科普活动。积极引导科研机构、学校、企事业单位、行业协会学会等各类社会组织参与科普活动，大力提高活动策划组织水平，丰富活动内容、创新活动形式、提升活动效果，提升科普活动的社会参与度、影响力和群众满意度。

推动科普与学校教育深度融合。坚持科普要“从娃娃抓起”，构建小学、初中、高中阶段循序渐进，校内、校外有机融合的科学教育体系。遴选一批优秀科普工作者以及符合学校需求的科普基地，按照“双向选择”的原则，由学校自主选聘为科技辅导员或合作机构，并参与学校课后服务。鼓励中小学有计划地组织学生就近分期分批到科普场馆和科普基地开展科普教育实践活动，激发青少年好奇心和想象力，增强科学兴趣，培育创新思维和能力。系统考虑新科学知识、新学习需求、新教学手段，加大优质科学教育资源和精品科普课程的开发，切实增强科学性、系统性、适宜性和趣味性，丰富中小学科技教育内容。加强高等教育阶段的科学教育和科普实践，鼓励和支持高校教师、学生开展科普社会实践。

加强重点领域科普工作。满足人民群众对美好生活的需要，加大优质科普服务供给，提升公众应用科学知识提升生活质量的能力，促进全社会科学、文明、安全、健康的生活方式形成。围绕健康生活、公共安全、水安全、食品安全、乡村振兴、生物技术、自然资源、生态环境、气候变化、建筑科学、文化旅游、体育运动、交通运输、市场监管、计量标准、地震安全等专业领域，加强主题科普内容开发与推广，创作一批高水平的科普作品。调动行业部门积极性，挖掘行业科普资源，开展专题性、系列性科普活动。充分发挥行业学会、协会的联合协同作用，发展行业科普组织，形成高水平的行业科普队伍。

加强应急科普工作。建立健全国家应急科普协调联动机制，完善各级政府应急管理预案中的应急科普措施，推动将应急科普工作纳入政府应急管理考核范畴。统筹自然灾害、卫生健康、安全生产、应急避难等科普工作，加强政府部门、社会机构、科研力量、媒体等协调联动，建立应急科普资源库和专家库，搭建国家应急科普平台。积极开展应急科普宣传活动，推进面向大众的应急演练、防灾减灾等科普工作，增强科普宣教的知识性、趣味性、交互性。完善应急科普基础设施，建设安全生产主题公园等安全文化教育基地，推动应急科普融入公众生产生活。持续提升应急管理人员、媒体从业人员的应急科普能力。

加强针对社会热点的科普。探索建立社会热点科普响应机制，研究社会热点科普的主动推送解决方案，及时响应社会热点，第一时间发布权威科学解读信息，提升公众认知能力，做好舆论引导。鼓励和支持社会力量，围绕“碳达峰”“碳中和”、信息技术、生物医药、高端装备、新能源、新材料、节能环保等公众关注度高的科技创新热点及科技政策法规有针对性地开展科普。

加强国防科普工作。加强军地协调配合，对标新时代国防科普需要，持续提升国防科普能力，更好为国防和军队现代化建设服务。鼓励广大国防科技工作者积极参与科普工作。鼓励国防科普作品创作出版，支持建设国防科普传播平台。在安全保密许可的前提下，利用退役、待销毁的军工设施和军事装备，进行适当开发，建设一批国防科普基地。适度开放国防科研院所和所属高校的实验室等设施，面向公众开展多种形式的国防科普活动。结合国家重大科普活动开展国防科普宣传。积极推进科普进军营等活动，提高部队官兵科学素质。

（四）推动科学普及与科技创新协同发展。

充分调动科技工作者参与科普工作的积极性。科研机构要通过政策引导、经费支持、激励考核等措施调动科技工作者参与科普工作的积极性，强化对科普工作的使命感和责任感，为开展科普提供必要的保障和支持。科技工作者要通过撰写科普文章、举办科普讲座、参与科普活动、翻译国外科普作品等多种形式开展科普。支持科学家运用专业特长，针对社会关注热点、突发事件和公众疑惑进行权威解读。

持续推进科技创新资源科普化。围绕科技强国建设的重大成就、重大政策、重点发展领域开展科普宣传，提升公众对新技术、新产业、新业态的认知水平，引导社会形成理解和支持科技创新的正确导向。聚焦前沿技术领域创作优秀科普作品。加强顶层设计，压实承担国家科技计划的科研单位、科研人员的科普责任，推动各级各类科技计划（项目、基金）合理设置科普工作任务和考核指标，强化科普内容产出。增强适宜开放的重大科技基础设施、科技创新基地、天文台、植物园、标本馆、地震台（站）等科研设施科普功能，在保证科研工作任务的前提下，增加向公众开放时间，因地制宜开展科普活动。鼓励新建科研设施一体考虑、同步规划科普功能。

聚焦科技前沿开展针对性科普。针对新技术新知识开展前瞻性科普，促进公众理解和认同，推动技术研发与应用。面向关键核心技术攻关，聚焦国家科技发展的重点方向，强化脑科学、量子计算等战略导向基础研究领域的科普，引导科研人员从实践中提炼重大科学问题，为科学家潜心研究创造良好氛围。发挥广大科研人员的科普积极性，引导社会形成理解和支持科技研发的正确导向。

发挥科普对于科技成果转化促进作用。围绕科技成果开发系列科普产品，运用科普引导社会正确认识和使用科技成果，通过科普加快科技成果转化。鼓励科技企业、众创空间、大学科技园等创新载体和专业化技术转移机构结合科技成果转化需求加强科普功能。依托科技成果转移转化示范区、高新技术产业开发区等，搭建科技成果科普宣介平台。鼓励在科普中率先应用新技术，打造应用场景，营造新技术应用良好环境。

抓好科技伦理宣传。开展面向社会公众的科技伦理宣传，推动公众提升科技伦理意识，理性对待科技伦理问题。鼓励科技人员就科技创新中的伦理问题与公众交流。对存在公众认知差异、可能带来科技伦理挑战的科技活动，相关单位及科技人员等应加强科学普及，引导公众科学对待。新闻媒体应自觉提高科技伦理素养，科学、客观、准确地报道科技伦理问题，同时要避免把科技伦理问题泛化。鼓励各类学会、协会、研究会等搭建科技伦理宣传交流平台，传播科技伦理知识。

（五）抓好公民科学素质提升工作。

培育一大批具备科学家潜质的青少年群体。将弘扬科学精神贯穿于育人全过程、各环节。坚持立德树人，实施科学家精神进校园行动，将科学精神融入课堂教学和课外实践活动，激励青少年树立投身建设世界科技强国的远大志向，培养学生爱国情怀、社会责任感、创新精神和实践能力。提升基础教育科学教育水平，推进职业教育和普通高等教育阶段科学教育和科普工作。实施科技创新后备人才培育计划。建立校内外科学教育资源有效衔接机制。以科学类课程教师为重点加强教师培训，提升教师科学素质。在民族地区、边远地区实施“小手牵大手”行动，由在校学生向家人进行科普。

提升领导干部和公务员科学履职能力。进一步强化领导干部和公务员对科教兴国战略、创新驱动发展战略等的认识，提高科学履职能力，增强推进国家治理体系和治理能力现代化的本领，更好服务党和国家事业发展。深入贯彻落实新发展理念，提高领导干部和公务员科学履职水平，强化对科学素质建设重要性和紧迫性的认识。认真贯彻落实《干部教育培训工作条例》《公务员培训规定》，加强前沿科技知识和全球科技发展趋势学习，突出科学精神、科学思想培养，增强领导干部和公务员把握科学发展规律的能力。

提升制造业从业人员职业技能。以提升职业素质为重点，提高产业工人职业技能和创新能力，打造一支有理想守信念、懂技术会创新、敢担当讲奉献的高素质工人队伍，更好服务制造强国、质量强国和现代化经济体系建设。开展理想信念和职业精神宣传教育。开展“中国梦·劳动美”主题宣传教育，最美职工、大国工匠、巾帼建功等活动，大力弘扬劳模精神、劳动精神、工匠精神，营造劳动光荣的社会风尚、精益求精的敬业风气和勇于创新的文化氛围。实施技能中国创新行动。发挥企业家提升产业工人科学素质的示范引领作用。

提升农业从业人员科学素质。以提升科技文化素质为重点，提高农民文明生活、科学生产、科学经营能力，造就一支适应农业农村现代化发展要求的高素质农民队伍，加快推进乡村全面振兴。树立相信科学、和谐理性的思想观念。广泛开展面向农村的科普活动，实施乡村振兴科技支撑行动。加强革命老区、民族地区、边疆地区科普工作。引导社会科普资源向欠发达地区农村倾斜。开展兴边富民行动、边境边民科普活动和科普边疆行活动，大力开展科技援疆援藏，提高边远地区农民科技文化素质。提升农村低收入人口职业技能，增强内生发展能力。

提升老年人科学生活能力。以提升信息素养和健康素养为重点，提高老年人适应社会发展能力，增强获得感、幸福感、安全感，实现老有所乐、老有所学、老有所为。实施智慧助老行动，提升老年人信息获取、识别和使用能力，有效预防和应对网络谣言、电信诈骗。开展老年人健康素养促进项目，监测老年人健康素养，开展有针对性的健康教育活动。加强老年人健康科普服务，充分利用社区老年人日间照料中心、科普园地、党建园地等阵地为老年人提供健康科普服务。实施银龄科普行动，积极开发老龄人力资源，大力发展老年协会、老科协等组织，充分发挥老专家在咨询、智库等方面的作用。

（六）开展科普交流与合作。

拓展国际科普交流机制。完善科普多边和双边国际交流机制，拓宽科技人文交流渠道，积极加入或牵头创建国际性科普组织。加强民间科普合作交流，鼓励高校、社会组织、企业等开展国际科普交流与合作。面向全球开发科普产品，鼓励优秀科普作品、展览进行国际交流和推广。鼓励引进国外优秀科普成果。实施国际科学传播行动，办好世界公众科学素质促进大会，推动成立世界公众科学素质促进联盟。合作举办国际科普论坛、科普竞赛等活动。

深入开展青少年国际科普交流。聚焦自然资源、生态环境、减灾防灾、科学考古、宇宙探索、机器人等世界青少年关注的主题，推动线上与线下相结合，打造具有全球影响力的国际青少年科普交流合作平台，促进青少年跨地域、跨文化、跨语言的科学互通与交流。组织开展跨国青少年科技竞赛等活动。

加强重点领域国际科普合作。发挥我国科技优势特色，推动深空、深海、深地、深蓝等领域的国际科普合作。聚焦粮食安全、能源安全、人类健康、灾害风险、气候变化、环境安全等人类共同挑战，策划组织国际科普活动，增强国际合作共识。围绕先进适用技术领域和科学文化历史，加强与共建“一带一路”国家的科普交流合作和科学文明互鉴。

促进与港澳台科普合作。推动科技活动周、科普日、公众科学日等重大科普活动更好辐射香港、澳门。组织优秀科普展览到香港、澳门展出，联合开展科普夏（冬）令营、科普乐园等青少年科普交流活动。推进海峡两岸科普交流合作，鼓励科普场馆间互展互动，加强优秀科普作品、产品、展品等交流推广。

四、组织保障

（一）完善法律、政策体系。

做好《中华人民共和国科学技术普及法》实施评估工作。修改《中华人民共和国科学技术普及法》，完善新时代科普工作政策法规体系，健全相关配套政策。用好支持科普事业发展的优惠政策。研究制定鼓励社会力量投入科普的政策。探索利用高新技术产业、科技成果转化、文化创意产业等支持政策，促进科普领域市场发展。

（二）加强科普工作统筹协同。

加强全国科普事业发展的总体设计和规划布局，强化统筹组织，发挥全国科普工作联席会议机制作用，加强对地方、相关部门科普工作的统筹和指导，推动形成上下联动、全国“一盘棋”的科普工作格局。强化各级科技行政管理部门科普职责，健全组织机构，推进地方科普工作联席会议制度建设。建立完善全民科学素质行动实施协调机制，充分发挥国家各主管部门和科协、共青团、工会、妇联等群团组织的科普工作优势。

（三）构建多元化投入机制。

各级财政继续积极支持科普工作，加大经费投入，规范经费管理，提升经费使用效益。鼓励地方政府通过购买服务、项目补贴、以奖代补等方式支持科普发展。鼓励和引导社会资金通过建设科普场馆、设立科普基金、开展科普活动等多种形式投入科普，形成多元化的社会投入机制。

（四）大力培育科普人才。

建立健全科普培训体系，研究制定科普工作者能力提升培训大纲，广泛开展面向科普从业人员培训。提高科普专业化水平，培养一批理论和实践经验丰富的高素质科普人员。畅通科普工作者的职业发展通道。推动建设科普人才大数据平台，建立涵盖科普创作、活动策划、决策咨询等各领域专业人才的科普专家库。充分发挥老科技工作者科普作用，积极推广“老科学家科普演讲团”成功经验。积极动员科技工作者，特别是青年科技工作者开展科普志愿服务。加强科普志愿者组织和队伍建设。

（五）强化科普奖励激励。

完善科普奖励激励机制。对在科普工作中作出突出贡献的单位和个人按照国家有关规定给予表彰。继续开展全国科普工作先进集体、先进工作者表彰工作和全国科普示范县（市、区）创建活动。推动在科技人才计划中设立科普专项计划。研究制定科普工作业绩评价标准，鼓励相关单位把科普工作成效作为职工职称评聘、业绩考核的参考。

（六）强化监督、监测与评估。

加强科普调查统计、公民科学素质测评等基础性工作。加强科普规范化建设，研究建立科普标准和评价体系，构建国家和区域科普发展指数评价体系。完善符合国情的新时代公民科学素质评价标准。依法开展科普工作督促检查。合理设置科普工作指标在文明城市、卫生城镇、园林城市、环境保护模范城市、生态文明示范区等评选体系中的比重。

第十三条　知识产权制度

国家制定和实施知识产权战略，建立和完善知识产权制度，营造尊重知识产权的社会环境，保护知识产权，激励自主创新。

企业事业单位、社会组织和科学技术人员应当增强知识产权意识，增强自主创新能力，提高创造、运用、保护、管理和服务知识产权的能力，提高知识产权质量。

● 法　律

1.《促进科技成果转化法》（2015 年 8 月 29 日）

第 40 条　科技成果完成单位与其他单位合作进行科技成果转化的，应当依法由合同约定该科技成果有关权益的归属。合同未作约定的，按照下列原则办理：

（一）在合作转化中无新的发明创造的，该科技成果的权益，归该科技成果完成单位；

（二）在合作转化中产生新的发明创造的，该新发明创造的权益归合作各方共有；

（三）对合作转化中产生的科技成果，各方都有实施该项科技成果的权利，转让该科技成果应经合作各方同意。

司法解释及文件

2.《最高人民法院关于贯彻实施国家知识产权战略若干问题的意见》（2009年3月23日　法发〔2009〕16号）

一、充分认识实施国家知识产权战略的重大意义，切实增强人民法院知识产权司法保护的责任感和使命感

1. 实施知识产权战略，是提高自主创新能力，建设创新型国家，促进国民经济又好又快发展，实现全面建成小康社会奋斗目标的重大战略抉择。提高自主创新能力，建设创新型国家，这是国家发展战略的核心，是提高综合国力的关键。实施知识产权战略，这是在改革开放新时期，党中央、国务院根据提高自主创新能力和建设创新型国家的需要作出的一项重大战略部署，是关系国家前途和民族未来的大事。当前正在向实体经济蔓延的国际金融危机，更加突显了加强知识产权保护，提高自主创新能力，建设创新型国家的重要性。各级人民法院要从深入贯彻落实科学发展观的高度，从我国经济社会文化自身发展需求和知识经济发展迅速及经济全球化进程加快的角度，深刻领会知识产权战略是我国主动运用知识产权制度促进经济发展和社会进步的重要国家战略；要从有利于增强我国自主创新能力，有利于完善我国社会主义市场经济体制，有利于增强我国企业市场竞争力和提高国家核心竞争力，有利于扩大对外开放等方面，深刻领会实施知识产权战略是建设创新型国家的迫切需要，是转变经济发展方式的必由之路，是提高国家核心竞争力的关键举措；要从激励创造、有效运用、依法保护、科学管理四个方面，深刻领会实施国家知识产权战略的指导思想和基本精神。

2. 贯彻实施好国家知识产权战略，是人民法院服务大局的重要使命。为党和国家工作大局服务，是人民法院知识产权司法保护的重要出发点和立足点。各级人民法院要认清形势和明确任务，以高度的政治责任感和历史使命感，切实增强贯彻实施国家

知识产权战略的自觉性和坚定性，紧紧依靠党委领导、人大监督、政府支持、政协以及社会各界的关心，抓住机遇、迎难而上，积极主动、开拓进取，加强组织领导、加大投入力度，有计划、分步骤，确保国家知识产权战略有关人民法院工作要求的贯彻落实和各项战略措施的顺利实施，使人民法院在实施国家知识产权战略进程中更加积极主动地发挥作用。

二、充分发挥司法保护知识产权的主导作用，切实保障创新型国家建设

3. 大力加强人民法院知识产权司法保护体系建设，切实发挥司法保护知识产权的主导作用。根据新形势新任务和我国知识产权保护的实际情况，《纲要》将“加强司法保护体系建设”、“发挥司法保护知识产权的主导作用”纳入国家知识产权战略重点。这是对我国司法在知识产权保护中职能作用的基本定位，也是从全局和国家发展战略的高度对我国知识产权司法保护工作提出的殷切期望和全新要求。人民法院贯彻实施国家知识产权战略，必须增强发挥司法保护知识产权主导作用的自觉性和主动性，以保障和促进创新型国家建设为基本目标，高度重视并全面加强知识产权审判工作，充分发挥各项知识产权审判的职能作用，切实加大知识产权司法保护力度，不断提高人民法院知识产权司法保护的整体效能，努力营造鼓励和引导创新的知识产权司法环境；必须大力解决影响和制约科学发展的突出问题，不断提高司法水平和司法效率，及时出台司法解释和司法政策，建立健全知识产权相关诉讼制度，大力完善知识产权司法保护制度；必须着力构建有利于科学发展、符合知识产权案件特点的审判体制和工作机制，全面优化知识产权审判资源配置，整体提升知识产权审判队伍素质，大幅度提升人民法院知识产权司法保护能力。

4. 充分发挥各项知识产权审判的职能作用，全面加强对各种知识产权的司法保护。以执法办案为第一要务，不断提高知识产

权审判质量和效率，努力确保每一起案件都能够依法公正及时裁判并得到有效执行，增强知识产权司法保护的公信力和权威性，切实体现法院司法定分止争的终局作用，最大限度地维护人民群众的创新权益，实现知识产权领域的公平正义。充分运用刑事、民事和行政三种审判职能，大力发挥知识产权审判整体效能，对各种知识产权提供全面有效的司法保护。依法严惩各类侵犯知识产权犯罪，综合运用各种刑事制裁措施，充分发挥刑事审判惩治和预防知识产权犯罪的功能；依法调整涉及各种知识产权的民事法律关系，合理界定当事人权利义务，积极采取民事救济措施，充分发挥民事审判解决各种知识产权纠纷的主渠道作用；依法保护行政相对人的合法权益，监督和维护各相关行政主管机关依法履行各自职权范围内的知识产权行政执法和行政管理职责，充分发挥行政审判监督和支持知识产权行政执法保护的职能。

5. 综合运用知识产权司法救济手段，不断增强知识产权司法保护的有效性。依法确定当事人应当承担的各种法律责任，积极采取各种救济手段，对知识产权进行全方位的有效保护。通过判决赔偿经济损失和责令停止侵权、消除影响和赔礼道歉等，对权利人予以物质的与精神的、金钱的与非金钱的综合救济；通过终审判决和诉前或诉中临时措施裁定等，对权利人予以现实的和临时的司法救济；通过判处罚金、没收财产和采取民事制裁措施等，剥夺侵权人再侵权的能力和消除再侵权危险。特别是要突出发挥损害赔偿在制裁侵权和救济权利中的作用，坚持全面赔偿原则，依法加大赔偿力度，加重恶意侵权、重复侵权、规模化侵权等严重侵权行为的赔偿责任，努力确保权利人获得足够的充分的损害赔偿，切实保障当事人合法权益的实现。

6. 及时明晰知识产权法律适用标准，有效发挥司法保护知识产权的导向作用。根据知识产权司法保护中的法律适用需求，认真总结审判实践经验，及时发布司法解释，统一司法尺度，为确保法律正确适用和有效保护知识产权及时提供操作性规范依据。深入调查研究，找准司法保护服务经济社会发展的结合点和着力点，通过各种行之有效的形式，明确司法政策，加强司法指导，积极引导经济社会文化发展。加快构建符合中国国情的知识产权司法案例指导制度，充分发挥指导性案例在规范自由裁量权行使、统一法律适用标准中的作用，减少裁量过程中的随意性。依法受理并妥善裁决各种复杂疑难和新类型知识产权纠纷，及时为企业和社会提供价值判断和行为指引，规范和促进新兴产业发展。强化知识产权裁判的说理性，充分公开裁判文书，实现审判全过程的公开，发挥司法裁判的教育和导向作用，促使当事人息诉止争，引导案外人自行解决类似矛盾纠纷。

7. 努力加强人民法院与其他司法机关和知识产权行政执法机关之间的协作配合，推动形成知识产权保护的整体合力。加强与公安、检察机关在知识产权刑事司法程序中的配合，依法受理和裁判知识产权刑事案件，切实加大刑事保护力度。加强与工商、版权、专利等行政主管部门在知识产权行政执法程序上的衔接，实现司法保护与行政保护的优势互补和良性互动。加强与知识产权、外事、商务、科技、信息产业、新闻、宣传等综合部门在知识产权保护工作中的沟通协调，扩大我国知识产权保护的影响力。

三、依法审理好各类知识产权案件，切实加大知识产权司法保护力度

8. 统筹兼顾各种重大关系，确保《纲要》提出的各项专项任务在人民法院系统的贯彻落实，实现知识产权审判全面协调可持续发展。一是处理好执行法律与服务大局的关系，既要坚持宪法和法律至上，履行法定职责，遵循司法规律、司法途径和司法方式，严格依法办案，做到公正司法，维护法律权威；又要强化大局意识和宏观思维，正确处理局部利益与全局利益的关系，努

力实现办案法律效果与社会效果的有机统一，确保正确政治方向。二是处理好保护私权与维护公共利益的关系，既要强化私权保护意识和尊重私权保护规律，依法保护当事人的合法权益，通过保护私权实现激励创新的知识产权制度目标；又要合理界定知识产权的界限，服从法律为保护公共利益所设定的强制性规范，确保私权与公共利益的平衡，维护公共秩序。三是处理好依法保护与适度保护的关系，充分考虑和把握我国经济社会和科技文化发展状况，善于利用司法政策、自由裁量权和法律适用技术，使司法保护既合法，又适度；既能激励科技创新和经济发展，又有利于促进知识传播和运用；既能切实保护创新成果和创新权益，又能促进企业提高自主创新能力。四是处理好保护权利与防止滥用的关系，既要加大知识产权司法保护力度，严厉打击假冒、盗版等严重侵权行为，大力降低维权成本，大幅提高侵权代价，有效遏制侵权行为，切实保护权利人和消费者的合法权益，维护公平竞争的市场秩序；又要防止知识产权滥用，依法审查和支持在先权、先用权、现有技术、禁止反悔、合理使用等抗辩事由，制止垄断行为，依法受理和审查确认不侵权之诉和滥诉反赔之诉，规制滥用知识产权和诉讼程序打击竞争对手、排除和限制竞争、阻碍创新的行为，维护社会公众的合法权益。

9. 加强专利权司法保护，保障技术创新权益，促进自主创新。从我国国情出发，以国家战略需求为导向，依法保护专利权，根据我国科技发展阶段和产业知识产权政策，确定合理的权利保护范围和强度，平衡好权利人、使用者和社会公众之间的利益格局，强化科技创新活动中的知识产权司法政策导向作用。加大对经济增长有重大突破性带动作用、具有自主知识产权的关键核心技术的保护力度，促进高技术产业与新兴产业发展，提升我国自主创新能力和增强国家核心竞争力。不断完善专利侵权判定标准，准确确定专利权保护范围，正确认定专利侵权行为，在依法保护专利权的同时，防止不适当地扩张专利权保护范围、压缩创新空间、损害创新能力和公共利益。严格专利权利要求的解释，充分尊重权利要求的公示和划界作用，妥善处理相同侵权与等同侵权的关系，适度从严把握等同侵权的适用条件，合理确定等同侵权的适用范围，防止等同侵权的过度适用。注重发挥人民陪审员、专家证人和专家咨询、技术鉴定的作用，通过多种途径和渠道有效解决专业技术事实认定问题。

10. 加强商标权司法保护，维护商标信誉，推动形成自主品牌。通过商标案件的审判，支持和引导企业实施商标战略，促使其在经营中积极、规范使用自主商标，促进自主品牌的形成和品牌经济的发展。严厉制裁商标假冒、恶意模仿等侵权行为，严格适用侵权法律责任，切实保障商标权人和消费者的利益，维护公平竞争的市场秩序。正确把握商标权的法律属性，根据商标用于区别商品或服务来源的核心功能，合理界定商标权的范围，根据商标的显著性程度、知名度大小等确定保护强度和范围，准确认定商标侵权判定中的商品类似、商标近似和误导性后果。正确把握驰名商标司法认定和保护的法律定位，坚持事实认定、个案认定、被动认定、因需认定等司法原则，依法慎重认定驰名商标，合理适度确定驰名商标跨类保护范围，强化有关案件的审判监督和业务指导。妥善处理商标权保护与特定产业发展的关系，既注重保护商标权，又有利于促进相关产业的升级和发展。依法受理并及时处理好涉及地理标志和奥林匹克标志、世界博览会标志、特殊标志等案件。

11. 加强著作权司法保护，维护著作权人合法权利，提升国家文化软实力。严厉制裁盗版、抄袭等侵犯著作权行为，加大侵权赔偿力度，提高全社会的版权保护意识。依法合理界定著作权保护与合理使用、法定许可的关系，平衡处理创作者、传播者和利用者之间的利益关系，确保私人权利与公共利益的平衡，保障人民基本文化权益。加强对新闻出版、广播影视、文学艺术、文化娱乐、广告设计、工艺美术、计算机软件、信息网络等领域的著作权案件审判，推动版权相关产业健康有序发展，推进文化创新，增强文化发展活力，繁荣文化市场。有效应对互联网等新技术发展对著作权保护的挑战，准确把握网络环境下著作权司法保护的尺度，妥善处理保护著作权与保障信息传播的关系，既要有利于网络新技术和新商业模式的开发和运用，促进信息传播，又要充分考虑网络侵权的特点和维权的困难，完善网络环境下的证据规则，有效保障著作权。加大对计算机软件的司法保护力度，帮助企业开拓市场，促进相关服务外包产业成长。

12. 加强商业秘密司法保护，保护企业权益和职工择业自由，保障商业信息安全与人才合理流动。依法制裁窃取和非法披露、使用他人商业秘密的行为，保护企业商业秘密权益，引导市场主体依法建立健全商业秘密管理制度。妥善处理保护商业秘密与自由择业、涉密者竞业限制与人才合理流动的关系，维护职工合法权益。根据商业秘密案件特点，合理分配当事人的举证责任，合理确定当事人和诉讼参与人的保密义务。注意保护被控侵权人对自己商业秘密的正当权益，防止原告滥用诉权获取他人商业秘密。

13. 加强植物新品种权司法保护，激励农业科技创新，促进农业发展。强化农业知识产权保护，依法保护植物新品种权和育种技术，加大对具有自主知识产权的重大农业科技成果和植物新品种的保护力度，合理调节资源提供者、育种者、生产者和经营者之间的利益关系，激励农业科技创新，推动现代农业经营方式的转变，促进农业发展，保护农民利益，维护农村稳定，保障社会主义新农村建设。准确掌握植物新品种侵权判定标准，以繁殖材料承载的性状特征确定品种权的保护范围，以生产、销售或者重复使用授权品种的繁殖材料为侵权行为方式。依法判定民事责任，保障权利人利益的实现，注重对农民合法权益的保护，通过育种者免责、农民免责等权利限制，合理平衡权利人与社会公众的利益关系；本着既要及时制止侵权和防止侵权物再扩散，又要避免资源浪费的原则，慎重适用销毁侵权物的民事责任。针对种子生产和销售的季节性特点，注意运用证据保全措施及时固定相关证据。

14. 加强特定领域知识产权司法保护，有效保护特种资源，维护我国特色优势。根据现有法律规则和立法精神，积极保护遗传资源、传统知识、民间文艺和其他一切非物质文化遗产，根据历史和现实，公平合理地协调和平衡在发掘、整理、传承、保护、开发和利用过程中各方主体的利益关系，保护提供者、持有者知情同意和惠益分享的正当权益，合理利用相关信息。加强对传统医药和传统工艺的保护，促进传统知识和民间文艺的发展，推动传统资源转化为现实生产力和市场竞争力，弘扬民族产业优势和地区特色经济优势。依法保护集成电路布图设计专有权，及时予以司法救济，促进集成电路产业发展。

15. 依法制止不正当竞争，规范市场竞争秩序，推动形成统一开放竞争有序的现代市场体系。审理好仿冒知名商品特有名称、包装、装潢和虚假宣传、商业诋毁等不正当竞争案件，积极受理涉及企业名称（商号）、商业外观、计算机网络域名等新类型知识产权案件，制止一切非诚信的仿冒搭车行为，避免市场混淆和误导公众，切实维护权利人和消费者的合法权益，确保诚信竞争和有序竞争，促进社会信用体系建设。依法积极受理涉及注册商标、企业名称等与在先权利冲突的民事纠纷，按照遵循诚实信用、维护公平竞争和保护在先权利等原则，妥善予以裁决。准确把握反不正当竞争法的立法精神和适用条件，既要与时俱进，对市场上新出现的竞争行为，适用反不正当竞争法的原则规定予以规范和调整；又要严格依法，对于法律未作特别规定的竞争行为，只有按照公认的商业标准和普遍认识能够认定违反反不正当竞争法的原则规定时，才可以认定为不正当竞争行为，防止因不适当扩大不正当竞争行为方式范围而妨碍自由、公平竞争。对于既不存在商业秘密、又不存在法定和约定竞业限制的竞争领域，不能简单地以利用或损害特定竞争优势为由，适用反不正当竞争法的原则规定认定构成不正当竞争。

16. 积极开展反垄断审判，保护市场公平竞争，维护消费者利益与社会公共利益。根据民事诉讼法和反垄断法规定的受理条件，依法受理当事人因垄断行为提起的民事诉讼。切实履行审判职责，妥善处理竞争政策与产业政策的关系，审理好涉及滥用知识产权的垄断案件以及其他各类垄断案件，制止垄断行为，鼓励公平竞争，提高引进外资质量，促进经济结构调整，维护国家经济运行健康有序。加强反垄断审判调查研究工作，认真总结审判经验，及时明确司法原则、裁判标准和操作程序。

17. 妥善处理知识产权合同纠纷，维护交易安全，促进智力成果创造运用。尊重当事人意思自治，维护合同的严肃性和有效性，严格合同解除条件，依法制裁违约行为。依法合理掌握权属纠纷诉讼时效，准确界定职务成果与非职务成果，既要有利于激发研发创作人创新积极性，又要有利于促进成果的转化实施。本着尽可能降低交易风险和减少交易成本的精神，依法界定在知识产权委托或合作创造、转让、许可、质押等环节形成的法律关系和利益分配及责任承担，促进自主创新成果的知识产权化、商品化、产业化、市场化。积极受理特许经营合同纠纷，妥善处理知识产权代理合同纠纷。

18. 认真审查知识产权诉前临时措施申请，及时慎重裁定，有效制止侵权。发挥诉前临时措施的及时救济功能，确保在法定时限内作出裁定并立即予以执行。对于商标和著作权侵权案件，尤其是假冒和盗版等显性侵权和故意侵权案件，注意积极采取诉前责令停止侵权措施。适度从严掌握认定侵权可能性的标准，原则上应当达到基本确信的程度，在专利案件尤其是发明和实用新型专利案件中，要审慎决定采取诉前责令停止侵权措施。对于当事人起诉时或诉讼中提出的临时措施申请，要迅速审查并及时裁定和执行。对于证据保全申请，重点考虑证据风险和申请人的取证能力，及时作出裁定。

19. 强化对知识产权授权确权行为的司法复审，依法审查授权条件，统一和完善授权审查标准。在事实认定和法律适用上对专利和商标等知识产权授权确权行政行为进行全面的合法性审查，既要给予行政主管机关对专业技术事实评判的适当尊重，又要对相关的实质性授权条件进行独立审查判断，切实依法全面履行司法复审的基本职责。加强与行政主管机关的工作协调与业务交流，促进审理和审查标准的统一与完善，提高相关案件的执法水平。努力提高审判效率，及时依法确认权利的有效性，保障权利维护和利益实现的时效性。

20. 加强知识产权行政司法保护，依法监督行政行为，支持依法行政。依法审理各类知识产权行政案件，在合法性审查中既要保护知识产权行政相对人的合法权益，又要维护知识产权行政管理秩序，依法支持行政机关制裁侵权行为，促进知识产权行政保护。行政机关申请强制执行行政处理决定，经审查符合执行条件的，应及时裁定并予以强制执行。

21. 加大知识产权刑事司法保护力度，依法严厉制裁侵犯知识产权犯罪行为，充分体现惩罚和震慑犯罪功能。依法受理知识产权刑事案件并及时作出裁判，切实加大对假冒注册商标和侵犯著作权犯罪行为的打击力度，在依法适用主刑的同时，加大罚金刑的适用与执行力度，并注意通过采取追缴违法所得、收缴犯罪工具、销毁侵权产品等措施，从经济上剥夺侵权人的再犯罪能力和条件。配合有关部门，针对反复侵权、群体性侵权以及大规模假冒、盗版等行为，有计划、有重点地开展知识产权保护专项行动，遏制假冒盗版现象。统一和规范侵犯知识产权犯罪案件适用刑罚的条件和标准，准确把握宽严相济的刑事政策。依法审理侵犯知识产权的刑事自诉案件，切实保障被害人的刑事自诉权利。

22. 加强知识产权审判监督，保障当事人申诉权，维护知识产权司法公正。既要充分维护正确生效裁判的既判力，又要让符合法定条件的案件及时进入再审，确保公正司法和维护法制统一。统一裁定再审的标准，以生效裁判确有错误作为上级法院和本院依职权启动再审的标准，以符合法定再审事由作为依当事人申请裁定再审的标准。通过及时、规范的听证程序和耐心细致的审查说服工作，尽可能使当事人服判息诉，尽可能降低多次申诉的比率。努力提高审查的质量和效率，对于经审查申请书、答辩意见等足以确定再审事由是否成立的，可以迳行裁定。

23. 加大知识产权案件执行力度，保障裁判权益及时实现，树立司法保护权威。健全知识产权案件强制执行机制，充分运用执行工作联动威慑机制，完善提级执行、指定执行、委托执行等措施，保证知识产权案件的切实执行，强化对诉前临时措施裁定的及时执行。对被执行人拒不履行停止侵权的生效裁判内容继续其原侵权行为的，除支持权利人依法追究其民事责任以外，积极协调公安、检察机关以拒不执行判决、裁定罪追究其刑事责任。

24. 依法开展涉外知识产权司法保护，保障对外开放，促进国际经贸合作。正确处理本国利益与他国利益的关系、对外关系与具体案件审理的关系、本国当事人与外国当事人的利益关系，始终坚持依法公正审判和平等保护原则，维护和提升我国司法良好的国际形象，优化经济发展外部环境。统筹国内国际两个大局，妥善处理与贸易有关的重大知识产权纠纷，既确保遵循相关国际公约及国际惯例，也始终维护国家利益和经济安全。注意从个案中发现知识产权工作的薄弱环节和管理漏洞，通过司法建议和裁判说明等形式，对行政管理提出改进建议，为行业和产业提供行为预警，提高企业应对知识产权纠纷的能力，延伸知识产权司法保护效果。

四、完善知识产权审判体制和工作机制，优化审判资源配置

25. 积极探索符合知识产权特点的审判组织模式。按照《纲要》要求，研究设置统一受理知识产权民事、行政和刑事案件的专门知识产权审判庭，尽快统一专利和商标等知识产权授权确权案件的审理分工，优化知识产权审判资源配置，实现知识产权司法的统一高效。认真总结近年来一些地方法院开展的由一个审判庭统一受理知识产权民事、行政和刑事案件试点工作，以及采用扩大合议庭组成或知识产权民事法官参与知识产权刑事、行政案件审判的探索工作，深入调查研究，认真解决试点和探索工作中出现的问题，加强统一协调和工作指导，积极稳妥地加以推进。

26. 探索建立知识产权上诉法院。按照《纲要》要求，加强与相关部门的沟通、协调和配合，根据完善知识产权案件上诉机制的要求，深入研究建立知识产权上诉法院的可行性和必要性，积极探索有关改革路径和模式，努力实现知识产权确权程序与侵权诉讼程序的有效衔接，简化司法救济程序，提高裁判效率，保证司法统一。

27. 推动改革专利和商标确权授权程序。积极配合国家有关部门，以简化救济程序为目标，研究专利无效审理和商标评审机构向准司法机构转变的问题，积极推动相关法律规定的修订。

28. 健全知识产权多元纠纷解决机制。坚持“调解优先、调判结合”原则和“定分止争、案结事了”要求，加大知识产权案件调解力度，将调解贯穿于案件审理的全过程。高度重视在诉前临时措施案件和刑事自诉案件中的调解以及在知识产权行政案件

中的协调，加强审判工作与人民调解、行政调解、仲裁等纠纷解决方式的衔接，积极支持调解和仲裁机构以及知识产权援助中心等发挥处理知识产权纠纷的作用，注意发挥行业协会、专业部门和专业人士等的沟通协商、参与调解的作用，扩大邀请协助调解的案件范围，努力提高诉讼调解率、和解撤诉率。

29. 加强知识产权司法保护宣传。采取各种形式大力宣传知识产权司法保护，提高全社会知识产权意识，推进知识产权文化建设。结合人民法院新闻发布制度，适时发布知识产权审判中的重要新闻和典型案例，努力做到“4·26”世界知识产权日司法保护宣传常态化。坚持审判公开和透明原则，严格按照有关规定和要求，将生效知识产权裁判文书及时上网公开。定期选择有影响的案例，邀请人大代表、政协委员、专家学者、行业协会和有关部门的代表、外国政府和国际组织驻华机构代表等代表性人士和社会公众等旁听庭审，增进司法公开，接受群众监督，扩大社会影响。

30. 扩大知识产权对外司法交流合作。建立和完善知识产权司法保护对外信息沟通交流机制，积极参与国际和区域知识产权交流与合作，拓展交流深度，加大宣传力度，加深世界各国对我国知识产权司法保护制度及保护状况的全面、客观了解。既要根据我国国情和发展需求开展知识产权司法保护，又要有针对性地学习借鉴吸收国外有益司法经验。

五、加强知识产权司法解释工作，完善知识产权诉讼制度

31. 及时制定知识产权司法解释。按照《纲要》要求，增强司法解释的针对性和及时性，针对审判实践存在的比较普遍和突出的法律适用问题，及时制定司法解释，明确司法原则和政策，统一司法标准，规范并细化自由裁量权的行使，完善知识产权诉讼制度。强化司法解释的科学性和实效性，深入开展调查研究，广泛听取和征求各方面的意见，注意发挥学术团体、研究机构以

及中介组织的参与作用，共同为完善知识产权司法保护制度提供智力支持。近期发布关于驰名商标司法保护的司法解释，尽快出台关于专利侵权判断标准和反垄断民事诉讼程序的司法解释。

32. 建立健全知识产权相关诉讼制度。按照《纲要》要求，与有关部门协调配合，针对知识产权案件专业性强等特点，建立和完善司法鉴定、专家证人、技术调查等诉讼制度，鼓励有条件的法院在专利等技术性案件审判中积极探索开展技术调查的有效方式和具体做法。完善知识产权诉前临时措施制度，适时启动相关司法解释的起草工作。配合有关部门明确知识产权代理人的诉讼执业资质问题，推动有关部门研究建立相关律师代理制度。

33. 调整完善知识产权案件管辖制度。按照既方便法院审理和当事人诉讼，又充分满足科技创新和经济社会发展对知识产权审判新需求的原则，统筹规划知识产权审判管辖体制。继续坚持对专利、植物新品种和集成电路布图设计案件的指定管辖制度，严格控制新增专利案件管辖权的中级人民法院的数量；适度集中垄断案件和涉及驰名商标认定等特殊类型知识产权案件的管辖权；适当增加受理著作权、商标、不正当竞争和知识产权合同等一般知识产权案件的基层法院；经上级人民法院依法指定，具有一般知识产权案件管辖权的基层法院可以跨区域管辖同一上级人民法院辖区内的一般知识产权案件。

六、加强知识产权审判队伍建设，提高知识产权司法保护能力

34. 进一步健全知识产权审判机构。各级人民法院要根据担负的知识产权审判职责和任务的客观需要，本着立足现实、兼顾长远的原则精神，加强知识产权审判庭的机构设置、人员编制和内设机构配置。在中级以上法院和具有案件管辖权的基层法院普遍建立知识产权审判庭，暂不具备独立设庭的中级人民法院，也应当建立或指定专门负责审理知识产权案件的合议庭。

35. 大力充实知识产权审判队伍。采取切实有效措施，调整和充实知识产权法官队伍，提高知识产权法官队伍素质，强化审判和执行能力。注意从精通法律、外语基础较好、具有理工专业背景和一定审判经验的人员中选拔、培养知识产权法官，有效缓解案件持续增长与专业审判力量相对不足的矛盾。保持知识产权法官队伍的基本稳定，完善知识产权审判人才的专业结构，对于专业性和技术性较强的知识产权案件，尽可能由相对固定的合议庭和专业法官负责审理，重点培养一批社会认可度高的专业型、专家型知识产权法官。充分考虑知识产权审判和知识产权法官培养的规律，在工作量、业务考核等方面采用科学合理的业绩评价指标。积极开展与专利复审委员会等知识产权专业部门的人员和业务交流，鼓励东中西部法院之间开展各种形式的业务和人才交流。加大知识产权审判技能和专业知识培训力度，最高人民法院和各高级人民法院要制定长期培训规划，及时更新培训大纲，保证培训时间和质量，重点加大对中、基层法院和中西部地区法院知识产权审判人员的培训力度。

36. 高度重视知识产权法官队伍思想政治建设和廉政建设。强化知识产权审判人员的政治纪律和工作责任，进一步加强社会主义法治理念教育，使全体审判人员牢固树立“三个至上”指导思想，切实做到为民、务实、清廉。严格执行有关反腐倡廉的制度和要求，认真落实“五个严禁”的规定，每一位审判人员要时刻保持警惕，各级领导要切实负起责任，加强对关键环节的监督检查，规范司法行为，严惩违规行为，确保知识产权司法的公正和廉洁。积极发掘并大力宣传知识产权司法保护工作中的好经验、好做法、好人物、好事迹，树立人民法院和知识产权法官的良好形象。

第十四条 科学技术评价制度

国家建立和完善有利于创新的科学技术评价制度。

科学技术评价应当坚持公开、公平、公正的原则，以科技创新质量、贡献、绩效为导向，根据不同科学技术活动的特点，实行分类评价。

● 法　律

1.《促进科技成果转化法》（2015 年 8 月 29 日）

第 20 条　研究开发机构、高等院校的主管部门以及财政、科学技术等相关行政部门应当建立有利于促进科技成果转化的绩效考核评价体系，将科技成果转化情况作为对相关单位及人员评价、科研资金支持的重要内容和依据之一，并对科技成果转化绩效突出的相关单位及人员加大科研资金支持。

国家设立的研究开发机构、高等院校应当建立符合科技成果转化工作特点的职称评定、岗位管理和考核评价制度，完善收入分配激励约束机制。

● 行政法规及文件

2.《国务院办公厅关于完善科技成果评价机制的指导意见》（2021 年 7 月 16 日　国办发〔2021〕26 号）

二、主要工作措施

（一）全面准确评价科技成果的科学、技术、经济、社会、文化价值。根据科技成果不同特点和评价目的，有针对性地评价科技成果的多元价值。科学价值重点评价在新发现、新原理、新方法方面的独创性贡献。技术价值重点评价重大技术发明，突出在解决产业关键共性技术问题、企业重大技术创新难题，特别是关键核心技术问题方面的成效。经济价值重点评价推广前景、预期效益、潜在风险等对经济和产业发展的影响。社会价值重点评价在解决人民健康、国防与公共安全、生态环境等重大瓶颈问题方面的成效。文化价值重点评价在倡导科学家精神、营造创新文化、弘扬社会主义核心价值观等方面的影响和贡献。

（二）健全完善科技成果分类评价体系。基础研究成果以同行评议为主，鼓励国际“小同行”评议，推行代表作制度，实行定量评价与定性评价相结合。应用研究成果以行业用户和社会评价为主，注重高质量知识产权产出，把新技术、新材料、新工艺、新产品、新设备样机性能等作为主要评价指标。不涉及军工、国防等敏感领域的技术开发和产业化成果，以用户评价、市场检验和第三方评价为主，把技术交易合同金额、市场估值、市场占有率、重大工程或重点企业应用情况等作为主要评价指标。探索建立重大成果研发过程回溯和阶段性评估机制，加强成果真实性和可靠性验证，合理评价成果研发过程性贡献。

（三）加快推进国家科技项目成果评价改革。按照“四个面向”要求深入推进科研管理改革试点，抓紧建立科技计划成果后评估制度。建设完善国家科技成果项目库，根据不同应用需求制定科技成果推广清单，推动财政性资金支持形成的非涉密科技成果信息按规定公开。改革国防科技成果评价制度，探索多主体参与评价的办法。完善高等院校、科研机构职务科技成果披露制度。建立健全重大项目知识产权管理流程，建立专利申请前评估制度，加大高质量专利转化应用绩效的评价权重，把企业专利战略布局纳入评价范围，杜绝简单以申请量、授权量为评价指标。

（四）大力发展科技成果市场化评价。健全协议定价、挂牌交易、拍卖、资产评估等多元化科技成果市场交易定价模式，加快建设现代化高水平技术交易市场。推动建立全国性知识产权和科技成果产权交易中心，完善技术要素交易与监管体系，支持高等院校、科研机构和企业科技成果进场交易，鼓励一定时期内未转化的财政性资金支持形成的成果进场集中发布信息并推动转化。建立全国技术交易信息发布机制，依法推动技术交易、科技成果、技术合同登记等信息数据互联互通。鼓励技术转移机构专业化、市场化、规范化发展，建立以技术经理人为主体的评价人员培养机制，鼓励技术转移机构和技术经理人全程参与发明披露、评估、对接谈判，面向市场开展科技成果专业化评价活动。提升国家科技成果转移转化示范区建设水平，发挥其在科技成果评价与转化中的先行先试作用。

（五）充分发挥金融投资在科技成果评价中的作用。完善科技成果评价与金融机构、投资公司的联动机制，引导相关金融机构、投资公司对科技成果潜在经济价值、市场估值、发展前景等进行商业化评价，通过在国家高新技术产业开发区设立分支机构、优化信用评价模型等，加大对科技成果转化和产业化的投融资支持。推广知识价值信用贷款模式，扩大知识产权质押融资规模。在知识产权已确权并能产生稳定现金流的前提下，规范探索知识产权证券化。加快推进国家科技成果转化引导基金管理改革，引导企业家、天使投资人、创业投资机构、专业化技术转移机构等各类市场主体提早介入研发活动。

（六）引导规范科技成果第三方评价。发挥行业协会、学会、研究会、专业化评估机构等在科技成果评价中的作用，强化自律管理，健全利益关联回避制度，促进市场评价活动规范发展。制定科技成果评价通用准则，细化具体领域评价技术标准和规范。建立健全科技成果第三方评价机构行业标准，明确资质、专业水平等要求，完善相关管理制度、标准规范及质量控制体系。形成并推广科技成果创新性、成熟度评价指标和方法。鼓励部门、地方、行业建立科技成果评价信息服务平台，发布成果评价政策、标准规范、方法工具和机构人员等信息，提高评价活动的公开透明度。推进评价诚信体系和制度建设，将科技成果评价失信行为纳入科研诚信管理信息系统，对在评价中弄虚作假、协助他人骗取评价、搞利益输送等违法违规行为“零容忍”、从严惩处，依法依规追究责任，优化科技成果评价行业生态。

（七）改革完善科技成果奖励体系。坚持公正性、荣誉性，重在奖励真正作出创造性贡献的科学家和一线科技人员，控制奖励数量，提升奖励质量。调整国家科技奖评奖周期。完善奖励提名制，规范提名制度、机制、流程，坚决排除人情、关系、利益等小圈子干扰，减轻科研人员负担。优化科技奖励项目，科学定位国家科技奖和省部级科技奖、社会力量设奖，构建结构合理、导向鲜明的中国特色科技奖励体系。强化国家科技奖励与国家重大战略需求的紧密结合，加大对基础研究和应用基础研究成果的奖励力度。培育高水平的社会力量科技奖励品牌，政府加强事中事后监督，提高科技奖励整体水平。

（八）坚决破解科技成果评价中的“唯论文、唯职称、唯学历、唯奖项”问题。全面纠正科技成果评价中单纯重数量指标、轻质量贡献等不良倾向，鼓励广大科技工作者把论文写在祖国大地上。以破除“唯论文”和“SCI 至上”为突破口，不把论文数量、代表作数量、影响因子作为唯一的量化考核评价指标。对具有重大学术影响、取得显著应用效果、为经济社会发展和国家安全作出突出贡献等高质量成果，提高其考核评价权重，具体由相关科技评价组织管理单位（机构）根据实际情况确定。不得把成果完成人的职称、学历、头衔、获奖情况、行政职务、承担科研项目数量等作为科技成果评价、科研项目绩效评价和人才计划评审的参考依据。科学确定个人、团队和单位在科技成果产出中的贡献，坚决扭转过分重排名、争排名的不良倾向。

（九）创新科技成果评价工具和模式。加强科技成果评价理论和方法研究，利用大数据、人工智能等技术手段，开发信息化评价工具，综合运用概念验证、技术预测、创新大赛、知识产权评估以及扶优式评审等方式，推广标准化评价。充分利用各类信息资源，建设跨行业、跨部门、跨地区的科技成果库、需求库、案例库和评价工具方法库。发布新应用场景目录，实施重大科技成果产业化应用示范工程，在重大项目和重点任务实施中运用评价结果。

（十）完善科技成果评价激励和免责机制。把科技成果转化绩效作为核心要求，纳入高等院校、科研机构、国有企业创新能力评价，细化完善有利于转化的职务科技成果评估政策，激发科研人员创新与转化的活力。健全科技成果转化有关资产评估管理机制，明确国有无形资产管理的边界和红线，优化科技成果转化管理流程。开展科技成果转化尽责担当行动，鼓励高等院校、科研机构、国有企业建立成果评价与转化行为负面清单，完善尽职免责规范和细则。推动成果转化相关人员按照法律法规、规章制度履职尽责，落实“三个区分开来”要求，依法依规一事一议确定相关人员的决策责任，坚决查处腐败问题。

三、组织实施

（一）加强统筹协调。科技部要发挥主责作用，牵头做好科技成果评价改革的组织实施、统筹指导与监督评估，教育部、中科院、工程院、中国科协等相关单位要积极主动协调配合。行业、地方科技管理部门负责本行业本地区成果评价的指导推动、监督服务工作。各有关部门、各地方要在本意见出台半年内完成本行业本地区有关规章制度制修订工作。

（二）开展改革试点。选择不同类型单位和地区开展有针对性的科技成果评价改革试点，探索简便实用的制度、规范和流程，解决改革落地难问题，形成可操作可复制的做法并进行推广。

（三）落实主体责任。科技成果评价实行“谁委托科研任务谁评价”、“谁使用科研成果谁评价”。各科技评价组织管理单位（机构）要切实承担主体责任，对照本意见要求在一年内完成相关科技成果评价标准或管理办法制修订任务，提升专业能力，客观公正开展科技成果评价活动。

（四）营造良好氛围。进一步落实“放管服”改革要求，严格制度执行，注重社会监督，强化评价活动的学术自律和行业自律，坚决反对“为评而评”、滥用评价结果，防止与物质利益过度挂钩，杜绝科技成果评价中急功近利、盲目跟风现象。要加强政策宣传解读，及时总结推广典型经验做法，积极营造良好的评价环境。

第十五条 政府职责

国务院领导全国科学技术进步工作，制定中长期科学和技术发展规划、科技创新规划，确定国家科学技术重大项目、与科学技术密切相关的重大项目。中长期科学和技术发展规划、科技创新规划应当明确指导方针，发挥战略导向作用，引导和统筹科技发展布局、资源配置和政策制定。

县级以上人民政府应当将科学技术进步工作纳入国民经济和社会发展规划，保障科学技术进步与经济建设和社会发展相协调。

地方各级人民政府应当采取有效措施，加强对科学技术进步工作的组织和管理，优化科学技术发展环境，推进科学技术进步。

法　律

1.《促进科技成果转化法》（2015 年 8 月 29 日）

第 5 条　国务院和地方各级人民政府应当加强科技、财政、投资、税收、人才、产业、金融、政府采购、军民融合等政策协同，为科技成果转化创造良好环境。

地方各级人民政府根据本法规定的原则，结合本地实际，可以采取更加有利于促进科技成果转化的措施。

第8条 国务院科学技术行政部门、经济综合管理部门和其他有关行政部门依照国务院规定的职责，管理、指导和协调科技成果转化工作。

地方各级人民政府负责管理、指导和协调本行政区域内的科技成果转化工作。

第9条 国务院和地方各级人民政府应当将科技成果的转化纳入国民经济和社会发展计划，并组织协调实施有关科技成果的转化。

2.《科学技术普及法》（2002年6月29日）

第10条 各级人民政府领导科普工作，应将科普工作纳入国民经济和社会发展计划，为开展科普工作创造良好的环境和条件。

县级以上人民政府应当建立科普工作协调制度。

第十六条 科技部门职责

国务院科学技术行政部门负责全国科学技术进步工作的宏观管理、统筹协调、服务保障和监督实施；国务院其他有关部门在各自的职责范围内，负责有关的科学技术进步工作。

县级以上地方人民政府科学技术行政部门负责本行政区域的科学技术进步工作；县级以上地方人民政府其他有关部门在各自的职责范围内，负责有关的科学技术进步工作。

● 法 律

1.《科学技术普及法》（2002年6月29日）

第11条 国务院科学技术行政部门负责制定全国科普工作规划，实行政策引导，进行督促检查，推动科普工作发展。

国务院其他行政部门按照各自的职责范围，负责有关的科普工作。

县级以上地方人民政府科学技术行政部门及其他行政部门在同级人民政府领导下按照各自的职责范围，负责本地区有关的科普工作。

● 部门规章及文件

2. 交通运输部、科学技术部《关于科技创新驱动加快建设交通强国的意见》（2021 年 8 月 25 日　交科技发〔2021〕80 号）

二、强化交通运输高质量科技供给

（四）加强基础研究和应用基础研究。开展综合交通运输理论研究，加强基础设施长期性能观测研究，增强原始创新能力。强化基础设施可靠性设计建造理论、绿色智能融合基础理论、全寿命周期性能演化规律及致灾机理等应用基础研究。推进人机交互、新能源新材料制备加工和性能调控等前沿交叉领域应用基础研究。

（五）攻克交通运输关键核心技术。重点突破交通装备动力、感知、控制等核心零部件及通信导航设备、应急救援装备等共性关键技术，攻克大深度饱和潜水、航空器适航审定等行业特色关键技术，强化新材料应用技术研发，提升专业软件自主可控能力。

（六）强化现代工程技术研发。突破特殊复杂自然条件下交通基础设施智能建造及健康保障技术。研发在役交通基础设施性能提升与扩能改建技术，突破全天候监测、智能化检测、自动化预警、无人化养护、快速化处置等技术与装备。推动基础设施数字化、网联化，实现重点领域交通感知网络全覆盖。

（七）加强前沿技术和颠覆性技术研发。合理统筹高速轮轨列车、高速重载货运列车研究。加强自主式交通系统成套技术研发。开展超高速列车、超高速商用飞机等新型载运工具研制，攻克海底悬浮隧道理论体系与关键技术。

三、推动交通运输产业创新发展

（八）促进交通建筑业高质量发展。推动交通基础设施装配化、工业化、标准化和数字化发展，促进智慧工地技术研发与应用，加快建筑信息模型（BIM）技术自主创新应用，提升预制构件的标准化水平，支持工程新材料产业发展。

（九）加快重点交通装备业发展。加快新一代轨道交通、新能源与智能网联汽车、高技术船舶、航空装备、现代物流装备等自主研发及产业化，推动突发事件交通运输应急处置、救助打捞、导航测绘、检验检测及监测等专用装备自主化智能化发展，加强智能高铁、智慧公路、自动化码头、数字管网等新型装备设施研发应用和产业发展。

（十）推动运输服务业创新发展。发展全链条、智能化、一站式出行服务技术，构建旅客联程运输系统。加快智慧物流技术装备研发应用，构建多式联运网络。推动无人机（车）物流递送发展。探索开展城市地下物流配送、多栖化运输系统的工程化应用。

（十一）打造交通产业创新发展载体。推动产业技术创新战略联盟发展，打造综合交通产业主平台、综合交通产业园区和特色小镇，鼓励各类金融资本、社会资本支持交通运输新基建重大产业项目，促进科技成果转化与产业合作。

四、促进新技术与交通运输融合发展

（十二）促进新一代信息技术与交通运输融合发展。推动大数据、人工智能、区块链、物联网、云计算和新一代无线通信、北斗导航、卫星通信、高分遥感卫星等技术与交通运输深度融合，开发新一代智能交通系统，促进自动驾驶、智能航运等加快应用，突破综合交通网运营服务、危险货物管控等关键技术，健全部门间协同监管、数据共享、系统互联机制，构建“陆海空天”一体化交通运输安全保障与监管服务体系。

（十三）促进先进制造技术与交通运输融合发展。加速新材料、增材制造、先进成形与连接技术在交通基础设施建设和装备领域的深度应用，加快工业机器人技术在交通运输应急救援、重大基础设施检修领域的应用，促进传感测量和过程控制技术在智能交通领域应用示范。

（十四）促进安全绿色技术与交通运输融合发展。加强人机交互、安全事故（征候）人因机理与干预，以及生物安全、医疗卫生等关键技术研究应用。推动资源集约节约及再生利用、碳达峰碳中和、生态修复等理论方法及技术攻关。研发新型动力系统、高效清洁载运装备、新能源安全储运装备、船舶和码头油气回收和安全检测成套设备。发展生物降解包装、智能打包、循环及共享包装等新材料新技术。

五、加强交通运输科技创新能力建设

（十五）建设交通运输科技创新基地。优化平台布局，统筹交通运输领域技术创新中心、重点实验室、野外科学观测基地、科学数据中心等布局与发展，推动交通运输科技资源开放共享，探索完善科技创新基地和重点科研平台建设及运行保障机制，强化交通运输领域国家战略科技力量。

（十六）打造高水平科技人才队伍。创新人才培养、引进、使用和评价机制，健全符合科技创新规律、激发人才创新活力的多样化分配机制，加快构建以创新价值、能力、贡献为导向的科技人才评价体系，培养一批具有国际水平的战略科技人才、科技领军人才、青年科技人才和创新团队，推动科学研究人才、高端智库人才、技能型人才协同发展。

（十七）促进区域创新能力协调发展。提升东部地区的原始创新和集成创新能力，培育具有国际竞争力的产业集群。支持中西部地区和东北地区在特色优势领域优先布局交通运输创新平台和创新设施设备，推动具有区域特色的科技成果示范应用和产业化。

（十八）深化交通运输国际科技交流合作。加强与科技发达国家开展多层次多领域科技交流合作，拓展与发展中国家在优势技术、方案、标准等方面的合作空间，加强与重要国际科技组织合作，研究推动成立交通运输国际科技合作组织，推进实施“一带一路”交通运输国际科技创新行动计划。

六、完善交通运输科技创新体制机制

（十九）构建高质量技术标准和法规体系。构建适应交通运输高质量发展的标准体系，强化前瞻性、战略性领域技术标准布局，加快基础性关键标准研究和应用，推动强制性标准制定与实施，形成支撑产业升级的标准群，支持企业和机构参与或主导国际标准研制。围绕人工智能、自动驾驶、无人机等领域，研究推动相关立法。

（二十）激发创新主体活力。发挥企业技术创新主体作用，强化企业在科技创新规划、计划、政策和标准中的参与度，鼓励企业依法合规拓宽融资渠道，牵头整合集聚创新资源，开展关键核心技术攻关、产业共性技术研发、科技成果转化及产业化。发挥高校学科调整自主权作用，优化前沿交叉学科布局。赋予科研院所更大科研相关自主权。发挥学（协）会在推动新产品、新技术、新工艺、新材料推广应用中的作用。

（二十一）提升科技成果转化能力。完善科技成果推广应用反馈评估机制。培育专业技术转移机构和人才，建设科技成果中试及产业化载体。依法健全职务科技成果产权制度，构建科技成果转化绩效评价体系，完善激励与约束机制。支持高校、科研院所推动成果转化与创业的有机结合。

（二十二）营造良好科技创新环境。大力弘扬科学家精神，培树先进典型。赋予科学家更大技术路线决定权和经费使用权。

推行交通运输科研项目经费包干制。完善科研机构绩效评价体系，强化科研作风学风和诚信体系建设。建设高水平国家交通运输科普基地，提升科普服务能力。

七、强化交通运输科技创新的组织实施

（二十三）加强党的领导。各有关单位要提高政治站位，充分认识科技创新驱动加快建设交通强国的重大意义，加强党对交通运输科技创新工作的全面领导，强化协同、上下联动，组织抓好落实。

（二十四）健全协同机制。深化“科交协同”，加强定期会商，协调重大合作事项。健全部省合作机制，协同推进重大科技研发及应用。鼓励各地科学技术和交通运输部门建立健全协同工作机制，促进地方交通运输创新发展。加强政府与各类创新主体的交流互动，深化政企合作，形成推进科技创新的强大合力。

（二十五）加强资金保障。处理好政府推动与市场配置资源两者之间的关系。发挥政府统筹协调和引导激励作用，争取国家科技资源支持，加大交通运输前沿技术研究、共性关键技术等公益性基础性研究投入。积极引导社会资本进入交通运输科技创新领域，完善多元化、多渠道、多层次的交通运输科技投入体系。

（二十六）加强实施管理。完善实施组织保障机制，加强战略、规划、政策制定的协调衔接，明确职责分工，推动重大任务落实。加强意见落实的跟踪分析和督促指导，充分调动和激发有关各方和社会各界的积极性，共同推动意见的有效实施。

3. 财政部、科技部《中央引导地方科技发展资金管理办法》（2021年11月30日　财教〔2021〕204号）

第1条　为规范中央引导地方科技发展资金（以下称引导资金）管理，提高引导资金使用效益，推进科技创新，根据国家有关规定，制定本办法。

第2条　本办法所称引导资金，是指中央财政用于支持和引导地方政府落实国家创新驱动发展战略和科技改革发展政策、优化区域科技创新环境、提升区域科技创新能力的共同财政事权转移支付资金。实施期限根据科技领域中央与地方财政事权和支出责任划分改革方案等政策相应进行调整。

第3条　引导资金由财政部会同科技部管理。

财政部负责确定引导资金分配原则、分配标准，确定引导资金支持重点，审核引导资金分配建议方案并下达预算，组织实施全过程绩效管理，指导地方预算管理等工作。

科技部负责审核地方相关材料和数据，提供资金测算需要的基础数据，提出资金需求测算方案和分配建议，推动开展项目储备，开展日常监管、评估和绩效管理，督促和指导地方做好项目管理和资金使用管理等。

省级财政、科技部门明确省级及以下各级财政、科技部门在基础数据审核、项目安排和资金使用管理方面的责任，切实加强资金管理。

第4条　引导资金的管理和使用应当遵循以下原则：

（一）坚决贯彻党中央、国务院决策部署，突出支持重点；

（二）符合国家宏观经济政策和科技创新相关规划；

（三）按照编制财政中期规划的要求，统筹考虑有关工作总体预算安排；

（四）坚持统筹兼顾，结果导向，引导资金安排时统筹考虑相关地区创新驱动发展战略实施情况，鼓励各地深入落实国家科技改革与发展重大政策，扎实推进自主创新，提升科技创新能力；

（五）坚持公开、公平、公正，主动接受社会监督；

（六）实施全过程预算绩效管理，强化资金监管，充分发挥资金效益。

第5条　引导资金支持以下四个方面：

（一）自由探索类基础研究。主要指地方聚焦探索未知的科学问题，结合基础研究区域布局，自主设立的旨在开展自由探索类基础研究的科技计划（专项、基金等），如地方设立的自然科学基金、基础研究计划、基础研究与应用基础研究基金等。

（二）科技创新基地建设。主要指地方根据本地区相关规划等建设的各类科技创新基地，包括依托大学、科研院所、企业、转制科研机构设立的科技创新基地（含省部共建国家重点实验室、临床医学研究中心等），以及具有独立法人资格的产业技术研究院、技术创新中心、新型研发机构等。

（三）科技成果转移转化。主要指地方结合本地区实际，针对区域重点产业等开展科技成果转移转化活动，包括技术转移机构、人才队伍和技术市场建设，以及公益属性明显、引导带动作用突出、有效提升产业创新能力、惠及人民群众广泛的科技成果转化示范项目等。

（四）区域创新体系建设。主要指国家自主创新示范区、国际科技创新中心、综合性国家科学中心、可持续发展议程创新示范区、国家农业高新技术产业示范区、创新型县（市）等区域创新体系建设，重点支持跨区域研发合作和区域内科技型中小企业科技研发活动。

第6条 支持自由探索类基础研究、科技创新基地建设和区域创新体系建设的资金，鼓励地方综合采用直接补助、后补助、以奖代补等多种投入方式。支持科技成果转移转化的资金，鼓励地方综合采用风险补偿、后补助、创投引导等财政投入方式。

第7条 引导资金不得用于支付各种罚款、捐款、赞助、投资、偿还债务等支出，不得用于行政事业单位编制内在职人员工资性支出和离退休人员离退休费，以及国家规定禁止列支的其他支出。

第8条 引导资金采取项目法和因素法相结合的方法分配。

第9条　采取项目法分配的引导资金包括：

（一）对国务院办公厅公布的科技创新领域真抓实干成效明显的省份，予以定额奖励；

（二）落实党中央、国务院关于建设区域性创新高地的决策部署，需要重点支持的科技创新基地、科技成果转移转化等项目；

（三）落实党中央、国务院关于科技创新的决策部署，需要重点支持的其他事项。

财政部会同科技部等通过竞争性评审方式公开择优确定支持的具体项目，在项目评审前发布申报指南，明确项目申报范围、要求等具体事项。

项目所在重点城市政府或其财政、科技等部门负责编制项目实施方案，明确绩效目标、实施任务、保障机制以及分年度资金预算等，并按照项目申报要求提出申请。

第10条　各省应当按照财政部、科技部有关引导资金项目储备要求，积极做好项目储备库建设，扎实开展项目前期工作，提升储备项目质量。

第11条　采取因素法分配的引导资金，分配因素主要有：

（一）地方基础科研条件情况（占比50%）。体现科研机构、研发人员、科研仪器设备、研发经费投入、基础研究投入等基础科研条件情况。

（二）地方科技创新能力提升情况（占比50%）。体现地方支持自由探索类基础研究、加强科技创新基地建设、支持科技成果转移转化、支持区域创新体系建设等情况。

财政部会同科技部综合考虑各地工作进展、引导资金使用、绩效评价等情况，研究确定绩效调节系数，对引导资金分配情况进行适当调节。对相关分配因素统计数据不全的地方，引导资金预算数参考其周边经济社会发展情况类似的省份并结合人口规模等因素综合核定。

财政部、科技部根据党中央、国务院有关决策部署和科技创新发展新形势等情况，适时调整完善相关分配因素、权重、计算公式等，进行综合平衡。

第 12 条　省级科技部门会同财政部门，应当于每年 1 月 15 日前向科技部、财政部报送当年引导资金区域绩效目标表，并抄送财政部当地监管局。

第 13 条　财政部于每年全国人民代表大会批准中央预算后 30 日内，会同科技部按本办法规定正式下达引导资金预算，每年 10 月 31 日前提前下达下一年度引导资金预计数，并抄送财政部各地监管局。

第 14 条　省级财政部门接到中央财政下达的预算后 30 日内，应当会同科技部门按照预算级次合理分配、及时下达引导资金预算，并抄送财政部当地监管局。

第 15 条　省级财政部门会同科技部门，应当结合本地区科技改革发展规划和有关政策，及时制定年度引导资金实施方案，随资金分配情况同时抄送财政部当地监管局，并报科技部、财政部备案。引导资金实施方案备案后不得随意调整。如需调整，应当将调整情况及原因报科技部、财政部备案，同时抄送财政部当地监管局。

第 16 条　对拟分配到企业的引导资金，相关财政部门、科技部门应当通过官方网站等媒介向社会公示，公示期一般不少于 7 日，公示无异议后组织实施，涉及国家秘密的内容除外。

第 17 条　引导资金支付按照国库集中支付制度有关规定执行。涉及政府采购的，应当按照政府采购法律法规和有关制度执行。

第 18 条　引导资金原则上应在当年执行完毕，年度未支出的引导资金按财政部结转结余资金管理有关规定处理。

第19条　财政部、科技部负责组织实施和推动开展引导资金全过程绩效管理，做好绩效目标审核，督促地方各级财政、科技部门按照全面实施预算绩效管理的要求，建立健全全过程预算绩效管理机制，按规定科学合理设定绩效目标，对照绩效目标做好绩效监控、绩效评价，选择部分重点项目开展绩效评价，强化绩效结果运用，做好绩效信息公开，提高引导资金使用效益。科技部每年牵头组织开展引导资金绩效评价，制定相关规则，重点考量地方科技创新能力提升情况、重点任务落实情况、重点项目实施情况以及资金使用绩效情况等，财政部根据工作需要适时组织重点绩效评价，评价结果作为预算安排的重要依据。可以按照相关规定，引入第三方机构参与绩效评价工作。

第20条　省级科技、财政部门应当于每年12月31日前向科技部、财政部报送引导资金绩效自评报告，并抄送财政部当地监管局，主要包括本年度引导资金支出情况、组织实施情况、绩效情况等。

第21条　财政部各地监管局应当按照工作职责和财政部要求，对引导资金进行全面监管。

第22条　各级财政部门、科技部门及使用引导资金的单位应强化流程控制、依法合规分配和使用资金，实行不相容岗位（职责）分离控制。

第23条　地方各级财政、科技部门应当加强资金分配项目申报及使用管理。不符合法律、行政法规等规定，相关目标已经实现或实施成效差、绩效低的项目，以及已从中央基建投资渠道获得中央财政资金支持的项目，不得申请引导资金支持。

第24条　地方各级财政、科技部门以及引导资金具体使用单位，应当对上报的可能影响资金分配结果的有关数据和信息的真实性、准确性负责。切实加强项目预算绩效管理，强化预算执行，不断提高资金使用绩效。发现违规使用资金、损失浪费严重、低效无效等重大问题的，应当按照程序及时报告财政部、科技部等部门。

第 25 条 使用引导资金的单位，应当严格执行国家会计法律法规制度，按规定管理使用资金，开展全过程绩效管理，并自觉接受监督及绩效评价。

第 26 条 资金使用单位和个人在引导资金使用过程中存在各类违法违规行为的，按照《中华人民共和国预算法》及其实施条例、《财政违法行为处罚处分条例》等国家有关规定追究相应责任。涉嫌犯罪的，依法移送有关机关处理。对严重违规、违纪、违法犯罪的相关责任主体，按程序纳入科研严重失信行为记录。

第 27 条 各级财政、科技部门及其工作人员在引导资金分配、使用、管理等相关工作中，存在违反本办法规定，以及其他滥用职权、玩忽职守、徇私舞弊等违法违纪行为的，依法责令改正；对负有责任的领导人员和直接责任人员依法给予处分。涉嫌犯罪的，依法移送有关机关处理。

第 28 条 本办法由财政部、科技部负责解释。省级财政、科技部门应当根据本办法，结合各地实际，制定具体管理办法，报财政部、科技部备案，并抄送财政部当地监管局。

第 29 条 本办法自 2022 年 1 月 1 日起施行，《中央引导地方科技发展资金管理办法》（财教〔2019〕129 号）同时废止。

4. 科技部、中央宣传部、中央网信办、财政部、文化和旅游部、广播电视总局《关于促进文化和科技深度融合的指导意见》（2019 年 8 月 13 日　国科发高〔2019〕280 号）

二、重点任务

（一）加强文化共性关键技术研发。

加强智能科学、体验科学等基础研究，开展语言及视听认知表达、跨媒体内容识别与分析、情感分析等智能基础理论与方法研究，开展人机交互、混合现实等关键技术开发，推动类人视觉、听觉、语言、思维等智能技术在文化领域的创新应用。

加强文化创作、生产、传播和消费等环节共性关键技术研究，开展文化资源分类与标识、数字化采集与管理、多媒体内容知识化加工处理、VR/AR 虚拟制作、基于数据智能的自适配生产、智能创作等文化生产技术研发；开展文化产品多渠道发布、多网络分发、多终端呈现等文化传播技术研发；开展文化产品价值评估与版权交易、基于大数据的个性化推荐、文化产品与服务质量评测等文化服务技术研发；开展文化资源保护与开发利用、知识产权保护与侵权追踪、舆情分析与内容安全监管、文化艺术品鉴定等文化管理技术研发。

以数字化、网络化、智能化为技术基点，重点突破新闻出版、广播影视、文化艺术、创意设计、文物保护利用、非物质文化遗产传承发展、文化旅游等领域系统集成应用技术，开发内容可视化呈现、互动化传播、沉浸化体验技术应用系统平台与产品，优化文化数据提取、存储、利用技术，发展适用于文化遗产保护和传承的数字化技术和新材料、新工艺。

（二）完善文化科技创新体系建设。

构建以企业为主体、市场为导向、产学研相结合的文化科技创新体系。把国家文化和科技融合示范基地作为文化科技创新和产业发展的核心载体，鼓励各基地强化服务行业意识和公共服务平台建设，结合区域特色进行差异化发展，形成以龙头骨干企业为支点、大中小企业紧密配合的发展模式，充分发挥示范企业在模式创新和融合发展中的带动作用，打造文化和科技深度融合的示范区、政策体系和管理机制先行先试的试验田、文化科技产业创新发展的先锋队。鼓励不同区域根据其文化、科技资源禀赋和经济社会发展水平，构建各具特色的文化和科技融合区域创新发展格局。

探索建立高效协同的创新体系，培育产学研结合、上中下游衔接、大中小企业协同的创新格局。依托企业、高校、科研院所建设文化和科技融合创新领域的国家级及省部级科技创新基地。建立文化科技重大科研任务形成机制，从基础研究到关键技术研发、集成应用等创新链一体化设计。明确企业、科研院所、高校、社会组织等各类创新主体功能定位，构建开放高效的创新网络。

（三）加快文化科技成果产业化推广。

以国家重点研发计划为抓手，疏通应用基础研究和产业化连接的快车道，打通关卡，促进创新链和产业链精准对接，破解实现技术突破、产品制造、市场模式、产业发展“一条龙”转化的瓶颈，加快文化和科技融合成果从样品到产品再到商品的转化。

完善全国文化技术交易市场体系，定期开展文化和科技融合成果展览交易，打造交流对接平台，破解信息不对称难题。鼓励科研院所和高校建立专业化技术转移机构和职业化技术转移人才队伍，畅通技术转移通道。

加强中试基地建设，以技术示范带动成果转化。培育和发展面向社会从事文化科技咨询、技术评估、技术转移、成果转化的文化科技服务，有效降低文化科技创新风险，加速推进文化和科技融合成果产业化。

（四）加强文化大数据体系建设。

贯彻国家大数据战略，加强顶层设计，加快国家文化大数据体系建设。依托现有工作基础，对全国公共文化机构、高等科研机构和文化生产机构各类藏品数据，分门别类标注中华民族文化基因，把非物质文化遗产记录成果中蕴含的优秀传统文化的精神标识提炼出来，建设物理分散、逻辑集中、政企互通、事企互联、数据共享、安全可信的文化大数据体系。

构建文化大数据应用生态体系，加强文化大数据公共服务支撑。面向社会开放文化大数据，鼓励公民、法人和其他组织依法开发利用，将中华文化元素和标识融入内容创作生产、创意设计以及国土空间规划、生态文明建设、制造强国建设、网络强国建设和数字中国建设，让文化遗产“活起来”。

加快文化数据采集、存储、清洗、分析发掘、可视化、标准化、版权保护、安全与隐私保护等领域关键技术攻关。加强文化数据在采集、存储、应用和开放等环节的安全保护，加强文化数据在公开共享等环节的安全评估与保护，强化对妥善处理重大突发文化事件的数据支持。

（五）推动媒体融合向纵深发展。

加快党报党刊、通讯社、电台电视台等网络化改造和技术升级，建设“内容+平台+终端”的新型新闻内容生产和传播体系，运用信息革命成果，坚持一体化发展方向，通过流程优化、平台再造，实现各种媒介资源、生产要素有效整合，促进新闻信息、技术应用、平台终端、管理手段共融互通，推动媒体深度融合。

探索将人工智能运用于新闻采集、生产、分发、接收、反馈中，全面提高舆论引导能力，让个性化定制、精准化生产、智能化推送服务于正面宣传。加快高质量广播电视内容供给，推动超高清内容制作、交易、版权保护全链条体系建设。推动跨媒体内容制作与呈现，利用 VR/AR 技术实现内容传播精细化与沉浸化。研究云平台技术，开发分布式云架构，支持融媒体中心建设，创新新闻宣传新业务，打造服务社会、服务用户新业态。

（六）促进内容生产和传播手段现代化。

利用物联网、云计算、大数据、人工智能等新技术对公共文化服务和文化产业进行全方位、全链条的改造，推动文化数字化成果走向网络化、智能化。创新公共文化服务供给模式，重点研发智慧型呈现技术，开发数字化文化产品，充分发挥公共文化机构的研究、展示和教育功能。加快文化服务业智能化升级，支持智能技术和创新服务在出版发行、广播影视、演艺娱乐、印刷复制、广告服务、会展服务等传统文化产业中的应用，实现服务模式和业态创新。

推动人工智能技术在文化领域的深度应用和创新发展，在文化领域建设人工智能公共服务平台，建立“智能+文化”开源技术开发社区，鼓励双向交流、合作开发、共同体验和社会评测，强化文化领域新一代人工智能技术的有效供给。

（七）提升文化装备技术水平。

瞄准文化领域关键核心技术产品与装备，攻克一批关键瓶颈技术，实现文化领域重要软件系统和重大装备自主研发和安全可控，提升文化装备制造水平。完善文化大数据基础设施和应用设施的装备配备，加快文化装备关键技术、重要工艺、应用模式等方面的标准规范制定与推广。

加强智能化的文化遗产保护与传承、数字化采集、文化体验、公共文化服务和休闲娱乐等专用装备研制。加强激光放映、虚拟现实、光学捕捉、影视摄录、高清制播、图像编辑等高端文化装备自主研发及产业化。加强舞台演艺和观演互动、影视制作和演播等高端软件产品和装备自主研发及产业化。加快广播电视网络升级和智能化建设，支持内容制作、传输和使用的相关设备、软件和系统的自主研发及产业化。

开展绿色印刷、数字印刷、纳米印刷、按需印刷、智能印刷等技术、装备和材料研发与应用，加大印刷技术在微电子领域的应用研究，完善印刷业协同创新服务平台。加快物联网、现代物流等技术、产品与装备在新闻出版领域的集成应用，构建新闻出版业现代供应链体系。

（八）强化文化技术标准研制与推广。

实施标准化战略，完善文化技术标准化体系，强化标准研制与推广，推进技术专利化、产业标准化，完善产业评估体系建设，以标准助力文化和科技深度融合。

鼓励我国企业和社团参与国际标准研制，推动我国优势技术与标准成为国际标准。利用“一带一路”倡议相关政策，推动以标准为基础的文化科技创新成果“走出去”，加快文化技术标准推广。

三、保障措施

（一）加强组织领导。

完善国家层面的组织领导机制。完善以科技部、中央宣传部牵头，中央网信办、财政部、文化和旅游部、广电总局等部门参与的工作机制，指导和推动全国文化和科技融合工作。

建立地方层面的协调推进机制。有条件的省（自治区、直辖市）、副省级城市、省会城市和文化资源富集地区的市、县，可建立本地文化和科技融合发展工作协调推进机制，强化文化、科技、经济等部门协同，定期沟通协调，推动本地区文化和科技融合工作。

（二）加强政策引导。

地方有关部门根据本指导意见制定出台推动文化和科技深度融合的政策措施。鼓励有条件的地方先行先试，探索制定推动文化和科技深度融合的新举措。

将文化和科技融合技术研发列入国家重点研发计划，部署一批体现国家战略意图的重大文化和科技融合项目和工程，加大对文化和科技融合创新重大共性关键技术和产品研发的持续支持力度，聚焦目标、突出重点，形成梯次接续的系统布局。

中央财政和地方财政通过现有资金渠道对文化和科技融合相关工作给予必要的支持。鼓励地方政府科学规划建设文化和科技融合基础设施和公共服务平台，为文化科技企业提供生产经营场地和培训辅导、信息咨询、金融、知识产权等服务。

鼓励文化科技企业、金融机构和社会资本共同出资，依法依规设立文化和科技融合产业投资类基金，发挥其撬动成果转化、中小企业创新、新兴产业培育等作用。鼓励并支持具备条件的文化和科技融合项目开展政府与社会资本合作（PPP），促进文化科技项目实现社会效益与经济效益的协同双赢。鼓励并支持金融机构以及相关中介服务机构开发针对文化科技企业的投融资产品、风险控制技术、数据库等，推动文化科技金融工具的创新发展。

（三）深化开放合作。

加快建立开放合作平台，支持开展国际技术交流、探索技术合作模式，以技术、标准、产品、品牌、知识产权、差异化服务等优势和特点参与国际竞争。鼓励有实力的企业通过项目合作、海外并购、联合经营、设立分支机构等方式开拓海外市场，讲好中国故事，推动打造一批反映当代中国、面向国际市场的优秀数字文化产品及服务。

（四）加强智库建设和人才培养。

建立文化和科技融合决策咨询机制，研究文化和科技融合发展现状、趋势，研判世界文化科技新方向，定期报告国内外文化科技创新动态，提供准确、前瞻、及时的政策建议。

加快建设文化和科技融合创新领军人才和高技能人才队伍，加快复合型、创新型、外向型文化科技跨界人才的培养，鼓励国家文化和科技融合示范基地和企业与高等院校、科研机构共建人才培养基地。

5. 自然资源部办公厅《关于进一步落实科技创新有关政策的若干措施》（2021 年 12 月 10 日　自然资办发〔2021〕69 号）

一、进一步完善落实科研经费管理政策

（一）全面贯彻中央财政科研经费管理最新要求。贯彻落实国办 32 号文、《财政部 科技部关于印发〈国家重点研发计划资金管理办法〉的通知》（财教〔2021〕178 号）和《财政部关于〈中央级公益性科研院所基本科研业务费专项资金管理办法〉有关问题的补充通知》（财教〔2021〕203 号）等文件精神，在做好“放管服”的基础上，各单位要加强内控制度和监督制约机制建设、落实重点专项项目资金管理责任，配合相关部门开展监督检查等工作，确保科研自主权接得住、管得好，出成果、出人才。

（二）完善国家重点研发计划项目资金管理。简化项目预算编制，进一步精简合并预算编制科目，按设备费、业务费、劳务费三大类编制直接费用预算。直接费用中除 50 万元以上的设备费外，其他费用只提供基本测算说明，不需要提供明细。计算类仪器设备和软件工具可在设备费科目列支。提高间接费用比例。经费中的间接费用按照直接费用扣除设备购置费后的一定比例核定，由项目承担单位统筹安排使用。其中，500 万元以下的部分，间接费用比例为不超过 30%，500 万元至 1000 万元的部分为不超过 25%，1000 万元以上的部分为不超过 20%；对纯理论基础研究项目，间接费用比例进一步提高到不超过 60%。项目承担单位可将间接费用全部用于绩效支出，并向创新绩效突出的团队和个人倾斜。加强对部系统项目承担单位落实情况的督导，切实增强科研人员获得感。

（三）改革基本科研业务费管理。部属科研院所可从基本科研业务费提取不超过 20%作为奖励经费，奖励经费的使用范围和标准由科研院所自主决定。基本科研业务费结余资金由部属科研院所按照基本科研业务费的管理要求统筹使用，不再收回，应优先考虑原项目团队科研需求，加快资金使用。基本科研业务费用于支持 40 岁以下青年科研人员的比例，一般不得低于年度预算的 50%。

（四）探索经费包干制试点。在人才类和基础研究类科研项目中推行经费包干制，不再编制项目预算。项目负责人在承诺遵守科研伦理道德和作风学风诚信要求、经费全部用于与本项目研究工作相关支出的基础上，自主决定项目经费使用。鼓励有条件的科研院所开展经费包干制试点。

（五）扩大科研项目经费管理自主权。科研院所和中央财政科研经费项目承担单位修改完善本单位内部管理规定，落实下放预算调剂权、及时拨付经费、聘请科研财务助理、改进结余资金管理、扩大劳务费开支范围、改进财务报销管理、优化科研仪器设备采购等要求，强化自我约束和自我规范，实施动态监管，实时预警提醒，确保经费使用合理规范。

二、强化高层次科技创新人才激励

（六）重奖科技创新突出贡献团队（个人）。落实部党组“重奖高层次创新人才围绕主责主业干事创业”的要求，对在国家重大需求、自然资源部主责主业的重大工程等重点工作中，开展研究式调查，做出重大科技创新贡献和重要业务革新的部系统团队或个人，部给予物质奖励。鼓励各单位对国家科技奖、部科技创新突出贡献团队（个人）等匹配奖金，加大激励力度。

（七）加大高层次科技创新人才激励力度。加快推进高层次科技创新人才绩效工资单列，完成首批绩效工资单列人才名单申报工作，建立长效机制。各单位要足额兑现高层次科技创新人才创新津贴。

（八）继续给予青年科技人才研发激励。部系统青年科技人才所在单位提出需要支持的任务，报部科技主管部门审核后，按照部门预算编制要求，由部科技主管部门会同财务主管部门结合青年科技人才所在单位承担的项目经费情况进行统筹安排。鼓励青年科技人才申报重点研发计划、自然科学基金等科技计划有关项目。青年科技人才可直接申报正高级职称评审。

三、建立绩效工资水平动态调整机制

（九）建立部属科研院所绩效工资水平动态调整机制。根据人力与社会保障部、财政部等部署，综合考虑激发科技创新活力、保障基础研究人员稳定工资收入、调控不同单位收入差距等因素建立部属科研院所绩效工资水平动态调整机制。部属科研院所应结合本单位发展阶段、类型定位、承担任务、人才结构、所在地区、现有绩效工资实际发放水平、财务状况特别是财政科研项目可用于支出人员绩效的间接费用等实际情况，按要求向部申报动态调整绩效工资水平；分配绩效工资时，要向承担国家科研任务较多或支撑部主责主业重大任务、成效突出的科研人员倾斜；鼓励对两院院士和急需紧缺、业内认可、业绩突出的极少数高层次科技创新人才，实施年薪制、协议工资等工资分配方式。鼓励其他单位落实国家科技成果转化等有关政策，加大对高层次科技创新人才的激励力度。

四、兑现高层次科技创新人才岗位聘任政策

（十）落实第二、三梯队人才岗位聘任政策。深化部属事业单位人事制度改革，落实事业单位岗位设置调整方案，加大部高层次科技创新人才岗位聘任政策落实力度。部高层次科技创新人才工程第二梯队人员直聘专业技术二级岗所需的岗位指标，部直属单位由部统筹安排，地调局所属单位由地调局统筹安排。第三梯队人才可不受任职年限限制，凭借专业能力和科研业绩参加专业技术二级、三级岗位竞聘。各单位要制定实施细则，在严格遵守公平、公正、竞争、择优原则的基础上，予以重点保障。各单位要建立基于科研成效和岗位绩效的考核机制，签订岗位绩效考核责任书并严格开展考核，做到能进能出、能上能下，形成良性循环。

五、急需紧缺高层次科技创新人才可适当延迟退休

（十一）第二、三梯队急需紧缺人才可适当延迟退休。树立重实干重实绩的用人导向，调动发挥保障高层次科技创新人才干事创业的活力与动力。入选部第二、三梯队以及其他急需紧缺高层次科技创新人才，所在单位领导班子经集体研究，认为确系在

部主责主业中急需的以及技术力量薄弱领域需要的、在业务上起把关作用或在学科中起带头作用，退休后将对工作带来较大影响的，征得本人同意后，可以办理延迟退休手续。各单位应结合驻地养老保险政策和本单位人才队伍情况，本着从严控制的原则，稳慎开展入选部第二、三梯队人才的延迟退休审批工作，避免因与驻地养老保险政策冲突，影响相关人员办理退休手续。

六、进一步支持自然资源领域国际学术交流合作

（十二）支持自然资源领域科研人员更广泛地参加国际学术交流与合作。举办自然资源领域的专业性或科技性国际会议，如因国际惯例及工作需要确需延长会期，且已有预算安排的，可说明原因及必要性，报部审批。部属单位为解决实际工作需要拟邀请外国专家来华并承担国际旅费的，中央财政科研项目承担单位可按照国办 32 号文规定的项目执行范围实施；在华举办国际会议特邀代表，主办单位已有预算安排的，可明确适用条件并说明必要性，与在华举办国际会议一并报批；援外专家和引智专家可按商务部、科技部有关规定办理。各单位应及时制修订内部管理规定，进一步支持科研人员开展国际学术交流合作，切实改进科研人员因公临时出国（境）管理方式，在出访报告提交等方面为科研人员提供便利。

部科技、国际合作、财务、人事、纪检监察等主管司局将建立机制，定期对各单位贯彻落实部党组关于鼓励科技创新政策的情况进行督导检查，检查结果在部系统通报。各单位要认真贯彻执行党的科技工作政策，落实部党组关于加强高层次科技创新人才的激励措施，结合本单位实际制定实施方案，创新体制机制，完善制度措施，大力推进自然资源科技创新。

6. 生态环境部《关于深化生态环境科技体制改革激发科技创新活力的实施意见》（2019年12月2日 环科财〔2019〕109号）

第十七条 科技工作协调机制

国家建立科学技术进步工作协调机制，研究科学技术进步工作中的重大问题，协调国家科学技术计划项目的设立及相互衔接，协调科学技术资源配置、科学技术研究开发机构的整合以及科学技术研究开发与高等教育、产业发展相结合等重大事项。

● 法 律

1.《科学技术普及法》（2002年6月29日）

第11条 国务院科学技术行政部门负责制定全国科普工作规划，实行政策引导，进行督促检查，推动科普工作发展。

国务院其他行政部门按照各自的职责范围，负责有关的科普工作。

县级以上地方人民政府科学技术行政部门及其他行政部门在同级人民政府领导下按照各自的职责范围，负责本地区有关的科普工作。

● 部门规章及文件

2. 科技部、财政部《国家重点研发计划管理暂行办法》（2017年6月22日 国科发资〔2017〕152号）

第一章 总 则

第1条 为保证国家重点研发计划的顺利实施，实现科学、规范、高效和公正的管理，按照《国务院关于改进加强中央财政科研项目和资金管理的若干意见》（国发〔2014〕11号）、《国务院印发关于深化中央财政科技计划（专项、基金等）管理改革方案的通知》（国发〔2014〕64号）等的要求，制定本办法。

第2条　国家重点研发计划由中央财政资金设立，面向世界科技前沿、面向经济主战场、面向国家重大需求，重点资助事关国计民生的农业、能源资源、生态环境、健康等领域中需要长期演进的重大社会公益性研究，事关产业核心竞争力、整体自主创新能力和国家安全的战略性、基础性、前瞻性重大科学问题、重大共性关键技术和产品研发，以及重大国际科技合作等，加强跨部门、跨行业、跨区域研发布局和协同创新，为国民经济和社会发展主要领域提供持续性的支撑和引领。

第3条　国家重点研发计划按照重点专项、项目分层次管理。重点专项是国家重点研发计划组织实施的载体，聚焦国家重大战略任务、以目标为导向，从基础前沿、重大共性关键技术到应用示范进行全链条创新设计、一体化组织实施。

项目是国家重点研发计划组织实施的基本单元。项目可根据需要下设一定数量的课题。课题是项目的组成部分，按照项目总体部署和要求完成相对独立的研究开发任务，服务于项目目标。

第4条　国家重点研发计划的组织实施遵循以下原则：

（一）战略导向，聚焦重大。瞄准国家目标，聚焦重大需求，优化配置科技资源，着力解决当前及未来发展面临的科技瓶颈和突出问题，发挥全局性、综合性带动作用。

（二）统筹布局，协同推进。充分发挥部门、行业、地方、各类创新主体在总体任务布局、重点专项设置、实施与监督评估等方面的作用，强化需求牵引、目标导向和协同联动，促进产学研结合，普及科学技术知识，支持社会力量积极参与。

（三）简政放权，竞争择优。建立决策、咨询和具体项目管理工作既相对分开又相互衔接的管理制度，主要通过公开竞争方式遴选资助优秀创新团队，发挥市场配置技术创新资源的决定性作用和企业技术创新主体作用，尊重科研规律，赋予科研人员充分的研发创新自主权。

（四）加强监督，突出绩效。建立全过程嵌入式的监督评估体系和动态调整机制，加强信息公开，注重关键节点目标考核和组织实施效果评估，着力提升科技创新绩效。

第5条　国家重点研发计划纳入公开统一的国家科技管理平台，充分发挥国家科技计划（专项、基金等）管理部际联席会议、战略咨询与综合评审委员会、项目管理专业机构、评估监管与动态调整机制、国家科技管理信息系统的作用，与国家自然科学基金、国家科技重大专项、技术创新引导专项（基金）、基地和人才专项等加强统筹衔接。

第二章　组织管理与职责

第6条　国家科技计划（专项、基金等）管理部际联席会议（以下简称联席会议）负责审议国家重点研发计划的总体任务布局、重点专项设置、专业机构遴选择优等重大事项。

第7条　战略咨询与综合评审委员会（以下简称咨评委）负责对国家重点研发计划的总体任务布局、重点专项设置及其任务分解等提出咨询意见，为联席会议提供决策参考。

第8条　科技部是国家重点研发计划的牵头组织部门，主要职责是会同相关部门和地方开展以下工作：

（一）研究制定国家重点研发计划管理制度；

（二）研究提出重大研发需求、总体任务布局及重点专项设置建议；

（三）编制重点专项实施方案，编制发布年度项目申报指南；

（四）提出承接重点专项具体项目管理工作的专业机构建议，代表联席会议与专业机构签署任务委托协议，并对其履职尽责情况进行监督检查；

（五）开展重点专项年度与中期管理、监督检查和绩效评估，提出重点专项优化调整建议；

（六）建立重点专项组织实施的协调保障机制，推动重点专项项目成果的转化应用和信息共享；

（七）组建各重点专项专家委员会，支撑重点专项的组织实施与管理工作；

（八）开展科技发展趋势的战略研究和政策研究，优化国家重点研发计划总体任务布局。

第9条 相关部门和地方通过联席会议机制推动国家重点研发计划的组织实施，主要职责是：

（一）凝练形成相关领域重大研发需求，提出重点专项设置的相关建议；

（二）参与重点专项实施方案和年度项目申报指南编制；

（三）参与重点专项年度与中期管理、监督检查和绩效评估等；

（四）为相关重点专项组织实施提供协调保障支撑，加强对所属单位承担国家重点研发计划任务和资金使用情况的日常管理与监督；

（五）做好产业政策、规划、标准等与重点专项组织实施工作的衔接，协调推动重点专项项目成果在行业和地方的转移转化与应用示范。

第10条 重点专项专家委员会由重点专项实施方案编制参与部门（含地方，以下简称专项参与部门）推荐的专家组成，主要职责是：

（一）开展重点专项的发展战略研究和政策研究；

（二）为重点专项实施方案和年度项目申报指南编制工作提供专业咨询；

（三）在项目立项的合规性审核环节提出咨询意见；

（四）参与重点专项年度和中期管理、监督检查、项目验收、绩效评估等，对重点专项的优化调整提出咨询意见。

第11条 项目管理专业机构（以下简称专业机构）根据国

家重点研发计划相关管理规定和任务委托协议，开展具体项目管理工作，对实现任务目标负责，主要职责是：

（一）组织编报重点专项概算；

（二）参与编制重点专项年度项目申报指南；

（三）负责项目申报受理、形式审查、评审、公示、发布立项通知、与项目牵头单位签订项目任务书等立项工作；

（四）负责项目资金拨付、年度和中期检查、验收、按程序对项目进行动态调整等管理和服务工作；

（五）加强重点专项下设项目间的统筹协调，整体推进重点专项的组织实施；

（六）按要求报告重点专项及其项目实施情况和重大事项，接受监督；

（七）负责项目验收后的后续管理工作，对项目相关资料进行归档保存，促进项目成果的转化应用和信息共享；

（八）按照公开、公平、公正和利益回避的原则，充分发挥专家作用，支撑具体项目管理工作。

第 12 条 项目牵头单位负责项目的具体组织实施工作，强化法人责任。主要职责是：

（一）按照签订的项目任务书组织实施项目，履行任务书各项条款，落实配套条件，完成项目研发任务和目标；

（二）严格执行国家重点研发计划各项管理规定，建立健全科研、财务、诚信等内部管理制度，落实国家激励科研人员的政策措施；

（三）按要求及时编报项目执行情况报告、信息报表、科技报告等；

（四）及时报告项目执行中出现的重大事项，按程序报批需要调整的事项；

（五）接受指导、检查并配合做好监督、评估和验收等工作；

（六）履行保密、知识产权保护等责任和义务，推动项目成果转化应用。

第 13 条　项目下设课题的，课题承担单位应强化法人责任，按照项目实施的总体要求完成课题任务目标；课题任务须接受项目牵头单位的指导、协调和监督，对项目牵头单位负责。

第三章　重点专项与项目申报指南

第 14 条　科技部围绕国家重大战略和相关规划的贯彻落实，牵头组织征集部门和地方的重大研发需求，根据“自下而上”和“自上而下”相结合的原则，会同相关部门和地方研究提出国家重点研发计划的总体任务布局，经咨评委咨询评议后，提交联席会议全体会议审议。

第 15 条　根据联席会议审议通过的总体任务布局，科技部会同相关部门和地方凝练形成目标明确的重点专项，并组织编制重点专项实施方案，作为重点专项任务分解、概算编制、项目申报指南编制、项目安排、组织实施、监督检查、绩效评估的基本依据。

实施方案要围绕国家重大战略需求和规划部署，聚焦本专项要解决的重大科学问题或要突破的共性关键技术，全链条创新设计，合理部署基础研究、重大共性关键技术、应用示范等研发阶段的主要任务，并明确任务部署的进度安排。

第 16 条　重点专项实施方案由咨评委咨询评议，并按照突出重点、区分轻重缓急的原则提出启动建议后，提交联席会议专题会议审议，并将审议结果向联席会议全体会议报告。联席会议审议通过的重点专项应按程序报批。

第 17 条　重点专项实行目标管理，执行期一般为五年，执行期间可根据需要优化调整。重点专项完成预期目标或达到设定时限的，应当自动终止；确有必要的，可延续实施。

需要优化调整或延续实施的重点专项，由科技部、财政部商相关部门提出建议，经咨评委咨询评议后报联席会议专题会议审议，按程序报批。

第18条 拟启动实施的重点专项，应按规定明确承接具体项目管理工作的专业机构并签订任务委托协议，由专业机构组织编报重点专项概算，并与财政预算管理要求相衔接。

第19条 重点专项的年度项目申报指南，由科技部会同专项参与部门及专业机构编制。重点专项专家委员会为指南编制提供专业支撑。指南编制工作应充分遵循实施方案提出的总体目标和任务设置；细化分解形成重点专项年度项目安排。

项目应相对独立完整，体量适度，设立可考核可评估的具体指标。指南不得直接或变相限定项目的技术路线和研究方案。对于同一指南方向下不同技术路线的申报项目，可以择优同时支持。

第20条 项目申报指南应明确项目遴选方式，主要通过公开竞争择优确定项目承担单位。对于组织强度要求较高、行业内优势单位较为集中或典型应用示范区域特征明显的指南方向，也可采取定向择优等方式遴选项目承担单位，但须对申报单位的资质、与项目相关的研究基础以及配套资金等提出明确要求。

第21条 经公开征求意见与审核评估后，项目申报指南通过国家科技管理信息系统（以下简称信息系统）公开发布。发布指南时可公布重点专项年度拟立项项目数及相应的总概算。指南编制专家名单、形式审查条件要求等应与指南一并公布。保密项目采取非公开方式发布指南。自指南发布日到项目申报受理截止日，原则上不少于50天。

第22条 建立多元化的投入体系，鼓励地方、行业、企业与中央财政共同出资，组织实施重点专项，建立由出资各方共同管理、协同推进的组织实施模式，支持重点专项项目成果在地方、行业和企业推广应用、转化落地。

第四章　项目立项

第 23 条　具有较强科研能力和条件、运行管理规范、在中国大陆境内注册、具有独立法人资格的科研机构、高等学校、企业等，可根据项目申报指南要求申报项目。多个单位组成申报团队联合申报的，应签订联合申报协议，并明确一家单位作为项目牵头单位。项目下设课题的，也应同时明确课题承担单位。

第 24 条　申报项目应明确项目（课题）负责人。项目（课题）负责人应具有领导和组织开展创新性研究的能力，科研信用记录良好，年龄、工作时间等符合指南要求。项目（课题）负责人及研发骨干人员按相关规定实行限项管理。

第 25 条　国家重点研发计划实行对外开放与合作。境外科研机构、高等学校、企业等在中国大陆境内注册的独立法人机构，可根据指南要求牵头或参与项目申报；受聘于在中国大陆境内注册的独立法人机构的外籍科学家及港、澳、台地区科研人员，符合指南要求的可作为项目（课题）负责人申报。

第 26 条　项目申报一般包括预申报和正式申报两个环节，并相应开展首轮评审和答辩评审。项目评审专家应从国家科技专家库中选取，按照相关规定向社会公布，并实行回避制度和轮换机制。鼓励邀请外籍专家参与国家重点研发计划的项目评审工作。

第 27 条　项目牵头单位应按照项目申报指南的要求，通过信息系统提交简要的预申报书。专业机构受理项目预申报并进行形式审查后，采取网络评审、通讯评审或会议评审等方式组织开展首轮评审，不要求项目申报团队答辩。

第 28 条　专业机构通过首轮评审择优遴选出 3–4 倍于拟立项数量的申报项目，通知项目牵头单位通过信息系统填报正式申报书，经形式审查后，以视频会议等方式组织开展答辩评审。

第 29 条　预申报项目数低于拟立项数量 3–4 倍的，专业机构可不组织首轮评审，直接通知项目牵头单位填报正式申报书，经形式审查后进入答辩评审环节。

第30条　组织答辩评审时，专业机构应要求评审专家提前审阅评审材料，并在评审前就指南内容、评审规则等向评审专家进行说明。

第31条　专业机构根据指南要求和答辩评审结果，按照择优支持原则提出年度项目安排方案，报科技部进行合规性审核。

第32条　科技部对项目立项程序的规范性、拟立项项目与指南的相符性等进行审核，形成审核意见反馈专业机构。审核工作应以适当方式听取重点专项专家委员会专家的咨询意见。

第33条　专业机构对通过合规性审核的拟立项项目通过信息系统进行公示，并依据公示结果发布立项通知，与项目牵头单位签订项目任务书。项目下设课题的，项目牵头单位也应与课题承担单位签订课题任务书。

项目（课题）任务书应以项目申报书和专家评审意见为依据，突出绩效管理，明确考核目标、考核指标、考核方式方法，以及普及科学技术知识的要求。对于保密项目，专业机构应与项目牵头单位签订保密协议。

第34条　专业机构完成立项工作后，应将立项情况报告专项参与部门。

第35条　对于突发、紧急的国家重大科技需求，科技部可根据党中央、国务院要求，组织相关部门或地方对已设立的重点专项研发任务进行调整，研究提出快速反应项目，采取定向择优等方式组织实施。涉及重点专项中央财政资金总概算调整的，按程序报批。

第36条　专业机构应将形式审查和评审结果通过信息系统及时反馈项目牵头单位，并建立项目申诉处理机制，按规定受理项目相关申诉意见和建议，开展申诉调查，及时向申诉者反馈处理意见。

第五章　项目实施

第 37 条　项目承担单位（包括项目牵头单位、课题承担单位和参与单位等）应根据项目（课题）任务书确定的目标任务和分工安排，履行各自的责任和义务，按进度高质量完成相关研发任务。应按照一体化组织实施的要求，加强不同任务间的沟通、互动、衔接与集成，共同完成项目总体目标。

第 38 条　项目牵头单位和项目负责人应切实履行牵头责任，制定本项目一体化组织实施的工作方案，明确定期调度、节点控制、协同推进的具体方式，在项目实施中严格执行，全面掌握项目进展情况，并为各研究任务的顺利推进提供支持。对可能影响项目实施的重大事项和重大问题，应及时报告专业机构并研究提出对策建议。

第 39 条　课题承担单位和参与单位应积极配合项目牵头单位组织开展的督导、协调和调度工作，按要求参加集中交流、专题研讨、信息共享等沟通衔接安排，及时报告研究进展和重大事项，支持项目牵头单位加强研究成果的集成。

第 40 条　项目实施中，专业机构应安排专人负责项目管理、服务和协调保障工作，通过全程跟进、集中汇报、专题调研等方式全面了解项目进展和组织实施情况，及时研究处理项目牵头单位提出的有关重大事项和重大问题，及时判断项目执行情况、承担单位和人员的履约能力等。在项目实施的关键节点，及时向项目牵头单位提出有关意见和建议。

第 41 条　对于具有创新链上下游关系或关联性较强的相关项目，专业机构应当建立专门的统筹管理机制，督导相关项目牵头单位在项目实施中加强协调和联动，按照重点专项实施方案的部署和进度安排，共同完成研发任务。

第 42 条　实行项目年度报告制度。项目牵头单位应按照科技报告制度要求，于每年 11 月底前，通过信息系统向专业机构报送项目年度执行情况报告。项目执行不足 3 个月的，可在下一年度一并上报。

第 43 条　实行项目中期检查制度。执行周期在 3 年及以上的项目，在项目实施中期，专业机构应对项目执行情况进行中期检查，对项目能否完成预定任务目标做出判断，并形成中期执行情况报告。具有明确应用示范目标的项目，专业机构应邀请有关部门和地方共同开展中期检查工作。

第 44 条　项目实施中须对以下事项作出必要调整的，应按程序通过信息系统报批：

（一）变更项目牵头单位、课题承担单位、项目（含课题）负责人、项目实施周期、项目主要研究目标和考核指标等重大调整事项，由项目牵头单位提出书面申请，专业机构研究形成意见，或由专业机构直接提出意见，报科技部审核后，由专业机构批复调整；

（二）变更课题参与单位、研发骨干人员、课题实施周期、课题主要研究目标和考核指标等重要调整事项，由项目牵头单位提出书面申请，专业机构研究审核批复，并报科技部备案；

（三）其他一般性调整事项，专业机构可委托项目牵头单位负责，并做好指导和管理工作。

第 45 条　项目实施中遇到下列情况之一的，项目任务书签署方均可提出撤销或终止项目的建议。专业机构应对撤销或终止建议研究提出意见，报科技部审核后，批复执行。

（一）经实践证明，项目技术路线不合理、不可行，或项目无法实现任务书规定的进度且无改进办法；

（二）项目执行中出现严重的知识产权纠纷；

（三）完成项目任务所需的资金、原材料、人员、支撑条件等未落实或发生改变导致研究无法正常进行；

（四）组织管理不力或者发生重大问题导致项目无法进行；

（五）项目实施过程中出现严重违规违纪行为，严重科研不端行为，不按规定进行整改或拒绝整改；

（六）项目任务书规定其它可以撤销或终止的情况。

第 46 条　撤销或终止项目的，项目牵头单位应对已开展工作、经费使用、已购置设备仪器、阶段性成果、知识产权等情况做出书面报告，经专业机构核查批准后，依规完成后续相关工作。对于因非正当理由致使项目撤销或终止的，专业机构应通过调查核实或后评估明确责任人和责任单位，并纳入科研诚信记录。

第 47 条　专业机构应对受托管理重点专项下设项目的总体执行情况定期梳理汇总，形成重点专项执行情况报告，以及进一步完善重点专项组织实施工作的意见和建议，通过书面或会议方式向专项参与部门报告，为重点专项管理工作提供支撑。

执行满 6 个月以上的重点专项，专业机构在每年 12 月份向科技部提交当年度执行情况报告；执行期 5 年及以上的重点专项，专业机构在第 3 年提交中期执行情况报告。

第 48 条　专项参与部门应当加强重点专项的年度及中期管理工作，定期听取重点专项执行情况报告，每年不少于一次，及时研究解决重点专项实施中的重大问题，加强协调保障和组织推动，对专业机构进一步完善具体项目管理工作提出意见和建议。

第 49 条　事关重点专项总体实施效果的重大项目取得超过预期的重大突破或实施进度严重滞后，或外部环境发生重大变化时，科技部、财政部应会同其他专项参与部门及时研究提出优化调整或终止执行重点专项的建议，按程序报批。

第六章　项目验收与成果管理

第 50 条　项目执行期满后，专业机构应立即启动项目验收工作，要求项目牵头单位在 3 个月内完成验收准备并通过信息系统提交验收材料，在此基础上于6个月内完成项目验收，不得无故逾期。项目下设课题的，项目牵头单位应在项目验收前组织完成课题验收。

第51条　项目因故不能按期完成须申请延期的，项目牵头单位应于项目执行期结束前6个月提出延期申请，经专业机构提出意见报科技部审核后，由专业机构批复执行。项目延期原则上只能申请1次，延期时间原则上不超过1年。

未按要求提出延期申请的，专业机构应按照正常进度组织验收工作。

第52条　专业机构应根据不同项目类型，组织项目验收专家组，采用同行评议、第三方评估和测试、用户评价等方式，依据项目任务书所确定的任务目标和考核指标开展验收。

对于具有创新链上下游关系或关联性较强的相关项目，验收时应有整体设计，强化对一体化实施绩效的考核。

第53条　项目验收专家组一般由技术专家、管理专家和产业专家等共同组成。验收专家组构成应充分听取专项参与部门意见。验收专家执行回避制度。

第54条　项目验收专家组在审阅资料、听取汇报、实地考核、观看演示、提问质询的基础上，按照通过验收、不通过验收或结题三种情况形成验收结论。

（一）按期保质完成项目任务书确定的目标和任务，为通过验收；

（二）因非不可抗拒因素未完成项目任务书确定的主要目标和任务，按不通过验收处理；

（三）因不可抗拒因素未完成项目任务书确定的主要目标和任务的，按照结题处理。

第55条　提供的验收文件、资料、数据存在弄虚作假，或未按相关要求报批重大调整事项，或不配合验收工作的，按不通过验收处理。

第 56 条　专业机构应统筹做好项目验收和财务验收工作。验收工作结束后 3 个月内，专业机构应将项目验收结论与财务验收意见一并通知项目牵头单位，并报科技部备案；项目承担单位应按相关规定填写科技报告和成果信息，纳入国家科技报告系统和科技成果转化项目库。项目验收结论及成果除有保密要求外，应及时向社会公示。

第 57 条　项目形成的研究成果，包括论文、专著、样机、样品等，应标注“国家重点研发计划资助”字样及项目编号，英文标注：“National Key R&D Program of China”。第一标注的成果作为验收或评估的确认依据。

第 58 条　项目形成的知识产权的归属、使用和转移，按照国家有关法律、法规和政策执行。相关单位应事先签署正式协议，约定成果和知识产权的归属及权益分配。为了国家安全、国家利益和重大社会公共利益的需要，国家可以许可他人有偿实施或者无偿实施项目形成的知识产权。

第 59 条　依法取得知识产权的单位应当积极应用和有序扩散项目成果，传播和普及科学知识，促进技术交易和成果转化，并落实支持成果转化的科研人员激励政策。专项参与部门应在协调推动项目成果转移转化和应用示范方面给予支持。

第 60 条　对涉及国家秘密的项目及取得的成果，按有关规定进行密级评定、确认和保密管理。

第七章　监督与评估

第 61 条　国家重点研发计划建立全过程嵌入式的监督评估机制，对重点专项及其项目管理和实施中指南编制、立项、专家选用、项目实施与验收等工作中相关主体的行为规范、工作纪律、履职尽责情况等进行监督，并对重点专项总体实施和资金使用情况及效果进行评估评价，创造公平公开公正的科研环境，提高创新绩效。

第62条　监督评估工作应以国家重点研发计划的相关制度规定、重点专项实施方案、项目申报指南、任务书、协议、诚信承诺书等为依据，按照责权一致的原则和放管服要求确定监督评估对象和重点。接受监督评估的单位应当建立健全内控制度和常态化的自查自纠机制，加强风险防控，强化管理人员、科研人员的责任意识、绩效意识、自律意识和科研诚信，积极配合监督评估工作。

第63条　监督评估工作由科技部、财政部会同其他专项参与部门组织开展，一般应先行制定年度工作方案，明确当年监督评估的范围、重点、时间、方式等，避免交叉重复，并注重发挥重点专项专家委员会专家的作用。涉及项目监督评估的，应主要针对事关重点专项总体实施效果的重大项目。

第64条　监督工作应当深入科研和管理一线，加强事中、事后和关键环节的监督，但不得干涉正常的具体项目管理工作，不得额外增加专业机构和项目承担单位的负担。监督的主要内容包括但不限于以下方面：

（一）科技计划相关管理部门管理科技计划的科学性、规范性，科技计划的实施绩效；

（二）专业机构管理工作的科学性、规范性，及其在项目管理过程中的履职尽责和绩效情况；

（三）项目承担单位法人责任制落实情况、项目执行情况及资金的管理使用情况；

（四）参与科技计划、项目咨询评审和监督工作的专家，以及支撑机构的履职尽责情况；

（五）科研人员在项目申报、实施和资金管理使用中的科研诚信和履职尽责情况。

第65条　建立公众参与监督的工作机制。按照公开为常态，不公开为例外的原则，加大项目立项、验收、资金安排和专家选用等信息公开力度，主动接受公众和舆论监督，听取意见，推动和改进相关工作。收到投诉举报的，应当按有关规定登记、分类处理和反馈；投诉举报事项不在权限范围内的，应按有关规定移交相关部门和地方处理。

项目承担单位应当在单位内部公开项目立项、主要研究人员、科研资金使用、项目合作单位、大型仪器设备购置以及研究成果情况等信息，加强内部监督。

第 66 条　建立监督工作应急响应机制。发现重大项目执行风险、接到重大违规违纪线索、出现项目管理重大争议事件时，相关部门应立即启动应急响应机制，进行调查核实，或责成专业机构调查核实，提出意见和建议。

第 67 条　监督工作应当形成监督结论和意见，及时向相关部门或专业机构反馈。对于需进一步改进完善项目管理或组织实施工作的，应提出明确建议或要求，责成相关专业机构及时核查具体情况，采取相应措施进行整改。

第 68 条　因发生重大变化须对重点专项进行优化调整的，应根据需要委托第三方机构，对重点专项实施情况进行定性与定量相结合的评估，与专家咨询意见一起作为决策参考。

第 69 条　重点专项即将达到或已经达到执行期限时，应责成专业机构对重点专项实施情况进行总结评估，在此基础上委托第三方机构开展总体绩效评估，对重点专项的目标实现程度、任务布局合理性、组织管理水平、效果与影响等做出全面评价。

第 70 条　及时严肃处理违规行为，并实行逐级问责和责任倒查。对有违规行为的咨询评审专家，予以警告、责令限期改正、通报批评、阶段性或永久性取消咨询评审和申报参与项目资格等处理；对有违规行为的项目承担单位和科研人员，予以约谈、通报批评、暂停项目拨款、追回已拨项目资金、终止项目执行、阶段性或永久性取消申报参与项目资格等处理；对有违规行为的专业机构，予以约谈、通报批评、解除委托协议、阶段性或永久性取消项目管理资格等处理。

处理结果应以适当方式向社会公布，并纳入科研诚信记录。违法、违纪的，应及时移交司法机关和纪检部门。

第71条 建立统一的信息系统，为重点专项及其项目管理和监督评估提供支撑。重点专项的形成、年度与中期管理、动态调整、监督评估，以及项目的立项、资金安排、过程管理、验收与跟踪管理等信息，统一纳入信息系统，全程留痕，可查询、可申诉、可追溯。

第八章 附 则

第72条 涉及资金使用、管理等事项，执行国家重点研发计划资金管理办法及相关规定。管理要求另有规定的重点专项，按有关规定执行。

第73条 本办法自发布之日起施行。科技部依据本办法制定相应的实施管理细则。2015年12月6日科技部、财政部颁布的《关于改革过渡期国家重点研发计划组织管理有关事项的通知》（国科发资〔2015〕423号）同时废止。

第十八条 奖励制度

每年5月30日为全国科技工作者日。

国家建立和完善科学技术奖励制度，设立国家最高科学技术奖等奖项，对在科学技术进步活动中做出重要贡献的组织和个人给予奖励。具体办法由国务院规定。

国家鼓励国内外的组织或者个人设立科学技术奖项，对科学技术进步活动中做出贡献的组织和个人给予奖励。

法　律

1.《科学技术普及法》（2002 年 6 月 29 日）

第 29 条　各级人民政府、科学技术协会和有关单位都应当支持科普工作者开展科普工作，对在科普工作中做出重要贡献的组织和个人，予以表彰和奖励。

行政法规及文件

2.《国家科学技术奖励条例》（2020 年 10 月 7 日）

第一章　总　　则

第 1 条　为了奖励在科学技术进步活动中做出突出贡献的个人、组织，调动科学技术工作者的积极性和创造性，建设创新型国家和世界科技强国，根据《中华人民共和国科学技术进步法》，制定本条例。

第 2 条　国务院设立下列国家科学技术奖：

（一）国家最高科学技术奖；

（二）国家自然科学奖；

（三）国家技术发明奖；

（四）国家科学技术进步奖；

（五）中华人民共和国国际科学技术合作奖。

第 3 条　国家科学技术奖应当与国家重大战略需要和中长期科技发展规划紧密结合。国家加大对自然科学基础研究和应用基础研究的奖励。国家自然科学奖应当注重前瞻性、理论性，国家技术发明奖应当注重原创性、实用性，国家科学技术进步奖应当注重创新性、效益性。

第 4 条　国家科学技术奖励工作坚持中国共产党领导，实施创新驱动发展战略，贯彻尊重劳动、尊重知识、尊重人才、尊重创造的方针，培育和践行社会主义核心价值观。

第 5 条　国家维护国家科学技术奖的公正性、严肃性、权威性和荣誉性，将国家科学技术奖授予追求真理、潜心研究、学有所长、研有所专、敢于超越、勇攀高峰的科技工作者。

国家科学技术奖的提名、评审和授予，不受任何组织或者个人干涉。

第 6 条　国务院科学技术行政部门负责国家科学技术奖的相关办法制定和评审活动的组织工作。对涉及国家安全的项目，应当采取严格的保密措施。

国家科学技术奖励应当实施绩效管理。

第 7 条　国家设立国家科学技术奖励委员会。国家科学技术奖励委员会聘请有关方面的专家、学者等组成评审委员会和监督委员会，负责国家科学技术奖的评审和监督工作。

国家科学技术奖励委员会的组成人员人选由国务院科学技术行政部门提出，报国务院批准。

第二章　国家科学技术奖的设置

第 8 条　国家最高科学技术奖授予下列中国公民：

（一）在当代科学技术前沿取得重大突破或者在科学技术发展中有卓越建树的；

（二）在科学技术创新、科学技术成果转化和高技术产业化中，创造巨大经济效益、社会效益、生态环境效益或者对维护国家安全做出巨大贡献的。

国家最高科学技术奖不分等级，每次授予人数不超过 2 名。

第 9 条　国家自然科学奖授予在基础研究和应用基础研究中阐明自然现象、特征和规律，做出重大科学发现的个人。

前款所称重大科学发现，应当具备下列条件：

（一）前人尚未发现或者尚未阐明；

（二）具有重大科学价值；

（三）得到国内外自然科学界公认。

第 10 条　国家技术发明奖授予运用科学技术知识做出产品、

工艺、材料、器件及其系统等重大技术发明的个人。

前款所称重大技术发明，应当具备下列条件：

（一）前人尚未发明或者尚未公开；

（二）具有先进性、创造性、实用性；

（三）经实施，创造显著经济效益、社会效益、生态环境效益或者对维护国家安全做出显著贡献，且具有良好的应用前景。

第 11 条 国家科学技术进步奖授予完成和应用推广创新性科学技术成果，为推动科学技术进步和经济社会发展做出突出贡献的个人、组织。

前款所称创新性科学技术成果，应当具备下列条件：

（一）技术创新性突出，技术经济指标先进；

（二）经应用推广，创造显著经济效益、社会效益、生态环境效益或者对维护国家安全做出显著贡献；

（三）在推动行业科学技术进步等方面有重大贡献。

第 12 条 国家自然科学奖、国家技术发明奖、国家科学技术进步奖分为一等奖、二等奖 2 个等级；对做出特别重大的科学发现、技术发明或者创新性科学技术成果的，可以授予特等奖。

第 13 条 中华人民共和国国际科学技术合作奖授予对中国科学技术事业做出重要贡献的下列外国人或者外国组织：

（一）同中国的公民或者组织合作研究、开发，取得重大科学技术成果的；

（二）向中国的公民或者组织传授先进科学技术、培养人才，成效特别显著的；

（三）为促进中国与外国的国际科学技术交流与合作，做出重要贡献的。

中华人民共和国国际科学技术合作奖不分等级。

第三章　国家科学技术奖的提名、评审和授予

第 14 条 国家科学技术奖实行提名制度，不受理自荐。候

选者由下列单位或者个人提名：

（一）符合国务院科学技术行政部门规定的资格条件的专家、学者、组织机构；

（二）中央和国家机关有关部门，中央军事委员会科学技术部门，省、自治区、直辖市、计划单列市人民政府。

香港特别行政区、澳门特别行政区、台湾地区的有关个人、组织的提名资格条件，由国务院科学技术行政部门规定。

中华人民共和国驻外使馆、领馆可以提名中华人民共和国国际科学技术合作奖的候选者。

第 15 条 提名者应当严格按照提名办法提名，提供提名材料，对材料的真实性和准确性负责，并按照规定承担相应责任。

提名办法由国务院科学技术行政部门制定。

第 16 条 在科学技术活动中有下列情形之一的，相关个人、组织不得被提名或者授予国家科学技术奖：

（一）危害国家安全、损害社会公共利益、危害人体健康、违反伦理道德的；

（二）有科研不端行为，按照国家有关规定被禁止参与国家科学技术奖励活动的；

（三）有国务院科学技术行政部门规定的其他情形的。

第 17 条 国务院科学技术行政部门应当建立覆盖各学科、各领域的评审专家库，并及时更新。评审专家应当精通所从事学科、领域的专业知识，具有较高的学术水平和良好的科学道德。

第 18 条 评审活动应当坚持公开、公平、公正的原则。评审专家与候选者有重大利害关系，可能影响评审公平、公正的，应当回避。

评审委员会的评审委员和参与评审活动的评审专家应当遵守评审工作纪律，不得有利用评审委员、评审专家身份牟取利益或者与其他评审委员、评审专家串通表决等可能影响评审公平、公正的行为。

评审办法由国务院科学技术行政部门制定。

第19条　评审委员会设立评审组进行初评，评审组负责提出初评建议并提交评审委员会。

参与初评的评审专家从评审专家库中抽取产生。

第20条　评审委员会根据相关办法对初评建议进行评审，并向国家科学技术奖励委员会提出各奖种获奖者和奖励等级的建议。

监督委员会根据相关办法对提名、评审和异议处理工作全程进行监督，并向国家科学技术奖励委员会报告监督情况。

国家科学技术奖励委员会根据评审委员会的建议和监督委员会的报告，作出各奖种获奖者和奖励等级的决议。

第21条　国务院科学技术行政部门对国家科学技术奖励委员会作出的各奖种获奖者和奖励等级的决议进行审核，报国务院批准。

第22条　国家最高科学技术奖报请国家主席签署并颁发奖章、证书和奖金。

国家自然科学奖、国家技术发明奖、国家科学技术进步奖由国务院颁发证书和奖金。

中华人民共和国国际科学技术合作奖由国务院颁发奖章和证书。

第23条　国家科学技术奖提名和评审的办法、奖励总数、奖励结果等信息应当向社会公布，接受社会监督。

涉及国家安全的保密项目，应当严格遵守国家保密法律法规的有关规定，加强项目内容的保密管理，在适当范围内公布。

第24条　国家科学技术奖励工作实行科研诚信审核制度。国务院科学技术行政部门负责建立提名专家、学者、组织机构和评审委员、评审专家、候选者的科研诚信严重失信行为数据库。

禁止任何个人、组织进行可能影响国家科学技术奖提名和评审公平、公正的活动。

第25条　国家最高科学技术奖的奖金数额由国务院规定。

国家自然科学奖、国家技术发明奖、国家科学技术进步奖的奖金数额由国务院科学技术行政部门会同财政部门规定。

国家科学技术奖的奖励经费列入中央预算。

第26条　宣传国家科学技术奖获奖者的突出贡献和创新精神，应当遵守法律法规的规定，做到安全、保密、适度、严谨。

第27条　禁止使用国家科学技术奖名义牟取不正当利益。

第四章　法律责任

第28条　候选者进行可能影响国家科学技术奖提名和评审公平、公正的活动的，由国务院科学技术行政部门给予通报批评，取消其参评资格，并由所在单位或者有关部门依法给予处分。

其他个人或者组织进行可能影响国家科学技术奖提名和评审公平、公正的活动的，由国务院科学技术行政部门给予通报批评；相关候选者有责任的，取消其参评资格。

第29条　评审委员、评审专家违反国家科学技术奖评审工作纪律的，由国务院科学技术行政部门取消其评审委员、评审专家资格，并由所在单位或者有关部门依法给予处分。

第30条　获奖者剽窃、侵占他人的发现、发明或者其他科学技术成果的，或者以其他不正当手段骗取国家科学技术奖的，由国务院科学技术行政部门报国务院批准后撤销奖励，追回奖章、证书和奖金，并由所在单位或者有关部门依法给予处分。

第31条　提名专家、学者、组织机构提供虚假数据、材料，协助他人骗取国家科学技术奖的，由国务院科学技术行政部门给予通报批评；情节严重的，暂停或者取消其提名资格，并由所在单位或者有关部门依法给予处分。

第32条　违反本条例第二十七条规定的，由有关部门依照相关法律、行政法规的规定予以查处。

第 33 条　对违反本条例规定，有科研诚信严重失信行为的个人、组织，记入科研诚信严重失信行为数据库，并共享至全国信用信息共享平台，按照国家有关规定实施联合惩戒。

第 34 条　国家科学技术奖的候选者、获奖者、评审委员、评审专家和提名专家、学者涉嫌违反其他法律、行政法规的，国务院科学技术行政部门应当通报有关部门依法予以处理。

第 35 条　参与国家科学技术奖评审组织工作的人员在评审活动中滥用职权、玩忽职守、徇私舞弊的，依法给予处分；构成犯罪的，依法追究刑事责任。

第五章　附　　则

第 36 条　有关部门根据国家安全领域的特殊情况，可以设立部级科学技术奖；省、自治区、直辖市、计划单列市人民政府可以设立一项省级科学技术奖。具体办法由设奖部门或者地方人民政府制定，并报国务院科学技术行政部门及有关单位备案。

设立省部级科学技术奖，应当按照精简原则，严格控制奖励数量，提高奖励质量，优化奖励程序。其他国家机关、群众团体，以及参照公务员法管理的事业单位，不得设立科学技术奖。

第 37 条　国家鼓励社会力量设立科学技术奖。社会力量设立科学技术奖的，在奖励活动中不得收取任何费用。

国务院科学技术行政部门应当对社会力量设立科学技术奖的有关活动进行指导服务和监督管理，并制定具体办法。

第 38 条　本条例自 2020 年 12 月 1 日起施行。

● 部门规章及文件

3.《国家科学技术奖励条例实施细则》（2008 年 12 月 23 日）

第一章　总　　则

第 1 条　为了做好国家科学技术奖励工作，保证国家科学技术奖的评审质量，根据《国家科学技术奖励条例》（以下称奖励条例），制定本细则。

第2条　本细则适用于国家最高科学技术奖、国家自然科学奖、国家技术发明奖、国家科学技术进步奖和中华人民共和国国际科学技术合作奖（以下称国际科技合作奖）的推荐、评审、授奖等各项活动。

第3条　国家科学技术奖励工作深入贯彻落实科学发展观和“尊重劳动、尊重知识、尊重人才、尊重创造”的方针，鼓励团结协作、联合攻关，鼓励自主创新，鼓励攀登科学技术高峰，促进科学研究、技术开发与经济、社会发展密切结合，促进科技成果向现实生产力转化，促进国家创新体系建设，营造鼓励创新的环境，努力造就和培养世界一流科学家、科技领军人才和一线创新人才，加速科教兴国、人才强国和可持续发展战略的实施，推进创新型国家建设。

第4条　国家科学技术奖的推荐、评审和授奖，遵循公开、公平、公正的原则，实行科学的评审制度，不受任何组织或者个人的非法干涉。

第5条　国家科学技术奖授予在科学发现、技术发明和促进科学技术进步等方面做出创造性突出贡献的公民或者组织，并对同一项目授奖的公民、组织按照贡献大小排序。

在科学研究、技术开发项目中仅从事组织管理和辅助服务的工作人员，不得作为国家科学技术奖的候选人。

第6条　国家科学技术奖是国家授予公民或者组织的荣誉，授奖证书不作为确定科学技术成果权属的直接依据。

第7条　国家科学技术奖励委员会负责国家科学技术奖的宏观管理和指导。

科学技术部负责国家科学技术奖评审的组织工作。国家科学技术奖励工作办公室（以下称奖励办公室）负责日常工作。

第二章　奖励范围和评审标准

第一节　国家最高科学技术奖

第8条　奖励条例第八条第一款（一）所称“在当代科学技术前沿取得重大突破或者在科学技术发展中有卓越建树”，是指候选人在基础研究、应用基础研究方面取得系列或者特别重大发现，丰富和拓展了学科的理论，引起该学科或者相关学科领域的突破性发展，为国内外同行所公认，对科学技术发展和社会进步作出了特别重大的贡献。

第9条　奖励条例第八条第一款（二）所称“在科学技术创新、科学技术成果转化和高技术产业化中，创造巨大经济效益或者社会效益”，是指候选人在科学技术活动中，特别是在高新技术领域取得系列或者特别重大技术发明，并以市场为导向，积极推动科技成果转化，实现产业化，引起该领域技术的跨越发展，促进了产业结构的变革，创造了巨大的经济效益或者社会效益，对促进经济、社会发展和保障国家安全作出了特别重大的贡献。

第10条　国家最高科学技术奖的候选人应当热爱祖国，具有良好的科学道德，并仍活跃在当代科学技术前沿，从事科学研究或者技术开发工作。

第二节　国家自然科学奖

第11条　奖励条例第九条第二款（一）所称“前人尚未发现或者尚未阐明”，是指该项自然科学发现为国内外首次提出，或者其科学理论在国内外首次阐明，且主要论著为国内外首次发表。

第12条　奖励条例第九条第二款（二）所称“具有重大科学价值”，是指：（一）该发现在科学理论、学说上有创见，或者在研究方法、手段上有创新；（二）对于推动学科发展有重大意义，或者对于经济建设和社会发展具有重要影响。

第13条　奖励条例第九条第二款（三）所称“得到国内外自然科学界公认”，是指主要论著已在国内外公开发行的学术刊物上发表或者作为学术专著出版三年以上，其重要科学结论已为国内外同行在重要国际学术会议、公开发行的学术刊物，尤其是重要学术刊物以及学术专著所正面引用或者应用。

第14条 国家自然科学奖的候选人应当是相关科学技术论著的主要作者，并具备下列条件之一：

（一）提出总体学术思想、研究方案；

（二）发现重要科学现象、特性和规律，并阐明科学理论和学说；

（三）提出研究方法和手段，解决关键性学术疑难问题或者实验技术难点，以及对重要基础数据的系统收集和综合分析等。

第15条 国家自然科学奖一等奖、二等奖单项授奖人数不超过5人，特等奖除外。特等奖项目的具体授奖人数经国家自然科学奖评审委员会评审后，由国家科学技术奖励委员会确定。

第16条 国家自然科学奖授奖等级根据候选人所做出的科学发现进行综合评定，评定标准如下：

（一）在科学上取得突破性进展，发现的自然现象、揭示的科学规律、提出的学术观点或者其研究方法为国内外学术界所公认和广泛引用，推动了本学科或者相关学科的发展，或者对经济建设、社会发展有重大影响的，可以评为一等奖。

（二）在科学上取得重要进展，发现的自然现象、揭示的科学规律、提出的学术观点或者其研究方法为国内外学术界所公认和引用，推动了本学科或者其分支学科的发展，或者对经济建设、社会发展有重要影响的，可以评为二等奖。

对于原始性创新特别突出、具有特别重大科学价值、在国内外自然科学界有重大影响的特别重大的科学发现，可以评为特等奖。

第三节 国家技术发明奖

第17条 奖励条例第十条第一款所称的产品包括各种仪器、

设备、器械、工具、零部件以及生物新品种等；工艺包括工业、农业、医疗卫生和国家安全等领域的各种技术方法；材料包括用各种技术方法获得的新物质等；系统是指产品、工艺和材料的技术综合。

国家技术发明奖的授奖范围不包括仅依赖个人经验和技能、技巧又不可重复实现的技术。

第18条 奖励条例第十条第二款（一）所称“前人尚未发明或者尚未公开”，是指该项技术发明为国内外首创，或者虽然国内外已有但主要技术内容尚未在国内外各种公开出版物、媒体及其他公众信息渠道发表或者公开，也未曾公开使用过。

第19条 奖励条例第十条第二款（二）所称“具有先进性和创造性”，是指该项技术发明与国内外已有同类技术相比较，其技术思路、技术原理或者技术方法有创新，技术上有实质性的特点和显著的进步，主要性能（性状）、技术经济指标、科学技术水平及其促进科学技术进步的作用和意义等方面综合优于同类技术。

第20条 奖励条例第十条第二款（三）所称“经实施，创造显著经济效益或者社会效益”，是指该项技术发明成熟，并实施应用三年以上，取得良好的应用效果。

第21条 国家技术发明奖的候选人应当是该项技术发明的全部或者部分创造性技术内容的独立完成人。

国家技术发明奖一等奖、二等奖单项授奖人数不超过6人，特等奖除外。特等奖项目的具体授奖人数经国家技术发明奖评审委员会评审后，由国家科学技术奖励委员会确定。

第22条 国家技术发明奖授奖等级根据候选人所做出的技术发明进行综合评定，评定标准如下：

（一）属国内外首创的重大技术发明，技术思路独特，主要技术上有重大的创新，技术经济指标达到了同类技术的领先水平，推动了相关领域的技术进步，已产生了显著的经济效益或者社会效益，可以评为一等奖。

（二）属国内外首创的重大技术发明，技术思路新颖，主要技术上有较大的创新，技术经济指标达到了同类技术的先进水平，对本领域的技术进步有推动作用，并产生了明显的经济效益或者社会效益，可以评为二等奖。

对原始性创新特别突出、主要技术经济指标显著优于国内外同类技术或者产品，并取得重大经济或者社会效益的特别重大的技术发明，可以评为特等奖。

第四节 国家科学技术进步奖

第 23 条 奖励条例第十一条第一款（一）所称“技术开发项目”，是指在科学研究和技术开发活动中，完成具有重大市场实用价值的产品、技术、工艺、材料、设计和生物品种及其推广应用。

第 24 条 奖励条例第十一条第一款（二）所称“社会公益项目”，是指在标准、计量、科技信息、科技档案、科学技术普及等科学技术基础性工作和环境保护、医疗卫生、自然资源调查和合理利用、自然灾害监测预报和防治等社会公益性科学技术事业中取得的重大成果及其应用推广。

第 25 条 奖励条例第十一条第一款（三）所称“国家安全项目”，是指在军队建设、国防科研、国家安全及相关活动中产生，并在一定时期内仅用于国防、国家安全目的，对推进国防现代化建设、增强国防实力和保障国家安全具有重要意义的科学技术成果。

第 26 条 奖励条例第十一条第一款（四）所称“重大工程项目”，是指重大综合性基本建设工程、科学技术工程、国防工程及企业技术创新工程等。

第 27 条 国家科学技术进步奖重大工程类奖项仅授予组织。

在完成重大工程中做出科学发现、技术发明的公民，符合奖励条例和本细则规定条件的，可另行推荐国家自然科学奖、技术发明奖。

第28条 国家科学技术进步奖候选人应当具备下列条件之一：

（一）在设计项目的总体技术方案中做出重要贡献；

（二）在关键技术和疑难问题的解决中做出重大技术创新；

（三）在成果转化和推广应用过程中做出创造性贡献；

（四）在高技术产业化方面做出重要贡献。

第29条 国家科学技术进步奖候选单位应当是在项目研制、开发、投产、应用和推广过程中提供技术、设备和人员等条件，对项目的完成起到组织、管理和协调作用的主要完成单位。

各级政府部门一般不得作为国家科学技术进步奖的候选单位。

第30条 国家科学技术进步奖一等奖单项授奖人数不超过15人，授奖单位不超过10个；二等奖单项授奖人数不超过10人，授奖单位不超过7个；特等奖单项授奖人数不超过50人，授奖单位不超过30个。

第31条 国家科学技术进步奖候选人或者候选单位所完成的项目应当总体符合下列条件：

（一）技术创新性突出：在技术上有重要的创新，特别是在高新技术领域进行自主创新，形成了产业的主导技术和名牌产品，或者应用高新技术对传统产业进行装备和改造，通过技术创新，提升传统产业，增加行业的技术含量，提高产品附加值；技术难度较大，解决了行业发展中的热点、难点和关键问题；总体技术水平和技术经济指标达到了行业的领先水平。

（二）经济效益或者社会效益显著：所开发的项目经过三年以上较大规模的实施应用，产生了很大的经济效益或者社会效益，实现了技术创新的市场价值或者社会价值，为经济建设、社会发展和国家安全做出了很大贡献。

（三）推动行业科技进步作用明显：项目的转化程度高，具有较强的示范、带动和扩散能力，促进了产业结构的调整、优化、升级及产品的更新换代，对行业的发展具有很大作用。

第 32 条　国家科学技术进步奖授奖等级根据候选人或者候选单位所完成的项目进行综合评定，评定标准如下：

（一）技术开发项目类：

在关键技术或者系统集成上有重大创新，技术难度大，总体技术水平和主要技术经济指标达到了国际同类技术或者产品的先进水平，市场竞争力强，成果转化程度高，创造了重大的经济效益，对行业的技术进步和产业结构优化升级有重大作用的，可以评为一等奖。

在关键技术或者系统集成上有较大创新，技术难度较大，总体技术水平和主要技术经济指标达到国际同类技术或者产品的水平，市场竞争力较强，成果转化程度较高，创造了较大的经济效益，对行业的技术进步和产业结构调整有较大意义的，可以评为二等奖。

（二）社会公益项目类：

在关键技术或者系统集成上有重大创新，技术难度大，总体技术水平和主要技术经济指标达到了国际同类技术或者产品的先进水平，并在行业得到广泛应用，取得了重大的社会效益，对科技发展和社会进步有重大意义的，可以评为一等奖。

在关键技术或者系统集成上有较大创新，技术难度较大，总体技术水平和技术经济指标达到国际同类技术或者产品的水平，在行业较大范围应用，取得了较大的社会效益，对科技发展和社会进步有较大意义的，可以评为二等奖。

（三）国家安全项目类：

在关键技术或者系统集成上有重大创新，技术难度很大，总体技术达到国际同类技术或者产品的先进水平，应用效果十分突出，对国防建设和保障国家安全具有重大作用的，可以评为一等奖。

在关键技术或者系统集成上有较大创新，技术难度较大，总体技术达到国际同类技术或者产品的水平，应用效果突出，对国防建设和保障国家安全有较大作用的，可以评为二等奖。

(四) 重大工程项目类：

团结协作、联合攻关，在关键技术、系统集成和系统管理方面有重大创新，技术难度和工程复杂程度大，总体技术水平、主要技术经济指标达到国际同类项目的先进水平，取得了重大的经济效益或者社会效益，对推动本领域的科技发展有重大意义，对经济建设、社会发展和国家安全具有重大战略意义的，可以评为一等奖。

团结协作、联合攻关，在关键技术、系统集成和系统管理方面有较大创新，技术难度和工程复杂程度较大，总体技术水平、主要技术经济指标达到国际同类项目的水平，取得了较大的经济效益或者社会效益，对推动本领域的科技发展有较大意义，对经济建设、社会发展和国家安全具有战略意义的，可以评为二等奖。

对于技术创新性特别突出、经济效益或者社会效益特别显著、推动行业科技进步作用特别明显的项目，可以评为特等奖。

第五节　国际科技合作奖

第 33 条　奖励条例第十二条所称“外国人或者外国组织”，是指在双边或者多边国际科技合作中对中国科学技术事业做出重要贡献的外国科学家、工程技术人员、科技管理人员和科学技术研究、开发、管理等组织。

第 34 条　被授予国际科技合作奖的外国人或者组织，应当具备下列条件之一：

（一）在与中国的公民或者组织进行合作研究、开发等方面取得重大科技成果，对中国经济与社会发展有重要推动作用，并取得显著的经济效益或者社会效益。

（二）在向中国的公民或者组织传授先进科学技术、提出重要科技发展建议与对策、培养科技人才或者管理人才等方面做出了重要贡献，推进了中国科学技术事业的发展，并取得显著的社会效益或者经济效益。

（三）在促进中国与其他国家或者国际组织的科技交流与合作方面做出重要贡献，并对中国的科学技术发展有重要推动作用。

第35条　国际科技合作奖每年授奖数额不超过10个。

第三章　评审组织

第36条　国家科学技术奖励委员会的主要职责是：

（一）聘请有关专家组成国家科学技术奖评审委员会；

（二）审定国家科学技术奖评审委员会的评审结果；

（三）对国家科学技术奖的推荐、评审和异议处理工作进行监督；

（四）为完善国家科学技术奖励工作提供政策性意见和建议；

（五）研究、解决国家科学技术奖评审工作中出现的其他重大问题。

第37条　国家科学技术奖励委员会委员15—20人。主任委员由科学技术部部长担任，设副主任委员1至2人、秘书长1人。国家科学技术奖励委员会委员由科技、教育、经济等领域的著名专家、学者和行政部门领导组成。委员人选由科学技术部提出，报国务院批准。

国家科学技术奖励委员会实行聘任制，每届任期3年。

第38条　国家科学技术奖励委员会下设国家最高科学技术奖、国家自然科学奖、国家技术发明奖、国家科学技术进步奖和

国际科技合作奖等国家科学技术奖评审委员会。其主要职责是:

（一）负责各国家科学技术奖的评审工作;

（二）向国家科学技术奖励委员会报告评审结果;

（三）对国家科学技术奖评审工作中出现的有关问题进行处理;

（四）对完善国家科学技术奖励工作提供咨询意见。

第39条　国家科学技术奖各评审委员会分别设主任委员1人、副主任委员2至4人、秘书长1人、委员若干人。委员人选由科学技术部向国家科学技术奖励委员会提出建议。秘书长由奖励办公室主任担任。

国家科学技术奖评审委员会委员实行聘任制，每届任期3年，连续任期不得超过两届。

第40条　国家技术发明奖、国家科学技术进步奖评审委员会内设专用项目小组，负责国防、国家安全等保密项目的评审，并将评审结果向评审委员会报告。

第41条　根据评审工作需要，国家科学技术奖各评审委员会可以设立若干评审组，对相关国家科学技术奖的候选人及项目进行初评，初评结果报相应的国家科学技术奖评审委员会。

第42条　各评审组设组长1人、副组长1至3人、委员若干人，组长一般由相应国家科学技术奖评审委员会的委员担任。评审组委员实行资格聘任制，其资格由科学技术部认定。

各评审组的委员组成，由奖励办公室根据当年国家科学技术奖推荐的具体情况，从有资格的人选中提出，经评审委员会秘书长审核，报相应评审委员会主任委员批准。评审组委员每年要进行一定比例的轮换。

第43条　科学技术部可以委托相关部门协助负责涉及国防、国家安全方面的国家技术发明奖和国家科学技术进步奖评审组的相关日常工作。

第44条　国家科学技术奖各评审委员会的委员因故不能出席会议，可能影响评审工作正常进行时，可以由相关评审组的委员或者经科学技术部认定具备评审资格的专家代替，并享有与其他委员同等的权利。具体人选由评审委员会秘书长提名，经相应评审委员会主任委员批准。

第45条　国家科学技术奖评审委员会及其评审组的委员和相关的工作人员应当对候选人和候选单位所完成项目的技术内容及评审情况严格保守秘密。

第四章　推荐和受理

第46条　奖励条例第十五条第一款（一）、（二）、（三）所列推荐单位的推荐工作，由其科学技术主管机构负责。

第47条　奖励条例第十五条第一款（四）所称“其他单位”，是指经科学技术部认定，具备推荐条件的国务院直属事业单位、中央有关部门及其他特定的机关、企事业单位和社会团体等。

第48条　奖励条例第十五条第一款（四）所称“科学技术专家”，是指国家最高科学技术奖获奖人、中国科学院院士、中国工程院院士。

第49条　国家科学技术奖实行限额推荐制度。各推荐单位在奖励办公室当年下达的限额范围内进行推荐。

国家最高科学技术奖获奖人每人每年度可推荐1名（项）所熟悉专业的国家科学技术奖。中国科学院院士、中国工程院院士每年度可3人以上共同推荐1名（项）所熟悉专业的国家科学技术奖。

推荐单位推荐国家自然科学奖、国家技术发明奖和国家科学技术进步奖特等奖的，应当在推荐前征得5名以上熟悉该项目的院士的同意。

第50条　国家自然科学奖、国家技术发明奖和国家科学技术进步奖特等奖的推荐单位、推荐人，应当按照本细则规定的条件严格控制候选人、候选单位的数量。

第 51 条　推荐单位、推荐人推荐国家科学技术奖的候选人、候选单位应当征得候选人和候选单位的同意，并填写由奖励办公室制作的统一格式的推荐书，提供必要的证明或者评价材料。推荐书及有关材料应当完整、真实、可靠。

第 52 条　推荐单位、推荐人认为有关专家学者参加评审可能影响评审公正性的，可以要求其回避，并在推荐时书面提出理由及相关的证明材料。每项推荐所提出的回避专家人数不得超过 3 人。

第 53 条　凡存在知识产权以及有关完成单位、完成人员等方面争议并正处于诉讼、仲裁或行政裁决、行政复议程序中的，在争议解决前不得推荐参加国家科学技术奖评审。

第 54 条　法律、行政法规规定必须取得有关许可证的项目，如动植物新品种、食品、药品、基因工程技术和产品等，在未获得主管行政机关批准之前，不得推荐参加国家科学技术奖评审。

第 55 条　同一技术内容不得在同一年度重复推荐参加国家自然科学奖、国家技术发明奖和国家科学技术进步奖的评审。

第 56 条　经评定未授奖的国家自然科学奖、国家技术发明奖和国家科学技术进步奖候选人、候选单位，如果再次以相关项目技术内容推荐须隔一年进行。

第 57 条　我国公民或者组织在国外以及我国公民在中国的外资机构，单独或者合作取得重大科学技术成果，符合奖励条例和本细则规定的条件，且成果的主要学术思想、技术路线和研究工作由我国公民或者组织提出和完成，并享有有关的知识产权，可以推荐为国家科学技术奖候选人或者候选组织。

第 58 条　对科学技术进步、经济建设、社会发展和国家安全具有特别意义或者重大影响的科学技术成果，可适时推荐国家科学技术奖励。

第59条　符合奖励条例第十五条及本细则规定的推荐单位和推荐人，应当在规定的时间内向奖励办公室提交推荐书及相关材料。奖励办公室负责对推荐材料进行形式审查。经审查不符合规定的推荐材料，不予受理并退回推荐单位或推荐人。

第60条　奖励办公室应当在其官方网站等媒体上公布通过形式审查的国家自然科学奖、国家技术发明奖、国家科学技术进步奖的候选人、候选单位及项目。涉及国防、国家安全的保密项目，在适当范围内公布。

第61条　候选人、候选单位及其项目如被发现存在本细则规定不得推荐的情形的，不提交评审。

第62条　候选人、候选单位及其项目经奖励办公室公告受理后要求退出评审的，由推荐单位（推荐人）以书面方式向奖励办公室提出。经批准退出评审的，如再次以相关项目技术内容推荐国家科学技术奖，须隔一年以上进行。

第五章　异议处理

第63条　国家科学技术奖励接受社会的监督。国家自然科学奖、国家技术发明奖和国家科学技术进步奖的评审工作实行异议制度。

任何单位或者个人对国家科学技术奖候选人、候选单位及其项目的创新性、先进性、实用性及推荐材料真实性等持有异议的，应当在受理项目公布之日起60日内向奖励办公室提出，逾期不予受理。

第64条　提出异议的单位或者个人应当提供书面异议材料，并提供必要的证明文件。

提出异议的单位、个人应当表明真实身份。个人提出异议的，应当在书面异议材料上签署真实姓名；以单位名义提出异议的，应当加盖本单位公章。以匿名方式提出的异议一般不予受理。

第65条　提出异议的单位、个人不得擅自将异议材料直接提交评审组织或者其委员；委员收到异议材料的，应当及时转交奖励办公室，不得提交评审组织讨论和转发其他委员。

第66条　奖励办公室在接到异议材料后应当进行审查，对符合规定并能提供充分证据的异议，应予受理。

第67条　为维护异议者的合法权益，奖励办公室、推荐单位及其工作人员和推荐人，以及其他参与异议调查、处理的有关人员应当对异议者的身份予以保密；确实需要公开的，应当事前征求异议者的意见。

第68条　涉及候选人、候选单位所完成项目的创新性、先进性、实用性及推荐材料真实性等内容的异议由奖励办公室负责协调，由有关推荐单位或者推荐人协助。推荐单位或者推荐人接到异议通知后，应当在规定的时间内核实异议材料，并将调查、核实情况报送奖励办公室审核。必要时，奖励办公室可以组织评审委员和专家进行调查，提出处理意见。

涉及候选人、候选单位及其排序的异议由推荐单位或者推荐人负责协调，提出初步处理意见报送奖励办公室审核。涉及跨部门的异议处理，由奖励办公室负责协调，相关推荐单位或者推荐人协助，其处理程序参照前款规定办理。

推荐单位或者推荐人接到异议材料后，在异议通知规定的时间内未提出调查、核实报告和协调处理意见的，该项目不提交评审。

涉及国防、国家安全项目的异议，由有关部门处理，并将处理结果报奖励办公室。

第69条　异议处理过程中，涉及异议的任何一方应当积极配合，不得推诿和延误。候选人、候选单位在规定时间内未按要求提供相关证明材料的，视为承认异议内容；提出异议的单位、个人在规定时间内未按要求提供相关证明材料的，视为放弃异议。

第70条　异议自异议受理截止之日起60日内处理完毕的，可以提交本年度评审；自异议受理截止之日起一年内处理完毕的，可以提交下一年度评审；自异议受理截止之日起一年后处理完毕的，可以重新推荐。

第71条　奖励办公室应当向相关的国家科学技术奖评审委员会报告异议核实情况及处理意见，提请国家科学技术奖评审委员会决定，并将决定意见通知异议方和推荐单位、推荐人。

奖励办公室应当及时向科学技术奖励监督委员会报告异议处理情况。

第六章　评　　审

第72条　对形式审查合格的推荐材料，由奖励办公室提交相应评审组进行初评。

第73条　初评可以采取定量和定性评价相结合的方式进行。奖励办公室负责制订国家科学技术奖的定量评价指标体系。

第74条　在保障国家安全和候选人、候选单位合法权益的情况下，奖励办公室可以邀请海外同行专家对国家科学技术奖候选人、候选单位及项目进行评议，并将有关意见提交相关评审组织。

第75条　对通过初评的国家最高科学技术奖、国际科技合作奖人选，及通过初评且没有异议或者虽有异议但已在规定时间内处理的国家自然科学奖、国家技术发明奖、国家科学技术进步奖人选及项目，提交相应的国家科学技术奖评审委员会进行评审。

第76条　必要时，奖励办公室可以组织国家科学技术奖有关评审组织的评审委员对候选人、候选单位及其项目进行实地考察。

第 77 条　国际科技合作奖的评审结果应当征询我国有关驻外使、领馆或者派出机构的意见。

第 78 条　国家科学技术奖励委员会对国家科学技术奖各评审委员会的评审结果进行审定。

第 79 条　国家科学技术奖的评审表决规则如下：

（一）初评以网络评审或者会议评审方式进行，以记名限额投票表决产生初评结果。

（二）国家科学技术奖各评审委员会以会议方式进行评审，以记名投票表决产生评审结果。

（三）国家科学技术奖励委员会以会议方式对各评审委员会的评审结果进行审定。其中，对国家最高科学技术奖以及国家自然科学奖、国家技术发明奖和国家科学技术进步奖的特等奖以记名投票表决方式进行审定。

（四）国家科学技术奖励委员会及各评审委员会、评审组的评审表决应当有 2/3 以上多数（含 2/3）委员参加，表决结果有效。

（五）国家最高科学技术奖、国际科技合作奖的人选，以及国家自然科学奖、国家技术发明奖和国家科学技术进步奖的特等奖、一等奖应当由到会委员的 2/3 以上多数（含 2/3）通过。

国家自然科学奖、国家技术发明奖和国家科学技术进步奖的二等奖应当由到会委员的 1/2 以上多数（不含 1/2）通过。

第 80 条　国家科学技术奖评审实行回避制度，与被评审的候选人、候选单位或者项目有利害关系的评审专家应当回避。

第 81 条　奖励办公室应当在其官方网站等媒体上公布通过初评和评审的国家自然科学奖、国家技术发明奖、国家科学技术进步奖的候选人、候选单位及项目。涉及国防、国家安全的保密项目，在适当范围内公布。

第七章　批准和授奖

第 82 条　科学技术部对国家科学技术奖励委员会做出的获

奖人选、项目及等级的决议进行审核，报国务院批准。

第83条　国家最高科学技术奖由国务院报请国家主席签署并颁发证书和奖金。

国家最高科学技术奖奖金数额为500万元。其中50万元属获奖人个人所得，450万元由获奖人自主选题，用作科学研究经费。

第84条　国家自然科学奖、国家技术发明奖、国家科学技术进步奖由国务院颁发证书和奖金。

国家自然科学奖、国家技术发明奖、国家科学技术进步奖奖金数额由科学技术部会同财政部另行公布。

第85条　国际科技合作奖由国务院颁发证书。

第86条　国家自然科学奖、国家技术发明奖和国家科技进步奖每年奖励项目总数不超过400项。其中，每个奖种的特等奖项目不超过3项，一等奖项目不超过该奖种奖励项目总数的15%。

第八章　监督及处罚

第87条　国家科学技术奖励委员会设立的科学技术奖励监督委员会负责对国家科学技术奖的推荐、评审和异议处理工作进行监督。

科学技术奖励监督委员会组成人选由科学技术部提出，报国家科学技术奖励委员会批准。

第88条　国家科学技术奖各评审委员会和奖励办公室应当定期向科学技术奖励监督委员会报告有关国家科学技术奖的推荐、评审和异议处理的工作情况。必要时，科学技术奖励监督委员会可以要求进行专题汇报。

第89条　任何单位和个人发现国家科学技术奖的评审和异议处理工作中存在问题的，可以向科学技术奖励监督委员会进行举报和投诉。有关方面收到举报或者投诉材料的，应当及时转交科学技术奖励监督委员会。

第 90 条　国家科学技术奖励实行评审信誉制度。科学技术部对参加评审活动的专家学者建立信誉档案，信誉记录作为提出评审委员会委员和评审组委员人选的重要依据。

第 91 条　科学技术奖励监督委员会对评审活动进行经常性监督检查，对在评审活动中违反奖励条例及本细则有关规定的单位和个人，可以分别情况建议有关方面给予相应的处理。

第 92 条　对通过剽窃、侵夺他人科学技术成果，弄虚作假或者其他不正当手段谋取国家科学技术奖的单位和个人，尚未授奖的，由奖励办公室取消其当年获奖资格；已经授奖的，经国家科学技术奖励委员会审核，由科学技术部报国务院批准后撤销奖励，追回奖金，并公开通报。情节严重者，取消其一定期限内或者终身被推荐国家科学技术奖的资格。同时，建议其所在单位或主管部门给予相应的处分。

第 93 条　推荐单位和推荐人提供虚假数据、材料，协助被推荐单位和个人骗取国家科学技术奖的，由科学技术部予以通报批评；情节严重的，暂停或者取消其推荐资格；对负有直接责任的主管人员和其他直接责任人员，建议其所在单位或主管部门给予相应的处分。

第 94 条　参与国家科学技术奖评审工作的专家在评审活动中违反评审行为准则和相关规定的，由科学技术部分别情况给予责令改正、记录不良信誉、警告、通报批评、解除聘任或者取消资格等处理；同时可以建议其所在单位或主管部门给予相应的处分。

第 95 条　参与国家科学技术奖评审组织工作的人员在评审活动中弄虚作假、徇私舞弊的，由科学技术部或者相关主管部门依法给予相应的处分。

第 96 条　对国家科学技术奖获奖项目的宣传应当客观、准确，不得以夸大、模糊宣传误导公众。获奖成果的应用不得损害国家利益、社会安全和人民健康。

对违反前款规定，产生严重后果的，依法给予相应的处理。

第九章 附 则

第 97 条 国家科学技术奖的推荐、评审、授奖的经费管理，按照国家有关规定执行。

第 98 条 本细则自 2009 年 2 月 1 日起施行。

第二章 基础研究

第十九条 科技规划部署与制度保障

国家加强基础研究能力建设，尊重科学发展规律和人才成长规律，强化项目、人才、基地系统布局，为基础研究发展提供良好的物质条件和有力的制度保障。

国家加强规划和部署，推动基础研究自由探索和目标导向有机结合，围绕科学技术前沿、经济社会发展、国家安全重大需求和人民生命健康，聚焦重大关键技术问题，加强新兴和战略产业等领域基础研究，提升科学技术的源头供给能力。

国家鼓励科学技术研究开发机构、高等学校、企业等发挥自身优势，加强基础研究，推动原始创新。

第二十条 财政投入

国家财政建立稳定支持基础研究的投入机制。

国家鼓励有条件的地方人民政府结合本地区经济社会发展需要，合理确定基础研究财政投入，加强对基础研究的支持。

国家引导企业加大基础研究投入，鼓励社会力量通过捐赠、设立基金等方式多渠道投入基础研究，给予财政、金融、税收等政策支持。

逐步提高基础研究经费在全社会科学技术研究开发经费总额中的比例，与创新型国家和科技强国建设要求相适应。

法 律

1.《促进科技成果转化法》（2015 年 8 月 29 日）

第 4 条 国家对科技成果转化合理安排财政资金投入，引导社会资金投入，推动科技成果转化资金投入的多元化。

第 5 条 国务院和地方各级人民政府应当加强科技、财政、投资、税收、人才、产业、金融、政府采购、军民融合等政策协同，为科技成果转化创造良好环境。

地方各级人民政府根据本法规定的原则，结合本地实际，可以采取更加有利于促进科技成果转化的措施。

行政法规及文件

2.《国务院办公厅关于改革完善中央财政科研经费管理的若干意见》（2021 年 8 月 5 日 国办发〔2021〕32 号）

各省、自治区、直辖市人民政府，国务院各部委、各直属机构：

党的十八大以来，党中央、国务院出台了《关于进一步完善中央财政科研项目资金管理等政策的若干意见》、《关于优化科研管理提升科研绩效若干措施的通知》等一系列优化科研经费管理的政策文件和改革措施，有力地激发了科研人员的创造性和创新活力，促进了科技事业发展。但在科研经费管理方面仍然存在政策落实不到位、项目经费管理刚性偏大、经费拨付机制不完善、间接费用比例偏低、经费报销难等问题。为有效解决这些问题，更好贯彻落实党中央、国务院决策部署，进一步激励科研人员多出高质量科技成果、为实现高水平科技自立自强作出更大贡献，经国务院同意，现就改革完善中央财政科研经费管理提出如下意见：

一、扩大科研项目经费管理自主权

（一）简化预算编制。进一步精简合并预算编制科目，按设备费、业务费、劳务费三大类编制直接费用预算。直接费用中除50万元以上的设备费外，其他费用只提供基本测算说明，不需要提供明细。计算类仪器设备和软件工具可在设备费科目列支。合并项目评审和预算评审，项目管理部门在项目评审时同步开展预算评审。预算评审工作重点是项目预算的目标相关性、政策相符性、经济合理性，不得将预算编制细致程度作为评审预算的因素。（项目管理部门负责落实）

（二）下放预算调剂权。设备费预算调剂权全部下放给项目承担单位，不再由项目管理部门审批其预算调增。项目承担单位要统筹考虑现有设备配置情况、科研项目实际需求等，及时办理调剂手续。除设备费外的其他费用调剂权全部由项目承担单位下放给项目负责人，由项目负责人根据科研活动实际需要自主安排。（项目管理部门、项目承担单位负责落实）

（三）扩大经费包干制实施范围。在人才类和基础研究类科研项目中推行经费包干制，不再编制项目预算。项目负责人在承诺遵守科研伦理道德和作风学风诚信要求、经费全部用于与本项目研究工作相关支出的基础上，自主决定项目经费使用。鼓励有关部门和地方在从事基础性、前沿性、公益性研究的独立法人科研机构开展经费包干制试点。（项目管理部门、项目承担单位、财政部、单位主管部门负责落实）

二、完善科研项目经费拨付机制

（四）合理确定经费拨付计划。项目管理部门要根据不同类型科研项目特点、研究进度、资金需求等，合理制定经费拨付计划并及时拨付资金。首笔资金拨付比例要充分尊重项目负责人意见，切实保障科研活动需要。（项目管理部门负责落实）

（五）加快经费拨付进度。财政部、项目管理部门可在部门预算批复前预拨科研经费。项目管理部门要加强经费拨付与项目立项的衔接，在项目任务书签订后30日内，将经费拨付至项目承担单位。项目牵头单位要根据项目负责人意见，及时将经费拨付至项目参与单位。（财政部、项目管理部门、项目承担单位负责落实）

（六）改进结余资金管理。项目完成任务目标并通过综合绩效评价后，结余资金留归项目承担单位使用。项目承担单位要将结余资金统筹安排用于科研活动直接支出，优先考虑原项目团队科研需求，并加强结余资金管理，健全结余资金盘活机制，加快资金使用进度。（项目管理部门、项目承担单位负责落实）

三、加大科研人员激励力度

（七）提高间接费用比例。间接费用按照直接费用扣除设备购置费后的一定比例核定，由项目承担单位统筹安排使用。其中，500万元以下的部分，间接费用比例为不超过30%，500万元至1000万元的部分为不超过25%，1000万元以上的部分为不超过20%；对数学等纯理论基础研究项目，间接费用比例进一步提高到不超过60%。项目承担单位可将间接费用全部用于绩效支出，并向创新绩效突出的团队和个人倾斜。（项目管理部门、项目承担单位负责落实）

（八）扩大稳定支持科研经费提取奖励经费试点范围。将稳定支持科研经费提取奖励经费试点范围扩大到所有中央级科研院所。允许中央级科研院所从基本科研业务费、中科院战略性先导科技专项经费、有关科研院所创新工程等稳定支持科研经费中提取不超过20%作为奖励经费，由单位探索完善科研项目资金激励引导机制，激发科研人员创新活力。奖励经费的使用范围和标准由试点单位自主决定，在单位内部公示。（中央级科研院所负责落实）

（九）扩大劳务费开支范围。项目聘用人员的劳务费开支标准，参照当地科学研究和技术服务业从业人员平均工资水平，根据其在项目研究中承担的工作任务确定，其由单位缴纳的社会保险补助、住房公积金等纳入劳务费科目列支。（项目承担单位、项目管理部门负责落实）

（十）合理核定绩效工资总量。中央高校、科研院所、企业结合本单位发展阶段、类型定位、承担任务、人才结构、所在地区、现有绩效工资实际发放水平（主要依据上年度事业单位工资统计年报数据确定）、财务状况特别是财政科研项目可用于支出人员绩效的间接费用等实际情况，向主管部门申报动态调整绩效工资水平，主管部门综合考虑激发科技创新活力、保障基础研究人员稳定工资收入、调控不同单位（岗位、学科）收入差距等因素审批后报人力资源社会保障、财政部门备案。分配绩效工资时，要向承担国家科研任务较多、成效突出的科研人员倾斜。借鉴承担国家关键领域核心技术攻关任务科研人员年薪制的经验，探索对急需紧缺、业内认可、业绩突出的极少数高层次人才实行年薪制。（人力资源社会保障部、科技部、财政部、国务院国资委、单位主管部门负责落实）

（十一）加大科技成果转化激励力度。各单位要落实《中华人民共和国促进科技成果转化法》等相关规定，对持有的科技成果，通过协议定价、在技术交易市场挂牌交易、拍卖等市场化方式进行转化。科技成果转化所获收益可按照法律规定，对职务科技成果完成人和为科技成果转化作出重要贡献的人员给予奖励和报酬，剩余部分留归项目承担单位用于科技研发与成果转化等相关工作，科技成果转化收益具体分配方式和比例在充分听取本单位科研人员意见基础上进行约定。科技成果转化现金奖励计入所在单位绩效工资总量，但不受核定的绩效工资总量限制，不作为核定下一年度绩效工资总量的基数。（科技部、人力资源社会保障部、财政部等有关部门负责落实）

四、减轻科研人员事务性负担

（十二）全面落实科研财务助理制度。项目承担单位要确保每个项目配有相对固定的科研财务助理，为科研人员在预算编制、经费报销等方面提供专业化服务。科研财务助理所需人力成本费用（含社会保险补助、住房公积金），可由项目承担单位根据情况通过科研项目经费等渠道统筹解决。（项目承担单位负责落实）

（十三）改进财务报销管理方式。项目承担单位因科研活动实际需要，邀请国内外专家、学者和有关人员参加由其主办的会议等，对确需负担的城市间交通费、国际旅费，可在会议费等费用中报销。允许项目承担单位对国内差旅费中的伙食补助费、市内交通费和难以取得发票的住宿费实行包干制。（项目承担单位负责落实）

（十四）推进科研经费无纸化报销试点。选择部分电子票据接收、入账、归档处理工作量比较大的中央高校、科研院所、企业，纳入电子入账凭证会计数据标准推广范围，推动科研经费报销数字化、无纸化。（财政部、税务总局、单位主管部门等负责落实）

（十五）简化科研项目验收结题财务管理。合并财务验收和技术验收，在项目实施期末实行一次性综合绩效评价。完善项目验收结题评价操作指南，细化明确预算调剂、设备管理、人员费用等财务、会计、审计方面具体要求，避免有关机构和人员在项目验收和检查中理解执行政策出现偏差。选择部分创新能力和潜力突出、创新绩效显著、科研诚信状况良好的中央高校、科研院所、企业作为试点单位，由其出具科研项目经费决算报表作为结题依据，取消科研项目结题财务审计。试点单位对经费决算报表内容的真实性、完整性、准确性负责，项目管理部门适时组织抽查。（科技部、财政部、项目管理部门负责落实）

（十六）优化科研仪器设备采购。中央高校、科研院所、企业要优化和完善内部管理规定，简化科研仪器设备采购流程，对科研急需的设备和耗材采用特事特办、随到随办的采购机制，可不进行招标投标程序。项目承担单位依法向财政部申请变更政府采购方式的，财政部实行限时办结制度，对符合要求的申请项目，原则上自收到变更申请之日起5个工作日内办结。有关部门要研究推动政府采购、招标投标等有关法律法规修订工作，进一步明确除外条款。（单位主管部门、项目承担单位、司法部、财政部负责落实）

（十七）改进科研人员因公出国（境）管理方式。对科研人员因公出国（境）开展国际合作与交流的管理应与行政人员有所区别，对为完成科研项目任务目标、从科研经费中列支费用的国际合作与交流按业务类别单独管理，根据需要开展工作。从科研经费中列支的国际合作与交流费用不纳入“三公”经费统计范围，不受零增长要求限制。（单位主管部门、财政部负责落实）

五、创新财政科研经费投入与支持方式

（十八）拓展财政科研经费投入渠道。发挥财政经费的杠杆效应和导向作用，引导企业参与，发挥金融资金作用，吸引民间资本支持科技创新创业。优化科技创新类引导基金使用，推动更多具有重大价值的科技成果转化应用。拓宽基础研究经费投入渠道，促进基础研究与需求导向良性互动。（财政部、科技部、人民银行、银保监会、证监会等负责落实）

（十九）开展顶尖领衔科学家支持方式试点。围绕国家重大战略需求和前沿科技领域，遴选全球顶尖的领衔科学家，给予持续稳定的科研经费支持，在确定的重点方向、重点领域、重点任务范围内，由领衔科学家自主确定研究课题，自主选聘科研团队，自主安排科研经费使用；3至5年后采取第三方评估、国际同行评议等方式，对领衔科学家及其团队的研究质量、原创价值、实际贡献，以及聘用领衔科学家及其团队的单位服务保障措施落实情况等进行绩效评价，形成可复制可推广的改革经验。(项目管理部门、项目承担单位负责落实)

(二十) 支持新型研发机构实行“预算+负面清单”管理模式。鼓励地方对新型研发机构采用与国际接轨的治理结构和市场化运行机制，实行理事会领导下的院（所）长负责制。创新财政科研经费支持方式，给予稳定资金支持，探索实行负面清单管理，赋予更大经费使用自主权。组织开展绩效评价，围绕科研投入、创新产出质量、成果转化、原创价值、实际贡献、人才集聚和培养等方面进行评估。除特殊规定外，财政资金支持产生的科技成果及知识产权由新型研发机构依法取得、自主决定转化及推广应用。(科技部、财政部负责指导)

六、改进科研绩效管理和监督检查

(二十一) 健全科研绩效管理机制。项目管理部门要进一步强化绩效导向，从重过程向重结果转变，加强分类绩效评价，对自由探索型、任务导向型等不同类型科研项目，健全差异化的绩效评价指标体系；强化绩效评价结果运用，将绩效评价结果作为项目调整、后续支持的重要依据。项目承担单位要切实加强绩效管理，引导科研资源向优秀人才和团队倾斜，提高科研经费使用效益。(项目管理部门、项目承担单位负责落实)

(二十二) 强化科研项目经费监督检查。加强审计监督、财会监督与日常监督的贯通协调，增强监督合力，严肃查处违纪违规问题。加强事中事后监管，创新监督检查方式，实行随机抽查、检查，推进监督检查数据汇交共享和结果互认。减少过程检查，充分利用大数据等信息技术手段，提高监督检查效率。强化项目承担单位法人责任，项目承担单位要动态监管经费使用并实时预警提醒，确保经费合理规范使用；对项目承担单位和科研人员在科研经费管理使用过程中出现的失信情况，纳入信用记录管理，对严重失信行为实行追责和惩戒。探索制定相关负面清单，明确科研项目经费使用禁止性行为，有关部门要根据法律法规和负面清单进行检查、评审、验收、审计，对尽职无过错科研人员免予问责。（审计署、财政部、项目管理部门、单位主管部门负责落实）

七、组织实施

（二十三）及时清理修改相关规定。有关部门要聚焦科研经费管理相关政策和改革举措落地"最后一公里"，加快清理修改与党中央、国务院有关文件精神不符的部门规定和办法，科技主管部门要牵头做好督促落实工作。项目承担单位要落实好科研项目实施和科研经费管理使用的主体责任，严格按照国家有关政策规定和权责一致的要求，强化自我约束和自我规范，及时完善内部管理制度，确保科研自主权接得住、管得好。（有关部门、项目承担单位负责落实）

（二十四）加大政策宣传培训力度。有关部门和单位要通过门户网站、新媒体等多种渠道以及开设专栏等多种方式，加强中央财政科研经费管理相关政策宣传解读，提高社会知晓度。同时，加大对科研人员、财务人员、科研财务助理、审计人员等的专题培训力度，不断提高经办服务能力水平。（科技部、财政部会同有关部门负责落实）

（二十五）强化政策落实督促指导。有关部门要加快职能转变，提高服务意识，加强跟踪指导，适时组织开展对项目承担单位科研经费管理政策落实情况的检查，及时发现并协调解决有关问题，推动改革落地见效，国务院办公厅要加强督查。要适时对有关试点政策举措进行总结评估，及时总结推广行之有效的经验和做法。（财政部、科技部会同有关部门负责落实）

财政部、中央级社科类科研项目主管部门要结合社会科学研究的规律和特点，参照本意见尽快修订中央级社科类科研项目资金管理办法。

各地区要参照本意见精神，结合实际，改革完善本地区财政科研经费管理。

第二十一条　设立基金

国家设立自然科学基金，资助基础研究，支持人才培养和团队建设。确定国家自然科学基金资助项目，应当坚持宏观引导、自主申请、平等竞争、同行评审、择优支持的原则。

有条件的地方人民政府结合本地区经济社会实际情况和发展需要，可以设立自然科学基金，支持基础研究。

● 行政法规及文件

1. **《国家自然科学基金条例》**（2007年2月24日）

第一章　总　　则

第1条　为了规范国家自然科学基金的使用与管理，提高国家自然科学基金使用效益，促进基础研究，培养科学技术人才，增强自主创新能力，根据《中华人民共和国科学技术进步法》，制定本条例。

第2条　国家设立国家自然科学基金，用于资助《中华人民共和国科学技术进步法》规定的基础研究。

第3条　国家自然科学基金主要来源于中央财政拨款。国家鼓励自然人、法人或者其他组织向国家自然科学基金捐资。

中央财政将国家自然科学基金的经费列入预算。

第4条　国家自然科学基金资助工作遵循公开、公平、公正的原则，实行尊重科学、发扬民主、提倡竞争、促进合作、激励创新、引领未来的方针。

第5条　确定国家自然科学基金资助项目（以下简称基金资助项目），应当充分发挥专家的作用，采取宏观引导、自主申请、平等竞争、同行评审、择优支持的机制。

第6条　国务院自然科学基金管理机构（以下简称基金管理机构）负责管理国家自然科学基金，监督基金资助项目的实施。

国务院科学技术主管部门对国家自然科学基金工作依法进行宏观管理、统筹协调。国务院财政部门依法对国家自然科学基金的预算、财务进行管理和监督。审计机关依法对国家自然科学基金的使用与管理进行监督。

第二章　组织与规划

第7条　基金管理机构应当根据国民经济和社会发展规划、科学技术发展规划以及科学技术发展状况，制定基金发展规划和年度基金项目指南。基金发展规划应当明确优先发展的领域，年度基金项目指南应当规定优先支持的项目范围。国家自然科学基金应当设立专项资金，用于培养青年科学技术人才。

基金管理机构制定基金发展规划和年度基金项目指南，应当广泛听取高等学校、科学研究机构、学术团体和有关国家机关、企业的意见，组织有关专家进行科学论证。年度基金项目指南应当在受理基金资助项目申请起始之日30日前公布。

第8条　中华人民共和国境内的高等学校、科学研究机构和其他具有独立法人资格、开展基础研究的公益性机构，可以在基金管理机构注册为依托单位。

本条例施行前的依托单位要求注册为依托单位的，基金管理机构应当予以注册。

基金管理机构应当公布注册的依托单位名称。

第9条　依托单位在基金资助管理工作中履行下列职责：

（一）组织申请人申请国家自然科学基金资助；

（二）审核申请人或者项目负责人所提交材料的真实性；

（三）提供基金资助项目实施的条件，保障项目负责人和参与者实施基金资助项目的时间；

（四）跟踪基金资助项目的实施，监督基金资助经费的使用；

（五）配合基金管理机构对基金资助项目的实施进行监督、检查。

基金管理机构对依托单位的基金资助管理工作进行指导、监督。

第三章　申请与评审

第10条　依托单位的科学技术人员具备下列条件的，可以申请国家自然科学基金资助：

（一）具有承担基础研究课题或者其他从事基础研究的经历；

（二）具有高级专业技术职务（职称）或者具有博士学位，或者有2名与其研究领域相同、具有高级专业技术职务（职称）的科学技术人员推荐。

从事基础研究的科学技术人员具备前款规定的条件、无工作单位或者所在单位不是依托单位的，经与在基金管理机构注册的依托单位协商，并取得该依托单位的同意，可以依照本条例规定申请国家自然科学基金资助。依托单位应当将其视为本单位科学技术人员，依照本条例规定实施有效管理。

申请人应当是申请基金资助项目的负责人。

第11条　申请人申请国家自然科学基金资助，应当以年度基金项目指南为基础确定研究项目，在规定期限内通过依托单位向基金管理机构提出书面申请。

申请人申请国家自然科学基金资助，应当提交证明申请人符合本条例第十条规定条件的材料；年度基金项目指南对申请人有特殊要求的，申请人还应当提交符合该要求的证明材料。

申请人申请基金资助的项目研究内容已获得其他资助的，应当在申请材料中说明资助情况。

申请人应当对所提交申请材料的真实性负责。

第12条　基金管理机构应当自基金资助项目申请截止之日

起45日内，完成对申请材料的初步审查。符合本条例规定的，予以受理，并公布申请人基本情况和依托单位名称、申请基金资助项目名称。有下列情形之一的，不予受理，通过依托单位书面通知申请人，并说明理由：

（一）申请人不符合本条例规定条件的；

（二）申请材料不符合年度基金项目指南要求的；

（三）申请人申请基金资助项目超过基金管理机构规定的数量的。

第13条　基金管理机构应当聘请具有较高的学术水平、良好的职业道德的同行专家，对基金资助项目申请进行评审。聘请评审专家的具体办法由基金管理机构制定。

第14条　基金管理机构对已受理的基金资助项目申请，应当先从同行专家库中随机选择3名以上专家进行通讯评审，再组织专家进行会议评审；对因国家经济、社会发展特殊需要或者其他特殊情况临时提出的基金资助项目申请，可以只进行通讯评审或者会议评审。

评审专家对基金管理机构安排其评审的基金资助项目申请认为难以作出学术判断或者没有精力评审的，应当及时告知基金管理机构；基金管理机构应当依照本条例规定，选择其他评审专家进行评审。

第15条　评审专家对基金资助项目申请应当从科学价值、创新性、社会影响以及研究方案的可行性等方面进行独立判断和评价，提出评审意见。

评审专家对基金资助项目申请提出评审意见，还应当考虑申请人和参与者的研究经历、基金资助经费使用计划的合理性、研究内容获得其他资助的情况、申请人实施基金资助项目的情况以及继续予以资助的必要性。

会议评审提出的评审意见应当通过投票表决。

第 16 条　对通讯评审中多数评审专家认为不应当予以资助，但创新性强的基金资助项目申请，经 2 名参加会议评审的评审专家署名推荐，可以进行会议评审。但是，本条例第十四条规定的因特殊需要或者特殊情况临时提出的基金资助项目申请除外。

基金管理机构应当公布评审专家的推荐意见。

第 17 条　基金管理机构根据本条例的规定和专家提出的评审意见，决定予以资助的研究项目。基金管理机构不得以与评审专家有不同的学术观点为由否定专家的评审意见。

基金管理机构决定予以资助的，应当及时书面通知申请人和依托单位，并公布申请人基本情况以及依托单位名称、申请基金资助项目名称、拟资助的经费数额等；决定不予资助的，应当及时书面通知申请人和依托单位，并说明理由。

基金管理机构应当整理专家评审意见，并向申请人提供。

第 18 条　申请人对基金管理机构作出的不予受理或者不予资助的决定不服的，可以自收到通知之日起 15 日内，向基金管理机构提出书面复审请求。对评审专家的学术判断有不同意见，不得作为提出复审请求的理由。

基金管理机构对申请人提出的复审请求，应当自收到之日起 60 日内完成审查。认为原决定符合本条例规定的，予以维持，并书面通知申请人；认为原决定不符合本条例规定的，撤销原决定，重新对申请人的基金资助项目申请组织评审专家进行评审、作出决定，并书面通知申请人和依托单位。

第 19 条　在基金资助项目评审工作中，基金管理机构工作人员、评审专家有下列情形之一的，应当申请回避：

（一）基金管理机构工作人员、评审专家是申请人、参与者近亲属，或者与其有其他关系、可能影响公正评审的；

（二）评审专家自己申请的基金资助项目与申请人申请的基金资助项目相同或者相近的；

（三）评审专家与申请人、参与者属于同一法人单位的。

基金管理机构根据申请，经审查作出是否回避的决定；也可以不经申请直接作出回避决定。

基金资助项目申请人可以向基金管理机构提供 3 名以内不适宜评审其申请的评审专家名单，基金管理机构在选择评审专家时应当根据实际情况予以考虑。

第 20 条 基金管理机构工作人员不得申请或者参与申请国家自然科学基金资助，不得干预评审专家的评审工作。

基金管理机构工作人员和评审专家不得披露未公开的评审专家的基本情况、评审意见、评审结果等与评审有关的信息。

第四章 资助与实施

第 21 条 依托单位和项目负责人自收到基金管理机构基金资助通知之日起 20 日内，按照评审专家的评审意见、基金管理机构确定的基金资助额度填写项目计划书，报基金管理机构核准。

依托单位和项目负责人填写项目计划书，除根据评审专家的评审意见和基金管理机构确定的基金资助额度对已提交的申请书内容进行调整外，不得对其他内容进行变更。

第 22 条 基金管理机构对本年度予以资助的研究项目，应当按照《中华人民共和国预算法》和国家有关规定，及时向国务院财政部门申请基金资助项目的预算拨款。但是，本条例第十四条规定的因特殊需要或者特殊情况临时提出的基金资助项目除外。

依托单位自收到基金资助经费之日起 7 日内，通知基金管理机构和项目负责人。

项目负责人应当按照项目计划书的要求使用基金资助经费，依托单位应当对项目负责人使用基金资助经费的情况进行监督。项目负责人、依托单位不得以任何方式侵占、挪用基金资助经费。基金资助经费使用与管理的具体办法由国务院财政部门会同基金管理机构制定。

第23条 项目负责人应当按照项目计划书组织开展研究工作，作好基金资助项目实施情况的原始记录，通过依托单位向基金管理机构提交项目年度进展报告。

依托单位应当审核项目年度进展报告，查看基金资助项目实施情况的原始记录，并向基金管理机构提交年度基金资助项目管理报告。

基金管理机构应当对项目年度进展报告和年度基金资助项目管理报告进行审查。

第24条 基金资助项目实施中，依托单位不得擅自变更项目负责人。

项目负责人有下列情形之一的，依托单位应当及时提出变更项目负责人或者终止基金资助项目实施的申请，报基金管理机构批准；基金管理机构也可以直接作出终止基金资助项目实施的决定：

（一）不再是依托单位科学技术人员的；

（二）不能继续开展研究工作的；

（三）有剽窃他人科学研究成果或者在科学研究中有弄虚作假等行为的。

项目负责人调入另一依托单位工作的，经所在依托单位与原依托单位协商一致，由原依托单位提出变更依托单位的申请，报基金管理机构批准。协商不一致的，基金管理机构作出终止该项目负责人所负责的基金资助项目实施的决定。

第25条 基金资助项目实施中，研究内容或者研究计划需要作出重大调整的，项目负责人应当及时提出申请，经依托单位审核报基金管理机构批准。

第26条 自基金资助项目资助期满之日起60日内，项目负责人应当通过依托单位向基金管理机构提交结题报告；基金资助项目取得研究成果的，应当同时提交研究成果报告。

依托单位应当对结题报告进行审核，建立基金资助项目档案。依托单位审核结题报告，应当查看基金资助项目实施情况的原始记录。

第27条　基金管理机构应当及时审查结题报告。对不符合结题要求的，应当提出处理意见，并书面通知依托单位和项目负责人。

基金管理机构应当将结题报告、研究成果报告和基金资助项目申请摘要予以公布，并收集公众评论意见。

第28条　发表基金资助项目取得的研究成果，应当注明得到国家自然科学基金资助。

第五章　监督与管理

第29条　基金管理机构应当对基金资助项目实施情况、依托单位履行职责情况进行抽查，抽查时应当查看基金资助项目实施情况的原始记录。抽查结果应当予以记录并公布，公众可以查阅。

基金管理机构应当建立项目负责人和依托单位的信誉档案。

第30条　基金管理机构应当定期对评审专家履行评审职责情况进行评估；根据评估结果，建立评审专家信誉档案；对有剽窃他人科学研究成果或者在科学研究中有弄虚作假等行为的评审专家，不再聘请。

第31条　基金管理机构应当在每个会计年度结束时，公布本年度基金资助的项目、基金资助经费的拨付情况以及对违反本条例规定行为的处罚情况等。

基金管理机构应当定期对基金资助工作进行评估，公布评估报告，并将评估报告作为制定基金发展规划和年度基金项目指南的依据。

第 32 条　评审专家对申请人的基金资助项目申请提出评审意见后，申请人可以就评审专家的评审工作向基金管理机构提出意见；基金管理机构在对评审专家履行评审职责进行评估时应当参考申请人的意见。

任何单位或者个人发现基金管理机构及其工作人员、评审专家、依托单位及其负责基金资助项目管理工作的人员、申请人或者项目负责人、参与者有违反本条例规定行为的，可以检举或者控告。

基金管理机构应当公布联系电话、通讯地址和电子邮件地址。

第 33 条　基金管理机构依照本条例规定对外公开有关信息，应当遵守国家有关保密规定。

第六章　法 律 责 任

第 34 条　申请人、参与者伪造或者变造申请材料的，由基金管理机构给予警告；其申请项目已决定资助的，撤销原资助决定，追回已拨付的基金资助经费；情节严重的，3 至 5 年不得申请或者参与申请国家自然科学基金资助，不得晋升专业技术职务（职称）。

第 35 条　项目负责人、参与者违反本条例规定，有下列行为之一的，由基金管理机构给予警告，暂缓拨付基金资助经费，并责令限期改正；逾期不改正的，撤销原资助决定，追回已拨付的基金资助经费；情节严重的，5 至 7 年不得申请或者参与申请国家自然科学基金资助：

（一）不按照项目计划书开展研究的；

（二）擅自变更研究内容或者研究计划的；

（三）不依照本条例规定提交项目年度进展报告、结题报告或者研究成果报告的；

（四）提交弄虚作假的报告、原始记录或者相关材料的；

（五）侵占、挪用基金资助经费的。

项目负责人、参与者有前款第（四）项、第（五）项所列行为，情节严重的，5 至 7 年不得晋升专业技术职务（职称）。

第 36 条　依托单位有下列情形之一的，由基金管理机构给予警告，责令限期改正；情节严重的，通报批评，3 至 5 年不得作为依托单位：

（一）不履行保障基金资助项目研究条件的职责的；

（二）不对申请人或者项目负责人提交的材料或者报告的真实性进行审查的；

（三）不依照本条例规定提交项目年度进展报告、年度基金资助项目管理报告、结题报告和研究成果报告的；

（四）纵容、包庇申请人、项目负责人弄虚作假的；

（五）擅自变更项目负责人的；

（六）不配合基金管理机构监督、检查基金资助项目实施的；

（七）截留、挪用基金资助经费的。

第 37 条　评审专家有下列行为之一的，由基金管理机构给予警告，责令限期改正；情节严重的，通报批评，基金管理机构不得再聘请其为评审专家：

（一）不履行基金管理机构规定的评审职责的；

（二）未依照本条例规定申请回避的；

（三）披露未公开的与评审有关的信息的；

（四）对基金资助项目申请不公正评审的；

（五）利用工作便利谋取不正当利益的。

第 38 条　基金管理机构工作人员有下列行为之一的，依法给予处分：

（一）未依照本条例规定申请回避的；

（二）披露未公开的与评审有关的信息的；

（三）干预评审专家评审工作的；

（四）利用工作便利谋取不正当利益的。

第 39 条　违反本条例规定，有下列行为之一，构成犯罪的，依法追究刑事责任：

（一）侵吞、挪用基金资助经费的；

（二）基金管理机构工作人员、评审专家履行本条例规定的职责，索取或者非法收受他人财物或者谋取其他不正当利益的；

（三）申请人或者项目负责人、参与者伪造、变造国家机关公文、证件或者伪造、变造印章的；

（四）申请人或者项目负责人、参与者、依托单位及其负责基金资助项目管理工作的人员为谋取不正当利益，给基金管理机构工作人员、评审专家以财物的；

（五）泄露国家秘密的。

申请人或者项目负责人、参与者因前款规定的行为受到刑事处罚的，终身不得申请或者参与申请国家自然科学基金资助。

第 40 条 违反有关财政法律、行政法规规定的，依照有关法律、行政法规的规定予以处罚、处分。

第七章 附 则

第 41 条 本条例施行前已决定资助的研究项目，按照作出决定时国家有关规定执行。

第 42 条 基金管理机构在基金资助工作中，涉及项目组织实施费和与基础研究有关的学术交流活动、基础研究环境建设活动的基金资助经费的使用与管理的，按照国务院财政部门的有关规定执行。

第 43 条 本条例自 2007 年 4 月 1 日起施行。

● 部门规章及文件

2. 财政部、国家自然科学基金委员会《国家自然科学基金资助项目资金管理办法》（2021 年 9 月 28 日 财教〔2021〕177 号）

第一章 总 则

第 1 条 为规范国家自然科学基金资助项目（以下简称项

目）资金管理和使用，提高资金使用效益，根据《国家自然科学基金条例》、《中共中央办公厅 国务院办公厅印发〈关于进一步完善中央财政科研项目资金管理等政策的若干意见〉的通知》、《国务院关于优化科研管理提升科研绩效若干措施的通知》（国发〔2018〕25号）、《国务院办公厅关于改革完善中央财政科研经费管理的若干意见》（国办发〔2021〕32号）等要求，以及国家有关财经法规和财务管理制度，结合国家自然科学基金（以下简称自然科学基金）管理特点，制定本办法。

第2条　本办法所称项目资金，是指自然科学基金用于资助科学技术人员开展基础研究和科学前沿探索，支持人才和团队建设的专项资金。

第3条　财政部根据国家科技发展规划，结合自然科学基金资金需求和国家财力可能，将项目资金列入中央财政预算，并负责宏观管理和监督。

第4条　国家自然科学基金委员会（以下简称自然科学基金委）依法负责项目的立项和审批，并对项目资金进行具体管理和监督。

第5条　依托单位是项目资金管理的责任主体，应当建立健全"统一领导、分级管理、责任到人"的项目资金管理体制和制度，完善内部控制、绩效管理和监督约束机制，合理确定科研、财务、人事、资产、审计、监察等部门的责任和权限，加强对项目资金的管理和监督。

依托单位应当落实项目承诺的自筹资金及其他配套条件，对项目组织实施提供条件保障。

第6条　项目负责人是项目资金使用的直接责任人，对资金使用的合规性、合理性、真实性和相关性负责。

第7条　根据预算管理方式不同，自然科学基金项目资金管理分为包干制和预算制。

第二章　项目资金开支范围

第8条　项目资金支出是指与项目研究工作相关的、由项目资金支付的各项费用支出。项目资金由直接费用和间接费用组成。

第9条　直接费用是指在项目实施过程中发生的与之直接相关的费用，主要包括：

（一）设备费：是指在项目实施过程中购置或试制专用仪器设备，对现有仪器设备进行升级改造，以及租赁外单位仪器设备而发生的费用。计算类仪器设备和软件工具可在设备费科目列支。应当严格控制设备购置，鼓励开放共享、自主研制、租赁专用仪器设备以及对现有仪器设备进行升级改造，避免重复购置。

（二）业务费：是指项目实施过程中消耗的各种材料、辅助材料等低值易耗品的采购、运输、装卸、整理等费用，发生的测试化验加工、燃料动力、出版/文献/信息传播/知识产权事务、会议/差旅/国际合作交流等费用，以及其他相关支出。

（三）劳务费：是指在项目实施过程中支付给参与项目研究的研究生、博士后、访问学者以及项目聘用的研究人员、科研辅助人员等的劳务性费用，以及支付给临时聘请的咨询专家的费用等。

项目聘用人员的劳务费开支标准，参照当地科学研究和技术服务业从业人员平均工资水平，根据其在项目研究中承担的工作任务确定，其由单位缴纳的社会保险补助、住房公积金等纳入劳务费科目列支。

支付给临时聘请的咨询专家的费用，不得支付给参与本项目及所属课题研究和管理的相关人员，其管理按照国家有关规定执行。

第10条　间接费用是指依托单位在组织实施项目过程中发生的无法在直接费用中列支的相关费用。主要包括：依托单位为项目研究提供的房屋占用，日常水、电、气、暖等消耗，有关管理费用的补助支出，以及激励科研人员的绩效支出等。

第三章　包干制项目资金申请与审批

第11条　包干制项目申请人应当本着科学、合理、规范、有效的原则申请资助额度，无需编制项目预算。

多个单位共同承担一个项目的，由项目申请人汇总申请资助额度。

第12条　自然科学基金委组织专家对包干制项目和申请资助额度进行评审，根据专家评审意见并参考同类项目平均资助强度确定项目资助额度。

第13条　包干制项目资金由项目负责人自主决定使用，按照本办法第九条规定的开支范围列支，无需履行调剂程序。

对于依托单位为项目研究提供的房屋占用，日常水、电、气、暖等消耗，有关管理费用的补助支出，由依托单位根据实际管理需要，在充分征求项目负责人意见基础上合理确定。

对于激励科研人员的绩效支出，由项目负责人根据实际科研需要和相关薪酬标准自主确定，依托单位按照工资制度进行管理。

第14条　项目资金应当纳入依托单位财务统一管理，单独核算，专款专用。

第15条　依托单位应当制定项目经费包干制管理规定，管理规定应当包括经费使用范围和标准、各方责任、违规惩戒措施等内容，报自然科学基金委备案。

第四章　预算制项目资金申请与审批

第16条　预算制项目负责人（或申请人）应当根据政策相符性、目标相关性和经济合理性原则，编制项目收入预算和支出预算。

收入预算应当按照从各种不同渠道获得的资金总额填列。包括自然科学基金资助的资金以及从依托单位和其他渠道获得的资金。

支出预算应当根据项目需求，按照资金开支范围编列。直接费用中除50万元以上的设备费外，其他费用只提供基本测算说明，不需要提供明细。

第17条　对于预算制项目，依托单位应当组织其科研和财务管理部门对项目预算进行审核。

有多个单位共同承担一个项目的，依托单位的项目负责人（或申请人）和合作研究单位参与者应当根据各自承担的研究任务分别编报项目预算，经所在单位科研、财务部门审核并签署意见后，由项目负责人（或申请人）汇总编制。

第18条　预算制项目申请人申请自然科学基金项目，应当按照本办法中对于直接费用的规定编制项目预算，经依托单位审核后提交自然科学基金委。

第19条　自然科学基金委组织专家或者择优遴选第三方对预算制项目进行项目评审并同步开展预算评审，根据项目实际需求确定预算。评审专家应满足相关回避要求。

预算评审应当按照规范的程序和要求，坚持独立、客观、公正、科学的原则，对项目申报预算的政策相符性、目标相关性和经济合理性进行评审。不得将预算编制细致程度作为评审预算的因素，不得简单按比例核减预算。

第20条　依托单位应当组织预算制项目负责人根据批准的项目资助额度，按规定调整项目预算，并在收到资助通知之日起20日内完成审核，报自然科学基金委核准。

第21条　预算制项目的直接费用应当纳入依托单位财务统一管理，单独核算，专款专用。

预算制项目的间接费用由依托单位统筹安排使用。依托单位应当建立健全间接费用的内部管理办法，公开透明、合规合理使用间接费用，处理好分摊间接成本和对科研人员激励的关系。绩效支出安排应当与科研人员在项目工作中的实际贡献挂钩。依托单位可将间接费用全部用于绩效支出，并向创新绩效突出的团队和个人倾斜。依托单位不得在间接费用以外，再以任何名义在项目资金中重复提取、列支相关费用。

第22条　预算制项目的间接费用一般按照不超过项目直接费用扣除设备购置费后的一定比例核定，并实行总额控制，具体比例如下：

（一）500万元及以下部分为30%；

（二）超过500万元至1000万元的部分为25%；

（三）超过1000万元的部分为20%。

其中，对于数学等纯理论基础研究的预算制项目，间接费用一般按照不超过项目直接费用扣除设备购置费后的一定比例核定，并实行总额控制，具体比例如下：

（一）500万元及以下部分为60%；

（二）超过500万元至1000万元的部分为50%；

（三）超过1000万元的部分为40%。

第23条　预算制项目实施过程中，项目预算有以下情况确需调剂的，应当按相关程序报自然科学基金委审批。

（一）由于研究内容或者研究计划作出重大调整等原因需要对预算总额进行调剂的；

（二）同一项目课题之间资金需要调剂的。

第24条　预算制项目实施过程中，在项目预算额度不变的情况下，预算确需调剂的，按以下规定予以调剂：

（一）设备费预算如需调剂，由项目负责人根据科研活动的实际需要提出申请，报依托单位审批。依托单位应当统筹考虑现有设备配置情况、科研项目实际需求等，及时办理调剂手续。

（二）劳务费、业务费预算如需调剂，由项目负责人根据科研活动实际需要自主安排。

（三）项目间接费用预算总额不得调增，依托单位与项目负责人协商一致后可调减用于直接费用。

第 25 条　对于需开展中期项目检查的预算制项目，可由自然科学基金委组织专家同步对资金的使用进行检查或评估。

第五章　预算执行与决算

第 26 条　自然科学基金委应当按照国库集中支付制度规定，根据不同类型科研项目特点、研究进度、资金需求等，合理制定经费拨付计划并在资助项目计划书签订后 30 日内，将经费按计划拨付至依托单位，切实保障科研活动需要。

有多个单位共同承担一个项目的，依托单位应当及时按资助项目计划书和合同转拨合作研究单位资金，并加强对转拨资金的监督管理。

项目负责人应当结合科研活动需要，科学合理安排项目资金支出进度。依托单位应当关注项目资金执行进度，有效提高资金使用效益。

第 27 条　项目资金管理使用不得存在以下行为：

（一）编报虚假预算；

（二）未对项目资金进行单独核算；

（三）列支与本项目任务无关的支出；

（四）未按规定执行和调剂预算、违反规定转拨项目资金；

（五）虚假承诺其他来源资金；

（六）通过虚假合同、虚假票据、虚构事项、虚报人员等弄虚作假，转移、套取、报销项目资金；

（七）截留、挤占、挪用项目资金；

（八）设置账外账、随意调账变动支出、随意修改记账凭证、提供虚假财务会计资料等；

（九）使用项目资金列支应当由个人负担的有关费用和支付

各种罚款、捐款、赞助、投资、偿还债务等；

（十）其他违反国家财经纪律的行为。

第28条　项目资助期满后，项目负责人应当会同科研、财务、资产等管理部门及时清理账目与资产，如实编制项目决算。

有多个单位共同承担一个项目的，依托单位的项目负责人和合作研究单位的参与者应当分别编报项目决算，经所在单位科研、财务管理部门审核并签署意见后，由依托单位项目负责人汇总编制。

依托单位应当组织其科研、财务管理部门审核项目决算，并签署意见后报自然科学基金委。

第29条　自然科学基金委准予结题的项目，结余资金留归依托单位使用。依托单位应当将结余资金统筹安排用于基础研究直接支出，优先考虑原项目团队科研需求，并加强结余资金管理，健全结余资金盘活机制，加快资金使用进度。

自然科学基金委不予结题的项目，依托单位应当负责将结余资金在通知书下达后30日内按原渠道退回自然科学基金委。

第30条　项目实施过程中，因故终止执行的项目，依托单位应当负责将结余资金按原渠道退回自然科学基金委。

因故被依法撤销的项目，依托单位应当负责将已拨付的资金全部按原渠道退回自然科学基金委。

依托单位发生变更的项目，原依托单位应当及时向新依托单位转拨需转拨的项目资金。

第31条　依托单位应当严格执行国家有关支出管理制度。对应当实行“公务卡”结算的支出，按照中央财政科研项目使用公务卡结算的有关规定执行。对于设备、大宗材料、测试化验加工、劳务、专家咨询等费用，原则上应当通过银行转账方式结算。

第32条　在项目实施过程中，依托单位因科研活动实际需要，邀请国内外专家、学者和有关人员参加由其主办的会议等，对确需负担的城市间交通费、国际旅费，可在会议费等费用中报销。对国内差旅费中的伙食补助费、市内交通费和难以取得发票的住宿费可实行包干制。对野外考察、心理测试等科研活动中无法取得发票或者财政性票据的，在确保真实性的前提下，可按实际发生额予以报销。

第 33 条　依托单位应当优化和完善内部管理规定，简化科研仪器设备采购流程。对科研急需的设备和耗材采用特事特办、随到随办的采购机制，可以不进行招标投标程序。

项目实施过程中，行政事业单位使用项目资金形成的固定资产属于国有资产，应当按照国家有关国有资产管理的规定执行。企业使用项目资金形成的固定资产，按照《企业财务通则》等相关规章制度执行。项目资金形成的知识产权等无形资产的管理，按照国家有关规定执行。使用项目资金形成的大型科学仪器设备、科学数据、自然科技资源等，按照规定开放共享。

第 34 条　依托单位要切实强化法人责任，制定内部管理办法，落实项目预算调剂、间接费用统筹使用、劳务费管理、结余资金使用等管理权限。

第 35 条　依托单位应当创新服务方式，让科研人员潜心从事科学研究。应当全面落实科研财务助理制度，确保每个项目配有相对固定的科研财务助理，为科研人员在预算编制、经费报销等方面提供专业化服务。科研财务助理所需人力成本费用（含社会保险补助、住房公积金），可由依托单位根据情况通过科研项目经费等渠道统筹解决。应当改进财务报销管理方式，充分利用信息化手段，建立符合科研实际需要的内部报销机制。

第六章　绩效管理与监督检查

第 36 条　自然科学基金委应当建立项目资金绩效管理制度，对项目资金管理使用效益进行绩效评价。进一步强化绩效导向，加强分类绩效评价，对自由探索型、任务导向型等不同类型科研项目，健全差异化的绩效评价指标体系，强化绩效评价结果运用，将绩效评价结果作为项目调整、后续支持的重要依据。

依托单位应当切实加强绩效管理，引导科研资源向优秀人才和团队倾斜，提高科研经费使用效益。

第37条　财政部、自然科学基金委、审计署、相关主管部门、依托单位应当根据职责和分工，建立覆盖资金管理使用全过程的资金监督机制。加强审计监督、财会监督与日常监督的贯通协调，增强监督合力，加强信息共享，避免交叉重复。

第38条　财政部按规定对自然科学基金项目资金管理和使用情况进行监督管理。

第39条　审计署、自然科学基金委按规定对依托单位项目资金管理和使用情况进行监督检查。依托单位和项目负责人应当积极配合并提供有关资料。

第40条　相关主管部门应当督促所属依托单位加强内控制度和监督制约机制建设、落实项目资金管理责任，配合财政部、自然科学基金委开展监督检查和整改工作。

第41条　依托单位应当按照本办法和国家相关财经法规及财务管理规定，完善内部控制和监督制约机制，动态监管资金使用并实时预警提醒，确保资金合理规范使用；加强支撑服务条件建设，提高对科研人员的服务水平，建立常态化的自查自纠机制，保证项目资金安全。

第42条　项目资金管理建立承诺机制。依托单位应当承诺依法履行项目资金管理的职责。项目负责人应当承诺提供真实的项目信息，并认真遵守项目资金管理的有关规定。依托单位和项目负责人对违反承诺导致的后果承担相应责任。

对依托单位和科研人员在项目资金管理使用过程中出现的失信情况，应当纳入信用记录管理，对严重失信行为实行追责和惩戒。

第43条　项目资金管理建立信息公开机制。自然科学基金委应当及时公开非涉密项目预算安排情况，接受社会监督。

依托单位应当在单位内部公开非涉密项目立项、主要研究人员、资金使用（重点是间接费用、外拨资金、结余资金使用等）、决算、大型仪器设备购置以及项目研究成果等情况，接受内部监督。

第44条　任何单位和个人发现项目资金在使用和管理过程中有违规行为的，有权检举或者控告。

第45条　财政部、自然科学基金委及其相关工作人员、评审专家在自然科学基金预算审核环节，自然科学基金委及其相关工作人员在项目立项及其资金分配等环节，存在违反规定安排资金或其他滥用职权、玩忽职守、徇私舞弊等违法违规行为的，依法责令改正，对负有责任的领导人员和直接责任人员依法给予处分；涉嫌犯罪的，依法移送有关机关处理。

第46条　依托单位及其相关工作人员、项目负责人及其团队成员对于资金管理使用过程中，不按规定管理和使用项目资金、不按时编报项目决算、不按规定进行会计核算，存在截留、挪用、侵占项目资金等违法违规行为的，按照《中华人民共和国预算法》及其实施条例、《中华人民共和国会计法》、《国家自然科学基金条例》、《财政违法行为处罚处分条例》等国家有关规定追究相应责任。涉嫌犯罪的，依法移送有关机关处理。

第47条　自然科学基金委对项目资金管理、监督和检查等过程中发现的问题以及收到的投诉举报依法开展调查，并依法严肃查处违规违纪行为。

第七章　附　　则

第48条　本办法由财政部、自然科学基金委负责解释。

第49条　本办法自发布之日起施行。

第二十二条　学科布局与知识体系

国家完善学科布局和知识体系建设，推进学科交叉融合，促进基础研究与应用研究协调发展。

第二十三条　资源配置机制

国家加大基础研究人才培养力度，强化对基础研究人才的稳定支持，提高基础研究人才队伍质量和水平。

国家建立满足基础研究需要的资源配置机制，建立与基础研究相适应的评价体系和激励机制，营造潜心基础研究的良好环境，鼓励和吸引优秀科学技术人员投身基础研究。

● 法　律

1.《促进科技成果转化法》（2015 年 8 月 29 日）

第 4 条　国家对科技成果转化合理安排财政资金投入，引导社会资金投入，推动科技成果转化资金投入的多元化。

第 5 条　国务院和地方各级人民政府应当加强科技、财政、投资、税收、人才、产业、金融、政府采购、军民融合等政策协同，为科技成果转化创造良好环境。

地方各级人民政府根据本法规定的原则，结合本地实际，可以采取更加有利于促进科技成果转化的措施。

第 20 条　研究开发机构、高等院校的主管部门以及财政、科学技术等相关行政部门应当建立有利于促进科技成果转化的绩效考核评价体系，将科技成果转化情况作为对相关单位及人员评价、科研资金支持的重要内容和依据之一，并对科技成果转化绩效突出的相关单位及人员加大科研资金支持。

国家设立的研究开发机构、高等院校应当建立符合科技成果转化工作特点的职称评定、岗位管理和考核评价制度，完善收入分配激励约束机制。

部门规章及文件

2.《教育部关于深化高等学校科技评价改革的意见》（2013年11月29日 教技〔2013〕3号）

一、明确改革导向

1. 高等学校是国家创新体系的重要组成部分。科技评价不仅是高校科技管理的主要手段，而且是高等教育宏观管理和资源配置的重要依据，对高等学校办学行为具有突出的导向作用。深化高校科技评价改革，对于大力提升高校创新能力、推动高等教育综合改革、实现创新驱动发展具有十分重要的意义。

2. 高校长期以来形成的以统一、量化为特征的科技评价机制，对调动科技人员的积极性和创造性发挥了重要作用。面对全面提高质量和创新驱动发展的时代要求，科技评价中的问题日益显现：重数量轻质量、重形式轻内容、重短期轻长远的现象依然存在；评价指标单一化、评价标准定量化、评价方法简单化、评价结果功利化等倾向没有得到根本扭转；分类评价实施不到位，对科技成果转化、科学普及等工作激励不足；科技支撑教学和创新人才培养的导向不够；开放评价、长效评价机制不够健全，这些问题将严重影响高校科技工作的持续健康发展。高校科技评价改革的任务十分紧迫。

3. 深化科技评价改革的指导原则是：鼓励创新，服务需求，科教结合，特色发展。注重科技创新质量和实际贡献，重点突出围绕科学前沿和现实需求催生重大成果产出的导向，建立产学研协同创新机制加快创新驱动发展的导向，推进科教结合提升人才培养质量的导向，鼓励科技人员在不同领域、不同岗位做出特色，追求卓越。

4. 深化科技评价改革的目标是，根据不同类型科技活动特点，建立导向明确、激励约束并重的分类评价标准和开放评价方法，营造潜心治学、追求真理的创新文化氛围。着力提升基础研究和前沿技术研究的原始创新能力，关键共性技术的有效供给能力，支撑高质量创新人才培养的能力，服务国家和区域经济社会发展战略需求的能力。

二、实行分类评价

5. 实施科学的分类评价。针对科技活动人员、创新团队、平台基地、科研项目等不同对象，按照基础研究、应用研究、技术转移、成果转化等不同工作的特点，分别建立涵盖科研诚信和学风、创新质量与贡献、科教结合支撑人才培养、科学传播与普及、机制创新与开放共享等内容，科学合理、各有侧重的评价标准。

6. 对主要从事创新性研究的科技活动人员实行代表性成果为重点的评价。对基础研究人员的评价以有利于潜心研究、长期积累，催生重大原创性成果为重点。对应用研究人员的评价以聚焦需求，具有自主知识产权和重大技术突破为重点。对软科学研究人员的评价以服务决策需求，形成战略研究报告，支撑思想库智囊团建设为重点。

7. 对主要从事技术转移、科技服务和科学普及的科技活动人员实行经济社会效益和实际贡献为重点的评价。鼓励高校按照国家相关规定，完善职务聘任和岗位聘用机制，面向市场和产业需求，把科技转化为现实生产力；加强协同创新，强化企业在技术创新中的主体地位；积极开展科学普及活动，提高全民科学素养；创新人才培养模式，提高创新创业人才培养质量。

8. 对从事技术支撑和服务的科技活动人员实行以服务质量与实际效果为重点的评价。鼓励高校加强职务聘任和岗位聘用的引导，提高技术支撑人员服务技能，加强自主开发仪器设备。

9. 对高校创新团队实行以解决重大科技问题能力与合作机制为重点的整体性评价。围绕团队自身建设、代表性成果、科教结合、机制文化等方面开展评价。要认可团队科技成果所有参与者的实际贡献，同时反对无实质贡献的虚假挂名。

10. 对高校创新平台（机构、基地）实行以综合绩效和开放共享为重点的评价。围绕创新质量、服务贡献、科教结合、人才队伍、机制文化等方面开展评价。鼓励创新平台深化科教结合，注重创新成果转化、技术服务和科学普及。鼓励接受国内外访问学者。科研基础设施依照规定应该开放的一律对社会开放。

11. 对不同类别科技项目，制定科学合理的评价标准，注重创新的独特价值。基础研究项目要以原始创新性成果和创新性人才培养为评价重点，着重评价科学价值。应用研究项目要以关键技术和核心技术突破、自主知识产权成果、经济社会效益等为评价重点，着重评价目标完成情况、成果转化情况以及技术成果的突破性和带动性。产业化开发项目要以技术、产品的成熟度和市场反应为评价重点，着重评价对产业发展的实质贡献，促进科技成果资本化、产业化。

三、坚持开放评价

12. 建立开放评价机制。基础研究以同行评价为主，大力加强国际同行评价。应用研究和产业化开发应建立主要由市场决定技术创新项目和经费分配、评价成果的机制，由用户、市场和专家等相关第三方参与评价。加强开放、多元的国内外专家数据库建设和共享。充分利用信息化手段，提高科技评价工作效率和开放程度。

13. 完善公平、公正、透明的开放评价规则。完善评价答辩、公示、反馈、申诉、举报和回溯评价制度，健全随机、回避的评价专家遴选机制，健全评价专家责任和信誉制度，增强评价专家的社会责任感，保证评价工作的独立性、公正性和评价结果的科学性、客观性。

14. 建立长效评价机制，避免频繁评价。根据科技活动类型、学科特征，结合人事聘用合同、项目过程的要求，适当延长评价周期，注重评价实效。科技活动人员的评价周期原则上不少于 3 年，对青年科技人员实施聘期评价，创新团队和平台基地的评价周期原则上不少于5年，根据绩效情况可减少、减免评价。加强评价结果共享，避免重复评价。

四、切实组织落实

15. 全面改革教育系统各类科技项目、人才项目和科技奖励的评审办法。按照改革导向，教育部将修改完善各类科研基地和人才项目评价体系及评价机制；提高科技奖励质量，减少数量，适当延长报奖成果的应用年限。地方教育行政部门要对本部门各类科技项目、人才项目和科技奖励做相应改革。

16. 高校承担科技评价改革的主体责任。加强以科研诚信与学风、创新质量、服务贡献和科教结合为重点的分类评价，更加强调科研成果转化应用、技术转移推广、科学普及等科技产出在评价中的作用。要改变考核评价中将科技项目与经费数量过分指标化、目标化的作法。要改变在教师评聘、收入分配中过分依赖和不合理使用论文、专利、项目和经费数量等科技指标的做法，减少科技评价结果与利益分配过度关联。

17. 在教育管理中科学合理使用科技评价结果。各级教育行政部门要优化科技指标在高校设置、资源配置、学科评估、研究生教育等管理环节中的使用方式。按照此次科技评价改革的导向，修订相应的指标和标准，更加强调创新质量和实际贡献，更加注重科教结合支撑人才培养。

18. 科技人员要弘扬求真务实的科学精神和健康向上的评价文化。要加强科学道德建设，践行诚信文化，抵制不良风气的侵蚀。要开展学术批评与学术争论，保障不同学术观点的公开表达和充分讨论，共同营造求真求实、平等争鸣、鼓励探索、宽容失败的氛围和环境。

19. 引导社会力量科学合理地使用科技指标评价高校。要增强指标的系统性和完整性，补充和完善科教结合支撑人才培养、服务与贡献、科学普及等指标。要正确处理数量、质量和投入产出比的关系，强化对特色、质量和社会贡献的考察。应避免对不同类型高校采取同一标准、依据少数定量科技指标进行简单排名与短期评价。

第二十四条 基础研究基地建设

国家强化基础研究基地建设。

国家完善基础研究的基础条件建设，推进开放共享。

第二十五条 学科建设

国家支持高等学校加强基础学科建设和基础研究人才培养，增强基础研究自主布局能力，推动高等学校基础研究高质量发展。

● 法 律

1.《高等教育法》（2018 年 12 月 29 日）

第 35 条 高等学校根据自身条件，自主开展科学研究、技术开发和社会服务。

国家鼓励高等学校同企业事业组织、社会团体及其他社会组织在科学研究、技术开发和推广等方面进行多种形式的合作。

国家支持具备条件的高等学校成为国家科学研究基地。

● 部门规章及文件

2. **教育部《关于加强新时代教育科学研究工作的意见》**（2019 年 10 月 24 日 教政法〔2019〕16 号）

二、提高教育科研工作质量和服务水平

（四）丰富完善中国特色社会主义教育理论体系

把马克思主义基本理论作为思想武器，把深入学习贯彻习近平新时代中国特色社会主义思想作为首要政治任务，系统开展习近平总书记关于教育的重要论述、党的教育方针以及中国共产党领导教育工作的基本经验等研究。聚焦立德树人根本任务的重大理论和实践问题，深化教育基本理论研究，弘扬中国优秀教育文化传统，探究中国特色社会主义教育道路、理论、制度发展的历史根脉、丰富内涵和精神实质，筑牢社会主义教育强国建设的理论基石，构建中国特色教育科学学科体系、学术体系、话语体系、教材体系，增强中国教育自信。

（五）全面提高服务决策能力

瞄准国家重大战略和区域发展需求，把握国际教育竞争、人口结构变化、科技创新、社会变革等大形势大趋势，强化预研预判，加强基础性、前瞻性、针对性、储备性教育政策研究，创新决策咨询服务方式，发挥大数据分析、决策模拟等在政策研制中的作用，注重监测评估中的成效追踪与问题预警，切实提高教育决策科学化水平，不断增强教育服务党和国家事业发展的能力。注重教育立法研究，推动教育法治建设。

（六）推动解决教育实践问题

围绕中央关心、社会关注、人民关切的教育热点难点问题开展深入研究，推动重点领域和关键环节取得新突破。加强调查研究，深入教育实践一线，掌握第一手资料，寻求破解教育难题的有效策略和办法。充分发挥地方和学校在教育科研中的实践主体作用，鼓励结合实际开展教育改革实验。鼓励支持中小学教师增强科研意识，积极参与教育教学研究活动，不断深化对教育教学改革的规律性认识，探索适应新时代要求的教书育人有效方式和途径，推进素质教育发展。深入开展服务全民的终身学习体系和学习型社会建设研究。

（七）充分发挥专业引领作用

积极开展重大教育政策阐释解读，主动释疑解惑，扩大政策知晓度，推动政策落地落实。积极搭建平台，壮大教育科学普及专家队伍，传播先进教育理念，普及教育科学知识，提升全民教育素养，指导做好家庭教育和社会教育。密切关注教育热点问题，准确研判社会舆情，引导人民群众合理预期，营造全社会关心支持教育改革发展的良好氛围。

（八）着力提升国际影响力

加强中外教育科研交流和国际比较研究，吸收世界先进教育教学研究成果，拓展与国外教育科研机构的合作研究，注重加强与“一带一路”沿线国家地区交流合作。加大对优秀专家学者、青年后备人才开展国际学术交流的支持力度，办好国外教育调研专项访问学者项目，支持创办外文教育期刊，支持教育类优秀教材外译工作。积极打造一批具有国际影响力的学术交流平台，加强国别和区域研究基地建设，扩大我国在国际教育研究组织和合作项目中的参与度，积极参与全球教育治理，推动中国教育成功经验的传播分享。

（九）加强科研成果转化

增强科研成果转化意识，引导鼓励开展政策咨询类、舆论引导类、实践应用类研究，推动教育科研成果转化为教案、决策、制度和舆论。建立健全优秀教育科研成果发布制度和转化机制，激发地方政府、科研机构、学校、企业转化和应用科研成果的积极性，拓宽成果转化渠道，创新转化形式，推动教育科研成果及时有效转化。重视知识产权的保护，深化权益分配制度改革，加大科研成果转化的奖励激励。

三、推进教育科研体制机制创新

（十）健全教育科研机构体系

构建全面覆盖、立体贯通、分工明确、优势互补的教育科研机构体系。全国教育科学规划领导小组负责全国教育科研工作的统筹规划和管理指导，各省（区、市）教育科学规划领导机构统筹行政区域内教育科研工作，加强规划管理。各级教育科研专门机构要重点加强教育理论研究、政策研究和实践研究，提高服务决策能力和指导实践水平。高等学校要重点加强基础理论研究、决策服务研究，优化教育学及其相关学科规划建设和人才培养；中小学要积极开展教育教学实践研究，改进教学方法，提高教育质量。教育学术团体要突出特色，发挥平台优势，组织开展专业研究，推进群众性教育科研工作，普及先进教育理念和教育科学知识。鼓励支持和规范引导社会教育研究机构以多种形式开展教育科研工作。

（十一）完善协同创新机制

树立全国教育科研系统一盘棋思想。重视加强不同类型、不同层级、不同属性科研机构之间的协同创新，构建上下联动、横纵贯通、内外合作的协同创新体系，全面提升教育科研战线协同攻关能力。积极搭建全国教育数据信息平台，建立全国教育数据公开共享机制；搭建全国教育调研平台，聚焦教育重大决策部署实施情况和重大现实问题，协同开展全面深入的调查研究；搭建国外教育信息综合平台，充分发挥驻外使领馆教育处（组）职能作用，密切了解跟踪国外教育改革发展动态；完善全国教育科学规划管理平台，统筹管理和使用各级各类教育科学规划课题成果。发挥不同类型教育科研机构的特色优势，加强与政府、企业、学校以及其他社会组织的科研合作。

（十二）提升治理水平

适应机构改革和教育改革发展需求，稳步推进教育科研组织形态创新，提高教育科研水平和效益。各级各类教育科研机构要围绕科研主责、遵循科研规律科学合理设置内部机构，明确机构和岗位职责。加强制度建设，强化主体责任，建立目标明确、权责清晰、管理有序、评价科学的治理体系。落实国家关于加强和改进科研管理、激发科研活力的政策举措，深化“放管服”改革，扩大科研人员在项目选题、资金使用和成果转化等方面的自主权，充分释放创新活力。坚持“百花齐放、百家争鸣”的方针，鼓励不同学术观点交流碰撞，支持青年科研人员积极与学术权威平等对话。规范论坛、研讨会管理，更加注重会议实效。树立正确的科研价值导向，有效防范教育科研战线“四风”问题。把科研诚信要求融入科研管理全过程，对严重违背科研诚信要求、造成不良社会影响的人员记入“黑名单”。

（十三）创新科研范式和方法

适应教育改革发展和学科建设需要，坚持吸收借鉴和创新相结合，综合运用各种研究方法，创新教育科研范式，不断提升教育科研质量。加强理论研究，坚持马克思主义基本原理和方法，注重学理逻辑和理论思辨，探索教育本质和规律。加强实证研究，坚持以事实和证据为依据，对重大问题持续跟踪，注重长期性、系统性研究。加强比较研究，深入挖掘中国优秀教育传统和经验，注重借鉴国外教育研究范式、方法，积极吸纳国际教育研究的前沿进展和优秀成果。加强跨学科研究，促进教育科学和自然科学交叉融合，充分运用认知科学、脑科学、生命科学等领域最新成果和研究方法，综合运用人工智能等新技术开展教育研究，深入探讨人工智能快速发展条件下教育发展创新的思路和举措，不断拓展教育科研的广度和深度。

（十四）改革教育科研评价

根据理论研究、应用研究、决策咨询等不同研究类型，科学设置分类评价标准，努力破除“唯论文、唯职称、唯学历、唯奖项”等顽瘴痼疾，构建以创新质量和实际贡献为导向的教育科研评价体系。创新教育科研人员晋升机制，拓宽各类岗位人员发展渠道。完善教育科研机构专业技术职务评审制度，适当提高高级专业技术职务人员比例，营造有利于学术创新和青年科研人员成长的宽松环境。

四、建设高素质创新型科研队伍

（十五）高度重视教育科研队伍建设

教育科研队伍是教育科学研究的第一资源。各级教育行政部门要把教育科研队伍建设作为基础工作来抓。要尊重信任、关心支持教育科研人员，搭建教育科研人才成长平台，完善人才成长机制。加大对科研人员的薪酬激励，适当提高科研项目间接经费比例，间接经费使用向创新绩效突出的团队和个人倾斜。支持地方因地制宜创新高层次人才选聘和薪酬分配办法，加大高层次人才吸引力度，积极引进海外高层次人才。加强梯队建设，支持青年科研人员开展原创性、探索性研究，鼓励共建跨学科、跨领域的科研创新团队。完善教育科研成果表彰奖励制度，加大奖励力度，对长期潜心教育科研（教研）的团队和个人进行表彰奖励。

（十六）切实增强教育科研人员的使命担当

教育科研工作者要切实增强做好新时代教育科研工作的责任感和使命感。要信念坚定，学深悟透习近平新时代中国特色社会主义思想，善于运用马克思主义立场观点方法指导教育科研工作。要学识广博，努力掌握全面系统的教育学科等人文社会科学知识，积极拓展自然科学等跨学科理论支撑，富有全球视野和历史眼光，具备多视角、多领域、多层次研究问题、破解难题的能力。要敢于创新，主动学习新知识，善于运用新技术新方法开展研究，创新教育理论。要求真笃行，坚持理论联系实际，热爱教育、崇尚真理，脚踏实地、潜心研究，遵循科研规律，加强学术自律，力戒浮夸浮躁、投机取巧，杜绝“圈子”文化，自觉防范各种学术不端行为。

（十七）促进教育科研人员专业发展

完善人才培养制度，加强高等学校教育学相关学科建设，重视培养教育科研后备力量，鼓励有条件的教育科研机构与高等学校联合培养研究生。健全教育科研人员专业培训制度，培训经费列入教育行政部门年度预算，确保 5 年一周期不少于 360 学时的全员培训。完善管理制度，灵活运用编制配额，建立持久良性的“旋转门”机制，促进优秀科研人员到党政机关、事业单位、国有企业等机构任职，聘请有实践经验和科研能力的行政领导、学校校长（教师）、企业高层次人才等到教育科研机构担任专职或兼职研究员。探索建立学术休假和学术进修制度。

五、提高教育科研工作保障水平

（十八）加强党对教育科研工作的全面领导

以习近平新时代中国特色社会主义思想武装头脑、指导和推动教育科研工作，把教育科研工作纳入教育事业发展整体部署和总体规划。合理配备教育科研工作力量，不得挤占挪用科研机构人员编制。进一步完善教育科研机构的领导体制和党建工作机制。加强教育科研机构党的基层组织建设，实现党的组织和党的工作全覆盖。严格落实意识形态工作责任制，以党的政治建设为统领，将党的建设与业务工作紧密融合，认真落实全面从严治党要求，不断提升党建工作科学化水平。

（十九）加大教育科研经费支持力度

各级教育行政部门要加大投入力度，设立专项经费，完善资助体系，保障预算内教育科研经费稳步增长。探索建立多元化、多渠道、多层次的投入体系，健全竞争性经费和稳定支持经费相协调的投入机制，鼓励社会资金通过捐赠、设立专项基金等方式支持教育科研工作。优化科研经费管理，提高使用效益，对骨干团队和优秀青年科研人员给予重点支持。扩大科研项目经费管理使用自主权，简化项目预算编制要求，直接费用中除设备费外，其他科目费用调剂权全部下放给项目承担单位。

（二十）加强对教育科研工作的政策保障

完善教育决策意见征集和专家咨询制度，重大教育规划和教育政策研究制订要进行科学论证，宣传发布要组织专家解读，贯彻落实要组织专业评估。探索建立政府购买教育咨询服务制度。支持教育科研机构开展实地调研和改革试点。加大信息共享力度，为教育科研提供适用、及时、有效的数据信息。大力支持教育科研机构对外交流合作，支持开展国外教育培训，规范外事活动管理，适当简化中外专家交流、举办或参加国际会议等方面的审批手续。

各级教育行政部门、各级各类学校和教育科研机构要结合实际认真组织落实。

第三章　应用研究与成果转化

第二十六条　应用研究与基础研究融通发展

国家鼓励以应用研究带动基础研究，促进基础研究与应用研究、成果转化融通发展。

国家完善共性基础技术供给体系，促进创新链产业链深度融合，保障产业链供应链安全。

● 部门规章及文件

《国家工程研究中心管理办法》（2020 年 7 月 29 日）

第 3 条　建设工程中心旨在坚定实施创新驱动发展战略，服务经济社会发展，支撑关键核心技术研发，围绕产业链部署创新链，围绕创新链布局产业链，提升产业链供应链稳定性和竞争力，推动经济高质量发展。工程中心以国家和行业需求为出发点，通过建立工程化研究、验证设施和有利于技术创新、成果转化的机制，培育、提高创新能力，搭建产业发展与科技创新之间的桥梁，推动产业关键共性技术、前沿引领技术、现代工程技术、颠覆性技术创新，加快科研成果向现实生产力转化，促进重大科研成果转化应用以及产业基础高级化和产业链现代化。工程中心建设的主要目的是：

（一）坚持目标导向，着眼加快重大科技成果工程化、产业化，布局建设开放服务的创新平台，为各类创新主体开展实验室技术熟化、工程化放大和可靠性验证等活动提供基础条件，促进提高科技成果转化能力和转化效率；

（二）坚持问题导向，瞄准国家战略任务和重点工程实施中的重大技术难题，以及保产业链供应链稳定的关键领域环节，引导优势创新单元组建创新联合体，突破关键核心技术和重大装备等瓶颈制约，提高科技创新服务经济社会发展的能力；

（三）坚持结果导向，围绕提升产学研协同创新的效能，深化体制机制改革和创新，探索建立知识、技术、数据等生产要素由市场评价贡献、按贡献决定报酬的机制，激发科技人员推动技术创新和科技成果转化的积极性、主动性和创造性。

第二十七条 科研攻关协调机制

国家建立和完善科研攻关协调机制，围绕经济社会发展、国家安全重大需求和人民生命健康，加强重点领域项目、人才、基地、资金一体化配置，推动产学研紧密合作，推动关键核心技术自主可控。

● 法 律

《乡村振兴促进法》（2021 年 4 月 29 日）

第 16 条 国家采取措施加强农业科技创新，培育创新主体，构建以企业为主体、产学研协同的创新机制，强化高等学校、科研机构、农业企业创新能力，建立创新平台，加强新品种、新技术、新装备、新产品研发，加强农业知识产权保护，推进生物种业、智慧农业、设施农业、农产品加工、绿色农业投入品等领域创新，建设现代农业产业技术体系，推动农业农村创新驱动发展。

国家健全农业科研项目评审、人才评价、成果产权保护制度，保障对农业科技基础性、公益性研究的投入，激发农业科技人员创新积极性。

第二十八条　核心技术攻关举国体制

国家完善关键核心技术攻关举国体制，组织实施体现国家战略需求的科学技术重大任务，系统布局具有前瞻性、战略性的科学技术重大项目，超前部署关键核心技术研发。

第二十九条　共性基础技术研究

国家加强面向产业发展需求的共性技术平台和科学技术研究开发机构建设，鼓励地方围绕发展需求建设应用研究科学技术研究开发机构。

国家鼓励科学技术研究开发机构、高等学校加强共性基础技术研究，鼓励以企业为主导，开展面向市场和产业化应用的研究开发活动。

● **法　律**

《高等教育法》（2018年12月29日）

第12条　国家鼓励高等学校之间、高等学校与科学研究机构以及企业事业组织之间开展协作，实行优势互补，提高教育资源的使用效益。

国家鼓励和支持高等教育事业的国际交流与合作。

第35条　高等学校根据自身条件，自主开展科学研究、技术开发和社会服务。

国家鼓励高等学校同企业事业组织、社会团体及其他社会组织在科学研究、技术开发和推广等方面进行多种形式的合作。

国家支持具备条件的高等学校成为国家科学研究基地。

第三十条　科技成果中试、工程化和产业化

国家加强科技成果中试、工程化和产业化开发及应用，加快科技成果转化为现实生产力。

利用财政性资金设立的科学技术研究开发机构和高等学校，应当积极促进科技成果转化，加强技术转移机构和人才队伍建设，建立和完善促进科技成果转化制度。

法 律

1.《促进科技成果转化法》（2015 年 8 月 29 日）

第 28 条 国家支持企业与研究开发机构、高等院校、职业院校及培训机构联合建立学生实习实践培训基地和研究生科研实践工作机构，共同培养专业技术人才和高技能人才。

第 31 条 国家支持根据产业和区域发展需要建设公共研究开发平台，为科技成果转化提供技术集成、共性技术研究开发、中间试验和工业性试验、科技成果系统化和工程化开发、技术推广与示范等服务。

2.《高等教育法》（2018 年 12 月 29 日）

第 5 条 高等教育的任务是培养具有社会责任感、创新精神和实践能力的高级专门人才，发展科学技术文化，促进社会主义现代化建设。

第 31 条 高等学校应当以培养人才为中心，开展教学、科学研究和社会服务，保证教育教学质量达到国家规定的标准。

第三十一条 提高科技成果转化成效

国家鼓励企业、科学技术研究开发机构、高等学校和其他组织建立优势互补、分工明确、成果共享、风险共担的合作机制，按照市场机制联合组建研究开发平台、技术创新联盟、创新联合体等，协同推进研究开发与科技成果转化，提高科技成果转移转化成效。

● 法　律

1.《促进科技成果转化法》（2015 年 8 月 29 日）

第 26 条　国家鼓励企业与研究开发机构、高等院校及其他组织采取联合建立研究开发平台、技术转移机构或者技术创新联盟等产学研合作方式，共同开展研究开发、成果应用与推广、标准研究与制定等活动。

合作各方应当签订协议，依法约定合作的组织形式、任务分工、资金投入、知识产权归属、权益分配、风险分担和违约责任等事项。

第 31 条　国家支持根据产业和区域发展需要建设公共研究开发平台，为科技成果转化提供技术集成、共性技术研究开发、中间试验和工业性试验、科技成果系统化和工程化开发、技术推广与示范等服务。

第 32 条　国家支持科技企业孵化器、大学科技园等科技企业孵化机构发展，为初创期科技型中小企业提供孵化场地、创业辅导、研究开发与管理咨询等服务。

2.《高等教育法》（2018 年 12 月 29 日）

第 35 条　高等学校根据自身条件，自主开展科学研究、技术开发和社会服务。

国家鼓励高等学校同企业事业组织、社会团体及其他社会组织在科学研究、技术开发和推广等方面进行多种形式的合作。

国家支持具备条件的高等学校成为国家科学研究基地。

● 部门规章及文件

3.《农业农村部办公厅关于国家农业科技创新联盟建设的指导意见》（2020 年 6 月 29 日　农办科〔2020〕12 号）

三、重点任务

（一）培育产业发展新动能，助力实现产业质量效益提升集成熟化一批质量兴农、效益兴农的重大关键技术，瞄准优质农产品、绿色投入品、智能农机装备与智慧生产、现代渔业等领域，开展提质增效技术研发与应用，形成一系列技术、产品、标准和品牌，加快构建以企业为主体、市场为导向、产学研相结合的产业联盟，助力提升产业质量效益竞争力。

（二）聚焦绿色发展难题，实现区域农业农村可持续发展

面向东北平原区、华北黄淮麦区、长江流域稻区、西北旱作区、华南热区及西南喀斯特区等不同生态区域的农业发展需求和生产问题，着力创建不同区域农业绿色发展技术体系，加快构建区域重大问题一揽子综合解决方案，形成一批可复制可推广的应用模式并进行定点示范与推广应用，实现区域农业农村可持续发展。

（三）推进体制机制创新，为乡村振兴科技支撑提供制度保障

建立共建共享机制，打造共建共享平台，提升农业种质、信息、大数据等科技资源全国“一盘棋”的共建共享效率。鼓励联盟以企业为主体，吸引科研院校优势团队和社会资本共同参与，打造新型研发机构或实体化联合体。围绕行业、产业和区域发展的瓶颈制约和共性难题，充分发挥联盟学科交叉、成果集成、人才集中的优势，提供“一体化”综合技术解决方案。

四、联盟的建设与管理

（一）联盟分类

联盟实行分类建设与管理制度，国家农业科技创新联盟框架包括专业性联盟、产业性联盟和区域性联盟。

专业性联盟是指围绕科技资源共建共享、解决专业领域重大共性问题的创新联盟。产业性联盟是指解决重大产业发展问题、实现产业链上中下游紧密衔接的创新联盟。区域性联盟是指通过协同解决区域重大关键问题，促进区域农业农村高质量、可持续发展的创新联盟，以及各省（自治区、直辖市）政府组织本省

（自治区、直辖市）各级各类农业科技创新机构开展协同攻关而成立的省级农业科技创新联盟。

（二）联盟创建

除政府部门外，凡承认国家农业科技创新联盟章程，认可联盟定位、职责及义务，并符合相应条件的农业科研机构、高校、企业、新型研发机构等单位，均可提出创建联盟的申请。

1. 建设条件

（1）专业性联盟一般由中央或地方科研单位、涉农高校、新型研发机构等牵头组建。牵头单位应在基础前沿领域具有显著优势，或在产业关键共性技术研究领域具有显著优势，或在基础性长期性科技工作方面具有深厚积累。

（2）产业性联盟一般由省级以上农业产业化龙头企业、中央或地方科研单位、涉农高校，新型研发机构等牵头组建。牵头单位在研发投入、研发团队、条件平台及发明专利等方面，在全国具有显著优势，或在本产业领域具有领先的市场竞争优势、显著的品牌影响力或国际竞争力。

（3）区域性联盟一般由中央或地方科研单位、涉农高校牵头组建。牵头单位应在我国主要农业生态或生产区域重大问题研究方面具有显著优势。省级联盟以省级农业（农牧、农林）科学院、涉农高校牵头组建，重点解决本省（自治区、直辖市）农业农村发展重大科技问题。

2. 建设申请

（1）各拟组建联盟牵头单位严格对照建盟条件，向国家农业科技创新联盟办公室（以下简称“联盟办”）提交联盟创建申请，通过联盟办形式审查后提交国家农业科技创新联盟秘书处审核。

（2）通过审核的联盟与联盟办签订联盟创建协议后开展试运行。创建协议应有明确的创新任务、创新目标、创新团队、创新资金和考核机制，并提出核心任务评估指标。创建协议及相关材料须报农业农村部相关司局备案。

（3）各联盟要建立有效的决策、咨询与执行机制，明确其对外承担责任的主体。联盟执行机构应配备专职人员，负责有关日常事务。

（4）试运行期间的联盟，可使用“国家×××农业科技创新联盟”的名称和标识开展相关活动，但须严格遵守创建协议相关条款。

（三）联盟管理

联盟办按照创建协议，对各联盟的组织建设与运行管理进行监督考核。

1. 联盟评估

（1）联盟办委托第三方评估机构，依据联盟章程和创建协议等，对各联盟建设和运行情况进行评估。

（2）试运行联盟组建两年内须参加评估。评估结果分为认定、整改和退出三类，并报国家农业科技创新联盟理事会审议。无故不参加评估的联盟将视为自动退出。

（3）通过评估的联盟，由农业农村部发文予以认定，并纳入国家农业科技创新联盟序列正式运行，可使用“国家×××农业科技创新联盟”的名称和标识开展相关活动。认定联盟原则上每三年评估一次，每年底须向联盟办提交建设运行进展报告。

（4）经评估退出的联盟，不得以国家农业科技创新联盟名义开展任何活动，不得使用“国家×××农业科技创新联盟”名称和标识。

（5）经评估需整改的联盟，一年后须参加下次评估，根据评估结果予以认定或退出。

2. 联盟机制

（1）运行发展机制。联盟应根据其不同类型特点，以强化深度协同协作、提高共建共享效率、推进联盟实体化运行、提供一体化解决方案为核心目标，大胆探索、积极创新联盟高效运行机制。

（2）利益保障机制。联盟协同创新产生的成果（技术、产品和模式等知识产权）应按照联盟章程或协议约定的权利归属、使用许可和收益分配办法执行，要强化违约责任追究，保护联盟成员的合法权益。

（3）开放合作机制。联盟应根据自身发展需要，及时吸纳新成员，定期开展与外部组织的交流与合作，并将联盟通过协同攻关形成的各类成果向联盟外扩散。

五、保障和支持

（一）加强组织领导

农业农村部负责牵头统筹推进联盟建设工作，研究解决联盟建设中的重要事项，建立健全联盟建设各类管理规章制度。联盟牵头单位所在地方或单位要健全联盟建设工作协调机制，把联盟建设作为推动产学研深度融合、提升产业质量效益竞争力的重要手段，与本地本单位相关工作统筹推进。

（二）加强支持保障

鼓励联盟根据其定位与使命，通过牵头单位或主要依托单位联合申报、或成立实体化机构（新型研发机构）等方式，获得国家有关部门或地方科技专项支持，或承担国家和地方相关部门委托任务。引导和鼓励联盟内企业加大研发、孵化、推广投入力度，发挥主导作用，并吸引其他社会力量、金融资本共同参与联盟建设发展。

（三）加强典型引领

及时总结、积极推广联盟建设发展的新成效、新进展和新机制，充分调动各方面的积极性，营造联盟建设发展的良好创新创业生态。培育壮大一批联盟发展的新标杆、好样板，认真总结提升，加强观摩交流，广泛宣传推广，充分发挥联盟在促进产学研深度融合、带动产业或区域发展中的示范引领作用。

第三十二条　有关知识产权的转让和许可实施

利用财政性资金设立的科学技术计划项目所形成的科技成果，在不损害国家安全、国家利益和重大社会公共利益的前提下，授权项目承担者依法取得相关知识产权，项目承担者可以依法自行投资实施转化、向他人转让、联合他人共同实施转化、许可他人使用或者作价投资等。

项目承担者应当依法实施前款规定的知识产权，同时采取保护措施，并就实施和保护情况向项目管理机构提交年度报告；在合理期限内没有实施且无正当理由的，国家可以无偿实施，也可以许可他人有偿实施或者无偿实施。

项目承担者依法取得的本条第一款规定的知识产权，为了国家安全、国家利益和重大社会公共利益的需要，国家可以无偿实施，也可以许可他人有偿实施或者无偿实施。

项目承担者因实施本条第一款规定的知识产权所产生的利益分配，依照有关法律法规规定执行；法律法规没有规定的，按照约定执行。

● 法　律

《促进科技成果转化法》（2015 年 8 月 29 日）

第 7 条　国家为了国家安全、国家利益和重大社会公共利益的需要，可以依法组织实施或者许可他人实施相关科技成果。

第 11 条　国家建立、完善科技报告制度和科技成果信息系统，向社会公布科技项目实施情况以及科技成果和相关知识产权信息，提供科技成果信息查询、筛选等公益服务。公布有关信息不得泄露国家秘密和商业秘密。对不予公布的信息，有关部门应当及时告知相关科技项目承担者。

利用财政资金设立的科技项目的承担者应当按照规定及时提交相关科技报告，并将科技成果和相关知识产权信息汇交到科技成果信息系统。

国家鼓励利用非财政资金设立的科技项目的承担者提交相关科技报告，将科技成果和相关知识产权信息汇交到科技成果信息系统，县级以上人民政府负责相关工作的部门应当为其提供方便。

第16条　科技成果持有者可以采用下列方式进行科技成果转化：

（一）自行投资实施转化；

（二）向他人转让该科技成果；

（三）许可他人使用该科技成果；

（四）以该科技成果作为合作条件，与他人共同实施转化；

（五）以该科技成果作价投资，折算股份或者出资比例；

（六）其他协商确定的方式。

第18条　国家设立的研究开发机构、高等院校对其持有的科技成果，可以自主决定转让、许可或者作价投资，但应当通过协议定价、在技术交易市场挂牌交易、拍卖等方式确定价格。通过协议定价的，应当在本单位公示科技成果名称和拟交易价格。

第三十三条　以知识价值为导向的分配政策

国家实行以增加知识价值为导向的分配政策，按照国家有关规定推进知识产权归属和权益分配机制改革，探索赋予科学技术人员职务科技成果所有权或者长期使用权制度。

● 部门规章及文件

1. 科技部、发展改革委、教育部、工业和信息化部、财政部、人力资源社会保障部、商务部、知识产权局、中科院《赋予科研人员职务科技成果所有权或长期使用权试点实施方案》（2020 年 5 月 9 日　国科发区〔2020〕128 号）

二、试点主要任务

（一）赋予科研人员职务科技成果所有权。

国家设立的高等院校、科研机构科研人员完成的职务科技成果所有权属于单位。试点单位可以结合本单位实际，将本单位利用财政性资金形成或接受企业、其他社会组织委托形成的归单位所有的职务科技成果所有权赋予成果完成人（团队），试点单位与成果完成人（团队）成为共同所有权人。赋权的成果应具备权属清晰、应用前景明朗、承接对象明确、科研人员转化意愿强烈等条件。成果类型包括专利权、计算机软件著作权、集成电路布图设计专有权、植物新品种权，以及生物医药新品种和技术秘密等。对可能影响国家安全、国防安全、公共安全、经济安全、社会稳定等事关国家利益和重大社会公共利益的成果暂不纳入赋权范围，加快推动建立赋权成果的负面清单制度。

试点单位应建立健全职务科技成果赋权的管理制度、工作流程和决策机制，按照科研人员意愿采取转化前赋予职务科技成果所有权（先赋权后转化）或转化后奖励现金、股权（先转化后奖励）的不同激励方式，对同一科技成果转化不进行重复激励。先赋权后转化的，科技成果完成人（团队）应在团队内部协商一致，书面约定内部收益分配比例等事项，指定代表向单位提出赋权申请，试点单位进行审批并在单位内公示，公示期不少于 15 日。试点单位与科技成果完成人（团队）应签署书面协议，合理约定转化科技成果收益分配比例、转化决策机制、转化费用分担以及知识产权维持费用等，明确转化科技成果各方的权利和义务，并及时办理相应的权属变更等手续。

（二）赋予科研人员职务科技成果长期使用权。

试点单位可赋予科研人员不低于 10 年的职务科技成果长期使用权。科技成果完成人（团队）应向单位申请并提交成果转化实施方案，由其单独或与其他单位共同实施该项科技成果转化。试点单位进行审批并在单位内公示，公示期不少于 15 日。试点单位与科技成果完成人（团队）应签署书面协议，合理约定成果的收益分配等事项，在科研人员履行协议、科技成果转化取得积极进展、收益情况良好的情况下，试点单位可进一步延长科研人员长期使用权期限。试点结束后，试点期内签署生效的长期使用权协议应当按照协议约定继续履行。

（三）落实以增加知识价值为导向的分配政策。

试点单位应建立健全职务科技成果转化收益分配机制，使科研人员收入与对成果转化的实际贡献相匹配。试点单位实施科技成果转化，包括开展技术开发、技术咨询、技术服务等活动，按规定给个人的现金奖励，应及时足额发放给对科技成果转化作出重要贡献的人员，计入当年本单位绩效工资总量，不受单位总量限制，不纳入总量基数。

（四）优化科技成果转化国有资产管理方式。

充分赋予试点单位管理科技成果自主权，探索形成符合科技成果转化规律的国有资产管理模式。高等院校、科研机构对其持有的科技成果，可以自主决定转让、许可或者作价投资，不需报主管部门、财政部门审批。试点单位将科技成果转让、许可或者作价投资给国有全资企业的，可以不进行资产评估。试点单位将其持有的科技成果转让、许可或作价投资给非国有全资企业的，由单位自主决定是否进行资产评估。

（五）强化科技成果转化全过程管理和服务。

试点单位要加强对科技成果转化的全过程管理和服务，坚持放管结合，通过年度报告制度、技术合同认定、科技成果登记等方式，及时掌握赋权科技成果转化情况。试点单位可以通过协议定价、在技术交易市场挂牌交易、拍卖等方式确定交易价格，探索和完善科技成果转移转化的资产评估机制。获得科技成果所有权或长期使用权的科技成果完成人（团队）应勤勉尽职，积极采取多种方式加快推动科技成果转化。对于赋权科技成果作价入股的，应完善相应的法人治理结构，维护各方权益。鼓励试点单位和科研人员通过科研发展基金等方式，将成果转化收益继续用于中试熟化和新项目研发等科技创新活动。建立健全相关信息公开机制，加强全社会监督。

（六）加强赋权科技成果转化的科技安全和科技伦理管理。

鼓励赋权科技成果首先在中国境内转化和实施。国家出于重大利益和安全需要，可以依法组织对赋权职务科技成果进行推广应用。科研人员将赋权科技成果向境外转移转化的，应遵守国家技术出口等相关法律法规。涉及国家秘密的职务科技成果的赋权和转化，试点单位和成果完成人（团队）要严格执行科学技术保密制度，加强保密管理；试点单位和成果完成人（团队）与企业、个人合作开展涉密成果转移转化的，要依法依规进行审批，并签订保密协议。加强对赋权科技成果转化的科技伦理管理，严格遵守科技伦理相关规定，确保科技成果的转化应用安全可控。

（七）建立尽职免责机制。

试点单位领导人员履行勤勉尽职义务，严格执行决策、公示等管理制度，在没有牟取非法利益的前提下，可以免除追究其在科技成果定价、自主决定资产评估以及成果赋权中的相关决策失误责任。各地方、各主管部门要建立相应容错和纠错机制，探索通过负面清单等方式，制定勤勉尽责的规范和细则，激发试点单位的转化积极性和科研人员干事创业的主动性、创造性。完善纪检监察、审计、财政等部门监督检查机制，以是否符合中央精神和改革方向、是否有利于科技成果转化作为对科技成果转化活动的定性判断标准，实行审慎包容监管。

（八）充分发挥专业化技术转移机构的作用。

试点单位应在不增加编制的前提下完善专业化技术转移机制建设，发挥社会化技术转移机构作用，开展信息发布、成果评价、成果对接、经纪服务、知识产权管理与运用等工作，创新技术转移管理和运营机制，加强技术经理人队伍建设，提升专业化服务能力。

三、试点对象和期限

（一）试点单位范围。

试点单位为国家设立的高等院校和科研机构。优先在开展基于绩效、诚信和能力的科研管理改革试点的中央部门所属高等院校和中科院所属科研院所，医疗卫生、农业等行业所属中央级科研机构，以及全面创新改革试验区和国家自主创新示范区内的地方高等院校和科研机构中，选择一批改革动力足、创新能力强、转化成效显著以及示范作用突出的单位开展试点。

（二）试点期限。

试点期 3 年。

四、组织实施

（一）加强组织领导。

在国家科技体制改革和创新体系建设领导小组指导下，科技部会同发展改革委、教育部、工业和信息化部、财政部、商务部、人力资源社会保障部、知识产权局、中科院等部门建立高效、精简的试点工作协调机制，及时研究重大政策问题，编制赋权协议范本，加强风险防控，指导推进试点工作，确保试点宏观可控。相关地方要建立协调机制，推动试点任务落实，做好成效总结评估和经验推广工作。试点单位应按照实施方案的原则和要求，编制试点工作方案。

（二）加强评估监测。

科技部会同相关部门完善试点工作报告制度，试点单位应及时将试点工作方案、年度试点执行情况和赋权成果名单报告主管部门和科技部。对试点中的一些重大事项，可组织科技、产业、法律、财务、知识产权等方面的专家，开展决策咨询服务。发挥第三方评估机构的作用，对试点进展情况开展监测和评估。对于试点前有关地方和单位已经开展的科技成果赋权和转化成功经验、做法和模式，及时纳入试点方案。对试点中发现的问题和偏差，及时予以解决和纠正。

（三）加强推广应用。

充分发挥试点示范作用，开展经验交流，编发典型案例，加强宣传引导。对形成的一些好的经验做法，通过扩大试点范围等方式进行复制推广，总结试点中形成的改革新举措，及时健全完善相关政策措施。为解决试点中可能出现的突出问题和矛盾，需要对现行法律法规进行调整的，依法律程序解决。

各有关部门和地方要按照本方案精神，强化全局和责任意识，统一思想，主动改革，勇于创新，积极作为，确保试点工作取得实效。国防领域赋予科研人员职务科技成果所有权或长期使用权的试点由国防科技工业主管部门和军队有关部门参照本方案精神制定实施方案，另行开展。

2. 财政部、科技部、国资委《国有科技型企业股权和分红激励暂行办法》（2016 年 2 月 26 日　财资〔2016〕4 号）

第一章　总　　则

第 1 条　为加快实施创新驱动发展战略，建立国有科技型企业自主创新和科技成果转化的激励分配机制，调动技术和管理人员的积极性和创造性，推动高新技术产业化和科技成果转化，依据《中华人民共和国促进科技成果转化法》、《中华人民共和国公司法》、《中华人民共和国企业国有资产法》等国家法律法规，制定本办法。

第 2 条　本办法所称国有科技型企业，是指中国境内具有公司法人资格的国有及国有控股未上市科技企业（含全国中小企业股份转让系统挂牌的国有企业），具体包括：

（一）转制院所企业、国家认定的高新技术企业。

（二）高等院校和科研院所投资的科技企业。

（三）国家和省级认定的科技服务机构。

第 3 条　本办法所称股权激励，是指国有科技型企业以本企业股权为标的，采取股权出售、股权奖励、股权期权等方式，对企业重要技术人员和经营管理人员实施激励的行为。

分红激励，是指国有科技型企业以科技成果转化收益为标的，采取项目收益分红方式；或者以企业经营收益为标的，采取岗位分红方式，对企业重要技术人员和经营管理人员实施激励的行为。

第 4 条　国有科技型企业实施股权和分红激励应当遵循以下原则：

（一）依法依规，公正透明。严格遵守国家法律法规和本办法的规定，有序开展激励工作，操作过程公开、公平、公正，坚决杜绝利益输送，防止国有资产流失。

（二）因企制宜，多措并举。统筹考虑企业规模、行业特点和发展阶段，采取一种或者多种激励方式，科学制定激励方案。建立合理激励、有序流转、动态调整的机制。

（三）利益共享，风险共担。激励对象按照自愿原则，获得股权和分红激励，应当诚实守信，勤勉尽责，自觉维护企业和全体股东利益，共享改革发展成果，共担市场竞争风险。

（四）落实责任，强化监督。建立健全企业内部监督机制，依法维护企业股东和员工的权益。履行国有资产监管职责单位及同级财政、科技部门要加强监管，依法追责。

第 5 条　国有科技型企业负责拟订股权和分红激励方案，履行内部审议和决策程序，报经履行出资人职责或国有资产监管职责的部门、机构、企业审核后，对符合条件的激励对象实施激励。

第二章　实施条件

第 6 条　实施股权和分红激励的国有科技型企业应当产权明晰、发展战略明确、管理规范、内部治理结构健全并有效运转，同时具备以下条件：

（一）企业建立了规范的内部财务管理制度和员工绩效考核评价制度。年度财务会计报告经过中介机构依法审计，且激励方案制定近 3 年（以下简称近 3 年）没有因财务、税收等违法违规行为受到行政、刑事处罚。成立不满 3 年的企业，以实际经营年限计算。

（二）对于本办法第二条中的（一）、（二）类企业，近 3 年研发费用占当年企业营业收入均在 3%以上，激励方案制定的上一年度企业研发人员占职工总数 10%以上。成立不满 3 年的企业，以实际经营年限计算。

（三）对于本办法第二条中的（三）类企业，近 3 年科技服务性收入不低于当年企业营业收入的 60%。

上款所称科技服务性收入是指国有科技服务机构营业收入中属于研究开发及其服务、技术转移服务、检验检测认证服务、创业孵化服务、知识产权服务、科技咨询服务、科技金融服务、科学技术普及服务等收入。

企业成立不满 3 年的，不得采取股权奖励和岗位分红的激励方式。

第 7 条　激励对象为与本企业签订劳动合同的重要技术人员和经营管理人员，具体包括：

（一）关键职务科技成果的主要完成人，重大开发项目的负责人，对主导产品或者核心技术、工艺流程做出重大创新或者改进的主要技术人员。

（二）主持企业全面生产经营工作的高级管理人员，负责企业主要产品（服务）生产经营的中、高级经营管理人员。

（三）通过省、部级及以上人才计划引进的重要技术人才和经营管理人才。

企业不得面向全体员工实施股权或者分红激励。

企业监事、独立董事不得参与企业股权或者分红激励。

第三章　股权激励

第8条　企业可以通过以下方式解决激励标的股权来源：

（一）向激励对象增发股份。

（二）向现有股东回购股份。

（三）现有股东依法向激励对象转让其持有的股权。

第9条　企业可以采取股权出售、股权奖励、股权期权等一种或多种方式对激励对象实施股权激励。

大、中型企业不得采取股权期权的激励方式。

企业的划型标准，按照国家统计局《关于印发统计上大中小微型企业划分办法的通知》（国统字〔2011〕75号）等有关规定执行。

第10条　大型企业的股权激励总额不超过企业总股本的5%；中型企业的股权激励总额不超过企业总股本的10%；小、微型企业的股权激励总额不超过企业总股本的30%，且单个激励对象获得的激励股权不得超过企业总股本的3%。

企业不能因实施股权激励而改变国有控股地位。

第11条　企业实施股权出售，应按不低于资产评估结果的价格，以协议方式将企业股权有偿出售给激励对象。资产评估结果，应当根据国有资产评估的管理规定，报相关部门、机构或者企业核准或者备案。

第12条　企业实施股权奖励，除满足本办法第六条规定外，近3年税后利润累计形成的净资产增值额应当占近3年年初净资产总额的20%以上，实施激励当年年初未分配利润为正数。

近3年税后利润累计形成的净资产增值额，是指激励方案制定上年末账面净资产相对于近3年首年初账面净资产的增加值，不包括财政及企业股东以各种方式投资或补助形成的净资产和已经向股东分配的利润。

第13条　企业用于股权奖励的激励额不超过近3年税后利润累计形成的净资产增值额的15%。企业实施股权奖励，必须与股权出售相结合。

股权奖励的激励对象，仅限于在本企业连续工作3年以上的重要技术人员。单个获得股权奖励的激励对象，必须以不低于1∶1的比例购买企业股权，且获得的股权奖励按激励实施时的评估价值折算，累计不超过300万元。

第14条　企业用于股权奖励的激励额，应当依据经核准或者备案的资产评估结果折合股权，并确定向每个激励对象奖励的股权。

第15条　企业股权出售或者股权奖励原则上应一次实施到位。

第16条　小、微型企业采取股权期权方式实施激励的，应当在激励方案中明确规定激励对象的行权价格。

确定行权价格时，应当综合考虑科技成果成熟程度及其转化情况、企业未来至少5年的盈利能力、企业拟授予全部股权数量等因素，且不低于制定股权期权激励方案时经核准或者备案的每股评估价值。

第17条　企业应当与激励对象约定股权期权授予和行权的业绩考核目标等条件。

业绩考核指标可以选取净资产收益率、主营业务收入增长率、现金营运指数等财务指标，但应当不低于企业近 3 年平均业绩水平及同行业平均业绩水平。成立不满 3 年的企业，以实际经营年限计算。

第 18 条　企业应当在激励方案中明确股权期权的授权日、可行权日和行权有效期。

股权期权授权日与获授股权期权首次可行权日之间的间隔不得少于 1 年，股权期权行权的有效期不得超过 5 年。

企业应当规定激励对象在股权期权行权的有效期内分期行权。有效期过后，尚未行权的股权期权自动失效。

第 19 条　企业以股权期权方式授予的股权，激励对象分期缴纳相应出资额的，以实际出资额对应的股权参与企业利润分配。

第 20 条　企业不得为激励对象购买股权提供贷款以及其他形式的财务资助，包括为激励对象向其他单位或者个人贷款提供担保。企业要坚持同股同权，不得向激励对象承诺年度分红回报或设置托底回购条款。

第 21 条　激励对象可以采用直接或间接方式持有激励股权。采用间接方式的，持股单位不得与企业存在同业竞争关系或发生关联交易。

第 22 条　股权激励的激励对象，自取得股权之日起，5 年内不得转让、捐赠，特殊情形按以下规定处理：

（一）因本人提出离职或者个人原因被解聘、解除劳动合同，取得的股权应当在半年内全部退回企业，其个人出资部分由企业按上一年度审计后净资产计算退还本人。

（二）因公调离本企业的，取得的股权应当在半年内全部退回企业，其个人出资部分由企业按照上一年度审计后净资产计算与实际出资成本孰高的原则返还本人。

在职激励对象不得以任何理由要求企业收回激励股权。

第四章　分红激励

第 23 条　企业实施项目收益分红，应当依据《中华人民共和国促进科技成果转化法》，在职务科技成果完成、转化后，按照企业规定或者与重要技术人员约定的方式、数额和时限执行。企业制定相关规定，应当充分听取本企业技术人员的意见，并在本企业公开相关规定。

企业未规定、也未与重要技术人员约定的，按照下列标准执行：

（一）将该项职务科技成果转让、许可给他人实施的，从该项科技成果转让净收入或者许可净收入中提取不低于 50%的比例；

（二）利用该项职务科技成果作价投资的，从该项科技成果形成的股份或者出资比例中提取不低于 50%的比例；

（三）将该项职务科技成果自行实施或者与他人合作实施的，应当在实施转化成功投产后连续 3 至 5 年，每年从实施该项科技成果的营业利润中提取不低于 5%的比例。

转让、许可净收入为企业取得的科技成果转让、许可收入扣除相关税费和企业为该项科技成果投入的全部研发费用及维护、维权费用后的金额。企业将同一项科技成果使用权向多个单位或者个人转让、许可的，转让、许可收入应当合并计算。

第 24 条　企业实施项目收益分红，应当按照具体项目实施财务管理，并按照国家统一的会计制度进行核算，反映具体项目收益分红情况。

第 25 条　企业实施岗位分红，除满足本办法第六条规定外，近 3 年税后利润累计形成的净资产增值额应当占企业近 3 年年初净资产总额的 10%以上，且实施激励当年年初未分配利润为正数。

第 26 条　企业年度岗位分红激励总额不高于当年税后利润的 15%。企业应当按照岗位在科技成果产业化中的重要性和贡献，确定不同岗位的分红标准。

第 27 条　激励对象应当在该岗位上连续工作 1 年以上，且原则上每次激励人数不超过企业在岗职工总数的 30%。

激励对象获得的岗位分红所得不高于其薪酬总额的 2/3。激励对象自离岗当年起，不再享有原岗位分红权。

第 28 条　岗位分红激励方案有效期原则上不超过 3 年。激励方案中应当明确年度业绩考核指标，原则上各年度净利润增长率应当高于企业实施岗位分红激励近 3 年平均增长水平。

企业未达到年度考核要求的，应当终止激励方案的实施，再次实施岗位分红激励需重新申报。

激励对象未达到年度考核要求的，应当按约定的条款扣减、暂缓或停止分红激励。

第 29 条　企业实施分红激励所需支出计入工资总额，但不受当年本单位工资总额限制、不纳入本单位工资总额基数，不作为企业职工教育经费、工会经费、社会保险费、补充养老及补充医疗保险费、住房公积金等的计提依据。

第五章　激励方案的管理

第 30 条　企业总经理班子或者董事会（以下统称企业内部决策机构）负责拟订企业股权和分红激励方案（格式参见附件）。

第 31 条　对同一激励对象就同一职务科技成果或者产业化项目，企业只能采取一种激励方式、给予一次激励。对已按照本办法实施股权激励的激励对象，企业在 5 年内不得再对其实施股权激励。

第 32 条　激励方案涉及的财务数据和资产评估结果，应当经具有相关资质的会计师事务所审计和资产评估机构评估，并按有关规定办理核准或备案手续。

第 33 条　企业内部决策机构拟订激励方案时，应当通过职工代表大会或者其他形式充分听取职工的意见和建议。

第 34 条　企业内部决策机构应当将激励方案及听取职工意见情况，先行报履行出资人职责或国有资产监管职责的部门、机构、企业（以下简称审核单位）批准。

中央企业集团公司相关材料报履行出资人职责的部门或机构批准；中央企业集团公司所属子企业，相关材料报中央企业集团公司批准。履行出资人职责的国有资本投资、运营公司所属子企业，相关材料报国有资本投资、运营公司批准。

中央部门及事业单位所属企业，按国有资产管理权属，相关材料报中央主管部门或机构批准。

地方国有企业相关材料，按现行国有资产管理体制，报同级履行国有资产监管职责的部门或机构批准。

第 35 条　审核单位应当严格审核企业申报的激励方案，必要时要求企业法律事务机构或者外聘律师对激励方案出具法律意见书，对以下事项发表专业意见：

（一）激励方案是否符合有关法律、法规和本办法的规定。

（二）激励方案是否存在明显损害企业及现有股东利益的情形。

（三）激励方案是否充分披露影响激励结果的重大信息。

（四）激励方案可能引发的法律纠纷等风险，以及应对风险的法律建议。

（五）其他重要事项。

审核单位自受理企业股权和分红激励方案之日起 20 个工作日内，提出书面审定意见。

第 36 条　审核单位批准企业实施股权和分红激励后，企业内部决策机构应将批准的激励方案提请股东（大）会审议。

在股东（大）会审议激励方案时，国有股东代表应当按照审批单位书面审定意见发表意见。

未设立股东（大）会的企业，按照审批单位批准的方案实施。

第37条　除国家另有规定外，企业应当在股东（大）会审议通过激励方案后5个工作日内，将以下材料报送审核单位备案：

（一）经股东（大）会审议通过的激励方案。

（二）相关批准文件、股东（大）会决议。

企业股东应当依法行使股东权利，督促企业内部决策机构严格按照激励方案实施激励。

第38条　在激励方案实施期间内，企业应于每年1月底前向审核单位报告上一年度激励方案实施情况：

（一）实施激励涉及的业绩条件、净收益等财务信息。

（二）激励对象在报告期内各自获得的激励情况。

（三）报告期内的股权激励数量及金额，引起的股本变动情况，以及截至报告期末的累计额。

（四）报告期内的分红激励金额，以及截至报告期末的累计额。

（五）激励支出的列支渠道和会计核算情况。

（六）其他应报告的事项。

中央主管部门、机构和中央企业集团公司，应当对所属企业年度股权和分红激励实施情况进行总结，包括实施股权和分红激励企业户数、激励方式、激励人数、激励落实情况、存在的突出问题以及有关政策建议等，并于3月底前将上一年度实施情况的总结报告报送财政部、科技部。

地方省级财政部门、科技部门，负责对本省地方国有企业年度股权和分红激励实施情况进行总结，并于3月底前将上一年度实施情况的总结报告报送财政部、科技部。

第39条　企业实施股权或者分红激励，应当按照《企业财务通则》（财政部令第41号）和国家统一会计制度的规定，规范财务管理和会计核算。

第40条 企业实施激励导致注册资本规模、股权结构或者组织形式变动的，应当按照有关规定，根据相关批准文件、股东（大）会决议等，及时办理国有资产产权登记和工商变更登记手续。

第41条 因出现特殊情形需要调整激励方案的，企业应当重新履行内部审议和外部审核的程序。

因出现特殊情形需要终止实施激励的，企业内部决策机构应当向审核单位报告并向股东（大）会说明情况。

第42条 企业实施激励过程中，应当接受审核单位及财政、科技部门监督。对违反有关法律法规及本办法规定、损害国有资产合法权益的情形，审核单位应当责令企业中止方案实施，并追究相关人员的法律责任。

第六章 附 则

第43条 企业不符合本办法规定激励条件而向管理者转让国有产权的，应当通过产权交易市场公开进行，并按照国家关于产权交易监督管理的有关规定执行。

第44条 尚未实施公司制改革的全民所有制企业可参照本办法，实施项目收益分红和岗位分红激励政策。

第45条 本办法由财政部、科技部负责解释。各地方、部门可根据本办法制定具体实施细则。

第46条 本办法自2016年3月1日起施行。企业依据《财政部 科技部关于印发〈中关村国家自主创新示范区企业股权和分红激励实施办法〉的通知》（财企〔2010〕8号）、《财政部 科技部关于〈中关村国家自主创新示范区企业股权和分红激励实施办法〉的补充通知》（财企〔2011〕1号）制定并正在实施的激励方案，可继续执行，实施期满，新的激励方案统一按本办法执行。

附件：（略）

3. 财政部、科技部、国资委《关于扩大国有科技型企业股权和分红激励暂行办法实施范围等有关事项的通知》（2018 年 9 月 18 日 财资〔2018〕54 号）

中央有关部门，国务院各部委、各直属机构，各省、自治区、直辖市、计划单列市财政厅（局）、科技厅（委、局）、国资委，新疆生产建设兵团财政局、科技局、国资委，各中央管理企业：

为加快实施创新驱动发展战略，推动国有科技型企业建立健全激励分配机制，进一步增强技术和管理人员的获得感，经国务院同意，现就扩大《国有科技型企业股权和分红激励暂行办法》实施范围等有关事项通知如下：

一、将国有科技型中小企业、国有控股上市公司所出资的各级未上市科技子企业、转制院所企业投资的科技企业纳入激励实施范围。

上述企业纳入实施范围后，《财政部 科技部 国资委关于印发〈国有科技型企业股权和分红激励暂行办法〉的通知》（财资〔2016〕4 号，以下简称《激励办法》）第二条相应调整为：本办法所称国有科技型企业，是指中国境内具有公司法人资格的国有及国有控股未上市科技企业（含全国中小企业股份转让系统挂牌的国有企业、国有控股上市公司所出资的各级未上市科技子企业），具体包括：

（一）国家认定的高新技术企业。

（二）转制院所企业及所投资的科技企业。

（三）高等院校和科研院所投资的科技企业。

（四）纳入科技部"全国科技型中小企业信息库"的企业。

（五）国家和省级认定的科技服务机构。

二、对于国家认定的高新技术企业不再设定研发费用和研发人员指标条件。将《激励办法》第六条第（二）款调整为"（二）对于本办法第二条中的（二）、（三）、（四）类企业，近 3 年研发费用占当年企业营业收入均在3%以上，激励方案制定的上一年度企业研发人员占职工总数10%以上。成立不满3年的企业，以实际经营年限计算”。将《激励办法》第六条第（三）款调整为“（三）对于本办法第二条中的（五）类企业，近3年科技服务性收入不低于当年企业营业收入的60%”。

三、本通知自印发之日起执行。

第三十四条 知识产权境内外使用规定

国家鼓励利用财政性资金设立的科学技术计划项目所形成的知识产权首先在境内使用。

前款规定的知识产权向境外的组织或者个人转让，或者许可境外的组织或者个人独占实施的，应当经项目管理机构批准；法律、行政法规对批准机构另有规定的，依照其规定。

法　律

1. **《促进科技成果转化法》**（2015年8月29日）

第6条　国家鼓励科技成果首先在中国境内实施。中国单位或者个人向境外的组织、个人转让或者许可其实施科技成果的，应当遵守相关法律、行政法规以及国家有关规定。

部门规章及文件

2. **《国家科技重大专项知识产权管理暂行规定》**①（2010年7月1日　国科发专〔2010〕264号）

① 囿于篇幅有限，内容详见科学技术部网站，http：//www.most.gov.cn/kjzc/gjkjzc/kjcgy zscq/201308/P020130823584780157414.pdf，最后访问时间：2022年11月28日。

第三十五条　包容审慎原则

国家鼓励新技术应用，按照包容审慎原则，推动开展新技术、新产品、新服务、新模式应用试验，为新技术、新产品应用创造条件。

第三十六条　农业科学技术研究、传播与普及

国家鼓励和支持农业科学技术的应用研究，传播和普及农业科学技术知识，加快农业科技成果转化和产业化，促进农业科学技术进步，利用农业科学技术引领乡村振兴和农业农村现代化。

县级以上人民政府应当采取措施，支持公益性农业科学技术研究开发机构和农业技术推广机构进行农业新品种、新技术的研究开发、应用和推广。

地方各级人民政府应当鼓励和引导农业科学技术服务机构、科技特派员和农村群众性科学技术组织为种植业、林业、畜牧业、渔业等的发展提供科学技术服务，为农民提供科学技术培训和指导。

● 法　律

1. **《促进科技成果转化法》**（2015年8月29日）

第29条　国家鼓励农业科研机构、农业试验示范单位独立或者与其他单位合作实施农业科技成果转化。

2. **《科学技术普及法》**（2002年6月29日）

第20条　国家加强农村的科普工作。农村基层组织应当根据当地经济与社会发展的需要，围绕科学生产、文明生活，发挥乡镇科普组织、农村学校的作用，开展科普工作。

各类农村经济组织、农业技术推广机构和农村专业技术协会，应当结合推广先进适用技术向农民普及科学技术知识。

3.《**乡村振兴促进法**》（2021 年 4 月 29 日）

第 15 条 国家加强农业种质资源保护利用和种质资源库建设，支持育种基础性、前沿性和应用技术研究，实施农作物和畜禽等良种培育、育种关键技术攻关，鼓励种业科技成果转化和优良品种推广，建立并实施种业国家安全审查机制，促进种业高质量发展。

4.《**种子法**》（2021 年 12 月 24 日）

第 12 条 国家支持科研院所及高等院校重点开展育种的基础性、前沿性和应用技术研究，以及常规作物、主要造林树种育种和无性繁殖材料选育等公益性研究。

国家鼓励种子企业充分利用公益性研究成果，培育具有自主知识产权的优良品种；鼓励种子企业与科研院所及高等院校构建技术研发平台，建立以市场为导向、资本为纽带、利益共享、风险共担的产学研相结合的种业技术创新体系。

国家加强种业科技创新能力建设，促进种业科技成果转化，维护种业科技人员的合法权益。

部门规章及文件

5. 科技部、教育部、财政部、劳动和社会保障部、税务总局、中国科协《关于加强农村实用科技人才培养的若干意见》（2007 年 12 月 24 日　国科发农字〔2007〕793 号）

二、加大乡土科技人才培养力度

4. 统筹各类乡土科技人才的培养。协调推进农民和专业大户、农村企业科技人员、农村基层科技服务人员、农民经纪人和专业技术协会人员、从事农村社会事业的专业技术人员、农村基层科技管理人员等的培养。继续实施星火科技培训专项行动、教育系统农村劳动力转移培训和农村实用技术培训计划等，支持新型农民科技培训，广泛开展各种形式的科技下乡和群众性、社会性、经常性科普活动，提高农民科学文化素质，促进科学种养；重点加强农民科技致富带头人的培训。进一步加强农村劳动力转移科技培训，确保效果和质量，增强农民转产转岗就业的能力。开展乡镇企业和农村中小企业科技培训，培养一批懂技术、会管理、善经营的高技能人才。加强农村基层科技服务人员、农村教育和卫生等社会事业专业技术人员的培养，提高农村基层技术服务能力，发展农村社会事业。

5. 挖掘乡土科技人才培养教育资源。统筹推进农村义务教育、职业教育和成人教育，大力发展面向农村的职业教育和培训。切实加强职业教育能力建设，扩大中等职业教育的办学规模，提高高等职业院校的办学质量，大力推行工学结合、校企合作的人才培养模式，加强专兼职师资队伍建设。充分发挥农村中小学校、普通高等学校、中等职业学校、农村成人学校、农村致富技术函授大学等教育资源的作用，开展乡土科技人才教育培训。充分利用广播、电视、网络等资源，结合农村党员干部现代远程教育等，发展农村远程教育。加强乡土科技人才培养师资库、教材等基础条件的建设。

6. 开辟多元化的乡土科技人才培养渠道。一是通过农村科技成果转化和推广项目的实施带动乡土科技人才的培养。继续实施星火计划、农业科技成果转化项目，促进农村先进适用技术的转化和推广，支持各类人才的技术革新和发明创造。承担农村科技成果转化和推广项目的企业和单位，要积极承担起培养乡土科技人才的责任。确定和验收农村科技成果转化和推广项目，要把能否有效带动乡土科技人才的培养作为重要指标。二是通过农村科技成果产业化示范基地和培训基地培养乡土科技人才。发展好农业科技园区、农业高新技术产业示范基地、农村科普示范基地、星火培训基地、星火学校和农村成人学校等，支持其发展“基地

+农户”、“定单培训”等模式，带动乡土科技人才培养。三是积极发展农村专业技术协会等农村科技服务中介组织，支持其在服务农民的过程中带动农民素质的提高。四是大力发展农村科普事业，形成尊重科学、崇尚创新的浓厚氛围。以农村科普活动站、科普宣传栏、科普大篷车、科普宣传员为重点，加强农村科普组织、队伍和能力建设。建立农村科普事业良性运行机制。五是鼓励拓展其他乡土科技人才培养渠道。

三、鼓励专业技术人才深入农村一线

7. 支持大专院校和科研院所与农村紧密结合。深化涉农科研院所体制改革，使院所直接面向新农村建设主战场，积极开发适合“三农”需要的技术，加速科技成果的转化和推广。引导涉农院校和科研院所与地方政府联合，针对地方实际，优选若干产业，动员科技智力资源，通过各种形式、各种机制为农民和农村企业服务，因地制宜地发展以大专院校和科研院所为主体的农村科技服务模式。鼓励农业院校和科研院所专业技术人才到农村，与企业等实体联合进行技术开发和人才培养。继续实施“大学生志愿者服务西部计划”等，引导大学生服务农村一线。

8. 创新引导专业技术人才深入农村的机制。对农业科技服务实行分类指导，分类支持，鼓励和支持多种模式的、社会化的农业技术服务组织的发展，建立健全多元化的农业技术服务体系。鼓励专业技术人才以资金入股、技术参股等形式，与专业大户、龙头企业、专业技术协会等结成利益共同体，实行风险共担、利益共享。继续开展科技特派员制度试点和农业专家大院模式示范推广等工作，引导专业技术人才深入农村一线，与农民紧密联系在一起。及时总结在创新农村科技服务机制方面的新经验并予以适时引导，建立健全农村科技服务体系。

9. 激励专业技术人才面向农村和贫困地区开展服务。加强对深入农村一线创新、创业、服务并做出突出成绩的专业技术人才的人才，研究制定科学合理的激励措施；其服务所在地要为其提供帮助、营造环境。通过科技扶贫开发等形式，鼓励和支持各地区开展多种形式的区域技术、人才合作，引导人才向西部地区、农村基层、贫困地区和发展滞后行业流动，优化人才区域和行业布局。

四、发挥农村实用科技人才的作用

10. 健全农村实用科技人才评价机制。配合农村职业教育和技能培训的开展，鼓励农村专业技术人员取得相应职业资格证书；对参加职业培训并有鉴定要求的农村劳动者，积极提供技能评价服务，实施职业技能鉴定或专项职业能力考核，争取使受训农村劳动者取得相应职业资格证书或专项职业能力证书。适应农村生产经营专业化的发展趋势，在加强培养的基础上，扩大职业资格证书在农村的覆盖面。在加强农村实用科技人才评价的同时，健全对农村实用科技人才培养单位和机构加强评价的办法。要逐步形成符合社会主义市场经济规律、市场充分发挥作用的人才评价机制。

11. 为农村实用科技人才发挥作用提供服务。整合信息服务网络资源，加强信息共享，为农村实用科技人才提供准确、及时、有效的信息服务。加强对农民工和农村劳动力转移就业的指导与服务。各地要结合实际，出台扶持政策，为农村实用科技人才特别是农村实用科技带头人解决生产经营中遇到的各种实际问题。科技管理部门要发挥好各领域科技人员之间、专业技术人才和乡土科技人才之间、科技人员和农民之间加强交流的桥梁和纽带作用。

12. 加强对农村实用科技人才的表彰激励。把农业科技服务成就作为科技奖励的重要内容，对在农村科技成果转化、应用、服务中做出突出贡献的单位和个人予以奖励。建立部门对农村实用科技人才的联合表彰机制。通过实施“科普惠农兴村计划”，

“十一五”期间每年表彰、奖励一批有突出贡献、示范作用和辐射能力强的农村专业技术协会、科普示范基地、农村科普带头人、少数民族科普工作队等。充分发挥其他已有针对农村实用科技人才的各种奖励的作用。加强对农村实用科技人才的宣传。

五、建立健全农村实用科技人才培养长效机制

13. 加强农村实用科技人才培养的组织管理。在各级党委政府的领导下，科技、教育、财政、劳动保障、税务、科协等部门和单位分工协作，共同推动农村实用科技人才的培养。各地要高度重视，把农村实用科技人才培养纳入科技发展总体规划之中。基层科技部门要将农村实用科技人才培养作为主要工作内容之一予以安排和部署。将农村实用科技人才培养工作成效作为县市科技进步考核的重要内容。

14. 分工协作，加大农村实用科技人才培养投入力度。加强部门间开展农村实用科技人才培养工作的分工协调和集成，加强工作衔接和配合，避免分散重复，提高各部门投入的效率和效益。严格落实国家关于科普经费投入的有关规定。相关科技计划要进一步加大对农村实用科技人才培养的投入力度。

15. 支持社会力量开展农村实用科技人才培养。充分发挥社会力量在农村实用科技人才培养中的作用。鼓励社会力量承担农村职业教育、技能培训工作。从社会力量兴办的教育培训机构中，择优选择，给予相应的引导支持。将农村实用科技人才培养作为认定国家级农村科技型龙头企业和涉农国家高新技术企业的重要指标。符合现行政策规定的企业、农村科技中介机构开展技术培训、技术咨询和技术服务，享受相应的税收优惠政策。积极引导金融力量支持农村实用科技人才培养。

第三十七条 科学技术研究开发与产品、服务标准制定

国家推动科学技术研究开发与产品、服务标准制定相结合，科学技术研究开发与产品设计、制造相结合；引导科学技术研究开发机构、高等学校、企业和社会组织共同推进国家重大技术创新产品、服务标准的研究、制定和依法采用，参与国际标准制定。

● 法 律

1. 《促进科技成果转化法》（2015 年 8 月 29 日）

第 14 条 国家加强标准制定工作，对新技术、新工艺、新材料、新产品依法及时制定国家标准、行业标准，积极参与国际标准的制定，推动先进适用技术推广和应用。

国家建立有效的军民科技成果相互转化体系，完善国防科技协同创新体制机制。军品科研生产应当依法优先采用先进适用的民用标准，推动军用、民用技术相互转移、转化。

第 24 条 对利用财政资金设立的具有市场应用前景、产业目标明确的科技项目，政府有关部门、管理机构应当发挥企业在研究开发方向选择、项目实施和成果应用中的主导作用，鼓励企业、研究开发机构、高等院校及其他组织共同实施。

● 部门规章及文件

2. 《国家工程研究中心管理办法》（2020 年 7 月 29 日）

第 4 条 工程中心的主要任务包括：

（一）面向国家重大战略任务和重点工程建设需求，开展关键技术攻关和实验研究；

（二）以市场为导向，研判产业发展态势及需求，开展具有重要应用价值的重大科技成果的工程化和系统集成，研制重大装备样机及其关键部件；

（三）推动技术转移和扩散，持续不断地为规模化生产提供成熟的先进技术、工艺及其技术产品和装备；

（四）积极开展国际交流合作，为企业应用国际先进技术、制定采用国际标准、推动国际技术转移扩散等提供支撑服务；

（五）提供工程技术验证和咨询服务，研究产业技术标准；

（六）为行业培养工程技术研究与管理的高层次人才。

第三十八条 技术交易中介服务机构

国家培育和发展统一开放、互联互通、竞争有序的技术市场，鼓励创办从事技术评估、技术经纪和创新创业服务等活动的中介服务机构，引导建立社会化、专业化、网络化、信息化和智能化的技术交易服务体系和创新创业服务体系，推动科技成果的应用和推广。

技术交易活动应当遵循自愿平等、互利有偿和诚实信用的原则。

法 律

1.《促进科技成果转化法》（2015 年 8 月 29 日）

第 30 条 国家培育和发展技术市场，鼓励创办科技中介服务机构，为技术交易提供交易场所、信息平台以及信息检索、加工与分析、评估、经纪等服务。

科技中介服务机构提供服务，应当遵循公正、客观的原则，不得提供虚假的信息和证明，对其在服务过程中知悉的国家秘密和当事人的商业秘密负有保密义务。

第 32 条 国家支持科技企业孵化器、大学科技园等科技企业孵化机构发展，为初创期科技型中小企业提供孵化场地、创业辅导、研究开发与管理咨询等服务。

2.《科技企业孵化器管理办法》（2018 年 12 月 14 日）

第一章 总 则

第 1 条 为贯彻落实《中华人民共和国中小企业促进法》《中华人民共和国促进科技成果转化法》《国家创新驱动发展战略纲要》，引导我国科技企业孵化器高质量发展，支持科技型中小微企业快速成长，构建良好的科技创业生态，推动大众创业万众创新上水平，加快创新型国家建设，制订本办法。

第 2 条 科技企业孵化器（含众创空间等，以下简称孵化器）是以促进科技成果转化，培育科技企业和企业家精神为宗旨，提供物理空间、共享设施和专业化服务的科技创业服务机构，是国家创新体系的重要组成部分、创新创业人才的培养基地、大众创新创业的支撑平台。

第 3 条 孵化器的主要功能是围绕科技企业的成长需求，集聚各类要素资源，推动科技型创新创业，提供创业场地、共享设施、技术服务、咨询服务、投资融资、创业辅导、资源对接等服务，降低创业成本，提高创业存活率，促进企业成长，以创业带动就业，激发全社会创新创业活力。

第 4 条 孵化器的建设目标是落实国家创新驱动发展战略，构建完善的创业孵化服务体系，不断提高服务能力和孵化成效，形成主体多元、类型多样、业态丰富的发展格局，持续孵化新企业、催生新产业、形成新业态，推动创新与创业结合、线上与线下结合、投资与孵化结合，培育经济发展新动能，促进实体经济转型升级，为建设现代化经济体系提供支撑。

第 5 条 科技部和地方科技厅（委、局）负责对全国及所在地区的孵化器进行宏观管理和业务指导。

第二章 国家级科技企业孵化器认定条件

第 6 条 申请国家级科技企业孵化器应具备以下条件：

1. 孵化器具有独立法人资格，发展方向明确，具备完善的运营管理体系和孵化服务机制。机构实际注册并运营满3年，且至少连续2年报送真实完整的统计数据；

2. 孵化场地集中，可自主支配的孵化场地面积不低于10000平方米。其中，在孵企业使用面积（含公共服务面积）占75%以上；

3. 孵化器配备自有种子资金或合作的孵化资金规模不低于500万元人民币，获得投融资的在孵企业占比不低于10%，并有不少于3个的资金使用案例；

4. 孵化器拥有职业化的服务队伍，专业孵化服务人员（指具有创业、投融资、企业管理等经验或经过创业服务相关培训的孵化器专职工作人员）占机构总人数80%以上，每10家在孵企业至少配备1名专业孵化服务人员和1名创业导师（指接受科技部门、行业协会或孵化器聘任，能对创业企业、创业者提供专业化、实践性辅导服务的企业家、投资专家、管理咨询专家）；

5. 孵化器在孵企业中已申请专利的企业占在孵企业总数比例不低于50%或拥有有效知识产权的企业占比不低于30%；

6. 孵化器在孵企业不少于50家且每千平方米平均在孵企业不少于3家；

7. 孵化器累计毕业企业应达到20家以上。

第7条　在同一产业领域从事研发、生产的企业占在孵企业总数的75%以上，且提供细分产业的精准孵化服务，拥有可自主支配的公共服务平台，能够提供研究开发、检验检测、小试中试等专业技术服务的可按专业孵化器进行认定管理。专业孵化器内在孵企业应不少于30家且每千平方米平均在孵企业不少于2家；累计毕业企业应达到15家以上。

第8条　本办法中孵化器在孵企业是指具备以下条件的被孵化企业：

1. 主要从事新技术、新产品的研发、生产和服务，应满足科技型中小企业相关要求；

2. 企业注册地和主要研发、办公场所须在本孵化器场地内，入驻时成立时间不超过 24 个月；

3. 孵化时限原则上不超过 48 个月。技术领域为生物医药、现代农业、集成电路的企业，孵化时限不超过 60 个月。

第 9 条　企业从孵化器中毕业应至少符合以下条件中的一项：

1. 经国家备案通过的高新技术企业；

2. 累计获得天使投资或风险投资超过 500 万元；

3. 连续 2 年营业收入累计超过 1000 万元；

4. 被兼并、收购或在国内外资本市场挂牌、上市。

第 10 条　全国艰苦边远地区（按照人力资源和社会保障部艰苦边远地区范围和类别规定）的科技企业孵化器，孵化场地面积、在孵和毕业企业数量、孵化资金规模、知识产权比例等要求可降低 20%。

第三章　申报与管理

第 11 条　国家级科技企业孵化器申报程序：

1. 申报机构向所在地省级科技厅（委、局）提出申请。

2. 省级科技厅（委、局）负责组织专家进行评审并实地核查，评审结果对外公示。对公示无异议机构书面推荐到科技部。

3. 科技部负责对推荐申报材料进行审核并公示结果，合格机构以科技部文件形式确认为国家级科技企业孵化器。

第 12 条　国家级科技企业孵化器（含国家备案众创空间），按照国家政策和文件规定享受相关优惠政策。

第 13 条　科技部依据国家统计局审批的统计报表对孵化器进行规范统计，国家级科技企业孵化器应按要求及时提供真实完整的统计数据。

第 14 条　科技部依据孵化器评价指标体系定期对国家级科技企业孵化器开展考核评价工作，并进行动态管理。对连续 2 次考核评价不合格的，取消其国家级科技企业孵化器资格。

第 15 条　国家级科技企业孵化器发生名称变更或运营主体、面积范围、场地位置等认定条件发生变化的，需在三个月内向所在地省级科技厅（委、局）报告。经省级科技厅（委、局）审核并实地核查后，符合本办法要求的，向科技部提出变更建议；不符合本办法要求的，向科技部提出取消资格建议。

第 16 条　在申报过程中存在弄虚作假行为的，取消其国家级科技企业孵化器评审资格，2 年内不得再次申报；在评审过程中存在徇私舞弊、有违公平公正等行为的，按照有关规定追究相应责任。

第四章　促进与发展

第 17 条　孵化器应加强服务能力建设，利用互联网、大数据、人工智能等新技术，提升服务效率。有条件的孵化器应形成“众创—孵化—加速”机制，提供全周期创业服务，营造科技创新创业生态。

第 18 条　孵化器应加强从业人员培训，打造专业化创业导师队伍，为在孵企业提供精准化、高质量的创业服务，不断拓宽就业渠道，推动留学人员、科研人员及大学生创业就业。

第 19 条　孵化器应提高市场化运营能力，鼓励企业化运作，构建可持续发展的运营模式，提升自身品牌影响力。

第 20 条　孵化器应积极融入全球创新创业网络，开展国际技术转移、离岸孵化等业务，引进海外优质项目、技术成果和人才等资源，帮助创业者对接海外市场。

第 21 条　各级地方政府和科技部门、国家自主创新示范区、国家高新技术产业开发区管理机构及其相关部门应在孵化器发展规划、用地、财政等方面提供政策支持。

第22条　各地区应结合区域优势和现实需求引导孵化器向专业化方向发展，支持有条件的龙头企业、高校、科研院所、新型研发机构、投资机构等主体建设专业孵化器，促进创新创业资源的开放共享，促进大中小企业融通发展。

第23条　各地区应发挥协会、联盟等行业组织的作用，促进区域孵化器之间的经验交流和资源共享。

第五章　附　则

第24条　省级科技厅（委、局）可参照本办法制定本地区孵化器管理办法。

第25条　本办法由科技部负责解释，自2019年1月1日起实施。《科技企业孵化器认定和管理办法》（国科发高〔2010〕680号）同时废止。

第四章　企业科技创新

第三十九条　企业为主体的技术创新体系

国家建立以企业为主体，以市场为导向，企业同科学技术研究开发机构、高等学校紧密合作的技术创新体系，引导和扶持企业技术创新活动，支持企业牵头国家科技攻关任务，发挥企业在技术创新中的主体作用，推动企业成为技术创新决策、科研投入、组织科研和成果转化的主体，促进各类创新要素向企业集聚，提高企业技术创新能力。

国家培育具有影响力和竞争力的科技领军企业，充分发挥科技领军企业的创新带动作用。

法　律

1.《高等教育法》（2018年12月29日）

第35条　高等学校根据自身条件，自主开展科学研究、技术开发和社会服务。

国家鼓励高等学校同企业事业组织、社会团体及其他社会组织在科学研究、技术开发和推广等方面进行多种形式的合作。

国家支持具备条件的高等学校成为国家科学研究基地。

部门规章及文件

2.《国家企业技术中心认定管理办法》（2016年2月26日）

第3条 国家鼓励和支持企业建立技术中心，发挥企业在技术创新中的主体作用，建立健全企业主导产业技术研发创新的体制机制。国家根据创新驱动发展要求和经济结构调整需要，对创新能力强、创新机制好、引领示范作用大、符合条件的企业技术中心予以认定，并给予政策支持，鼓励引导行业骨干企业带动产业技术进步和创新能力提高。

第四十条 鼓励企业技术创新的活动

国家鼓励企业开展下列活动：

（一）设立内部科学技术研究开发机构；

（二）同其他企业或者科学技术研究开发机构、高等学校开展合作研究，联合建立科学技术研究开发机构和平台，设立科技企业孵化机构和创新创业平台，或者以委托等方式开展科学技术研究开发；

（三）培养、吸引和使用科学技术人员；

（四）同科学技术研究开发机构、高等学校、职业院校或者培训机构联合培养专业技术人才和高技能人才，吸引高等学校毕业生到企业工作；

（五）设立博士后工作站或者流动站；

（六）结合技术创新和职工技能培训，开展科学技术普及活动，设立向公众开放的普及科学技术的场馆或者设施。

● 法 律

1.《促进科技成果转化法》(2015 年 8 月 29 日)

第 22 条 企业为采用新技术、新工艺、新材料和生产新产品，可以自行发布信息或者委托科技中介服务机构征集其所需的科技成果，或者征寻科技成果转化的合作者。

县级以上地方各级人民政府科学技术行政部门和其他有关部门应当根据职责分工，为企业获取所需的科技成果提供帮助和支持。

第 25 条 国家鼓励研究开发机构、高等院校与企业相结合，联合实施科技成果转化。

研究开发机构、高等院校可以参与政府有关部门或者企业实施科技成果转化的招标投标活动。

2.《高等教育法》(2018 年 12 月 29 日)

第 12 条 国家鼓励高等学校之间、高等学校与科学研究机构以及企业事业组织之间开展协作，实行优势互补，提高教育资源的使用效益。

国家鼓励和支持高等教育事业的国际交流与合作。

第 35 条 高等学校根据自身条件，自主开展科学研究、技术开发和社会服务。

国家鼓励高等学校同企业事业组织、社会团体及其他社会组织在科学研究、技术开发和推广等方面进行多种形式的合作。

国家支持具备条件的高等学校成为国家科学研究基地。

● 部门规章文件

3.《科技部办公厅关于开展科技人员服务企业专项行动的通知》(2020 年 4 月 7 日 国科办函智〔2020〕59 号)

一、搭建企业技术需求与科技人才精准对接的平台

运用新一代网络信息技术，搭建供需信息服务平台，打通企

业技术需求与科技人才的对接通道。

1. 广泛征集科技型中小企业技术创新需求。科技部依托科技型中小企业库、高新技术企业信息数据库等，搭建企业技术需求信息与科技人才交互服务平台，分行业分领域实时征集企业技术攻关难题，挖掘凝炼技术需求清单，推动科技人员与企业精准对接。各地要利用现有创业服务中心、科技企业孵化器、众创空间等创新创业服务平台，及时征集企业在抗击疫情、复工复产、转型升级中的技术创新需求。

2. 做好科技人才与企业技术需求的精准对接。科技部利用大数据、人工智能等开展企业技术难题与相关科技人才和创新团队专业方向的关联匹配，将企业技术需求清单推送给相应的科技计划项目承担者、科技人才计划入选者、科技专家库专家等，引导科技人员帮助企业解决技术难题。各地可依托线上线下平台实时发布企业需求，要综合运用大数据等技术手段，做好科技人才与企业技术需求精准对接。

二、引导科研院所和高校组织科技人员服务企业

引导科研院所、高校组织科技人员服务企业，采取多种方式，支持科技人员通过兼职创新、长期派驻、短期合作等服务企业。通过与企业共建新型研发机构、设立联合实验室、合作开发项目等方式，加强产学研合作培养人才。

1. 支持科研院所和高校面向企业选派“科技专员”。支持科研院所、高校根据企业需求，积极选派科研能力强、拥有创新成果的科技人员担任“科技专员”，推动国家科技人才计划入选人才及科研团队等率先服务企业，到企业开展科技咨询、技术诊断、产品开发、成果转化、科学普及等服务。在中央引导地方科技发展资金中引导地方对“科技专员”给予支持。

2. 支持创新人才培养示范基地组织人才服务企业。发挥科研院所、高校创新人才培养示范基地学科交叉、设施完备、人才丰

富的优势，为产业融合发展、转型升级和企业复杂技术难题破解提供专业化、集成化、个性化的解决方案。

3. 完善科技人员服务企业的考核评价机制。落实国家鼓励科技人员创新创业政策，对服务企业的科技人员保留原单位岗位、编制等，服务企业情况作为科技人员业绩评价、考核奖励等重要内容，对于成效突出的优先推荐申报各级科技人才计划。

三、积极推动科技人员服务企业

各级地方科技管理部门要创新服务方式，挖掘企业需求，做好供需对接，为科技人员服务企业创造良好环境。

1. 采取多种方式推动人才服务企业。通过举办创新创业大赛、项目路演、高新技术展示、政策宣讲、创业辅导培训等活动，发动科技人员揭榜解题，进一步促进人才、技术、资金、政策、管理等与企业深度对接，开发新产品，培育新产业，创造新需求。

2. 加大对科技人员服务企业支持力度。结合本地实际，加强科技资源统筹，支持科技人员服务企业的项目研发、成果转化、技术咨询服务等。探索拓宽科技创新券支持范围，允许科研院所、高校科技人员个人申领使用科技创新券，开展服务企业的科技成果转移转化工作。

3. 面向企业需求开展专项培训。支持各类科技服务机构开展企业创新管理、创新方法、领导力提升、投融资、技术成果等培训，组织专业师资队伍，通过在线课堂、导师直播、答疑互动、现场教学、顾问辅导、科技企业家特训营等方式，帮助企业提升创新、管理、融资、市场拓展等能力。

4. 推动高新区服务企业和扩大就业。鼓励国家高新区围绕主导产业建设公共技术服务平台，为园区企业解决技术难题、提供创新服务。鼓励国家高新区提供创业补贴、创业培训、就业见习补贴等，设立博士后科研工作站，增加博士后岗位，吸纳高校毕业生就业。

各级地方科技管理部门要高度重视，精心组织实施科技人员服务企业专项行动，及时总结典型经验，做好宣传推广，有关工作开展情况报送科技部。

第四十一条　鼓励企业开发技术创新活动

国家鼓励企业加强原始创新，开展技术合作与交流，增加研究开发和技术创新的投入，自主确立研究开发课题，开展技术创新活动。

国家鼓励企业对引进技术进行消化、吸收和再创新。

企业开发新技术、新产品、新工艺发生的研究开发费用可以按照国家有关规定，税前列支并加计扣除，企业科学技术研究开发仪器、设备可以加速折旧。

● 法　律

1.《企业所得税法》（2018 年 12 月 29 日）

第 30 条　企业的下列支出，可以在计算应纳税所得额时加计扣除：

（一）开发新技术、新产品、新工艺发生的研究开发费用；

（二）安置残疾人员及国家鼓励安置的其他就业人员所支付的工资。

2.《中小企业促进法》（2017 年 9 月 1 日）

第 32 条　国家鼓励中小企业按照市场需求，推进技术、产品、管理模式、商业模式等创新。

中小企业的固定资产由于技术进步等原因，确需加速折旧的，可以依法缩短折旧年限或者采取加速折旧方法。

国家完善中小企业研究开发费用加计扣除政策，支持中小企业技术创新。

3.《农业机械化促进法》（2018 年 10 月 26 日）

第 26 条 国家采取措施，鼓励和支持农业机械生产者增加新产品、新技术、新工艺的研究开发投入，并对农业机械的科研开发和制造实施税收优惠政策。

中央和地方财政预算安排的科技开发资金应当对农业机械工业的技术创新给予支持。

● 行政法规及文件

4.《企业所得税法实施条例》（2019 年 4 月 23 日）

第 95 条 企业所得税法第三十条第（一）项所称研究开发费用的加计扣除，是指企业为开发新技术、新产品、新工艺发生的研究开发费用，未形成无形资产计入当期损益的，在按照规定据实扣除的基础上，按照研究开发费用的 50% 加计扣除；形成无形资产的，按照无形资产成本的 150% 摊销。

● 部门规章及文件

5.《个体工商户个人所得税计税办法》（2018 年 6 月 15 日）

第 38 条 个体工商户研究开发新产品、新技术、新工艺所发生的开发费用，以及研究开发新产品、新技术而购置单台价值在 10 万元以下的测试仪器和试验性装置的购置费准予直接扣除；单台价值在 10 万元以上（含 10 万元）的测试仪器和试验性装置，按固定资产管理，不得在当期直接扣除。

第四十二条 多层次资本市场

国家完善多层次资本市场，建立健全促进科技创新的机制，支持符合条件的科技型企业利用资本市场推动自身发展。

国家加强引导和政策扶持，多渠道拓宽创业投资资金来源，对企业的创业发展给予支持。

国家完善科技型企业上市融资制度，畅通科技型企业国内上市融资渠道，发挥资本市场服务科技创新的融资功能。

法　律

1.《**促进科技成果转化法**》（2015 年 8 月 29 日）

第 37 条　国家完善多层次资本市场，支持企业通过股权交易、依法发行股票和债券等直接融资方式为科技成果转化项目进行融资。

第 38 条　国家鼓励创业投资机构投资科技成果转化项目。

国家设立的创业投资引导基金，应当引导和支持创业投资机构投资初创期科技型中小企业。

第 39 条　国家鼓励设立科技成果转化基金或者风险基金，其资金来源由国家、地方、企业、事业单位以及其他组织或者个人提供，用于支持高投入、高风险、高产出的科技成果的转化，加速重大科技成果的产业化。

科技成果转化基金和风险基金的设立及其资金使用，依照国家有关规定执行。

2.《**中小企业促进法**》（2017 年 9 月 1 日）

第 18 条　国家健全多层次资本市场体系，多渠道推动股权融资，发展并规范债券市场，促进中小企业利用多种方式直接融资。

行政法规及文件

3.《**优化营商环境条例**》（2019 年 10 月 22 日）

第 27 条　国家促进多层次资本市场规范健康发展，拓宽市场主体融资渠道，支持符合条件的民营企业、中小企业依法发行股票、债券以及其他融资工具，扩大直接融资规模。

第四十三条 企业的税收优惠

下列企业按照国家有关规定享受税收优惠：

（一）从事高新技术产品研究开发、生产的企业；

（二）科技型中小企业；

（三）投资初创科技型企业的创业投资企业；

（四）法律、行政法规规定的与科学技术进步有关的其他企业。

法 律

1.《企业所得税法》（2018 年 12 月 29 日）

第 36 条 根据国民经济和社会发展的需要，或者由于突发事件等原因对企业经营活动产生重大影响的，国务院可以制定企业所得税专项优惠政策，报全国人民代表大会常务委员会备案。

部门规章及文件

2.《创业投资企业管理暂行办法》（2005 年 11 月 15 日）

第 23 条 国家运用税收优惠政策扶持创业投资企业发展并引导其增加对中小企业特别是中小高新技术企业的投资。具体办法由国务院财税部门会同有关部门另行制定。

第四十四条 公共研究开发平台

国家对公共研究开发平台和科学技术中介、创新创业服务机构的建设和运营给予支持。

公共研究开发平台和科学技术中介、创新创业服务机构应当为中小企业的技术创新提供服务。

法 律

1.《促进科技成果转化法》（2015 年 8 月 29 日）

第 31 条 国家支持根据产业和区域发展需要建设公共研究

开发平台，为科技成果转化提供技术集成、共性技术研究开发、中间试验和工业性试验、科技成果系统化和工程化开发、技术推广与示范等服务。

第32条 国家支持科技企业孵化器、大学科技园等科技企业孵化机构发展，为初创期科技型中小企业提供孵化场地、创业辅导、研究开发与管理咨询等服务。

2.《**中小企业促进法**》（2017年9月1日）

第32条 国家鼓励中小企业按照市场需求，推进技术、产品、管理模式、商业模式等创新。

中小企业的固定资产由于技术进步等原因，确需加速折旧的，可以依法缩短折旧年限或者采取加速折旧方法。

国家完善中小企业研究开发费用加计扣除政策，支持中小企业技术创新。

第46条 国家鼓励各类服务机构为中小企业提供创业培训与辅导、知识产权保护、管理咨询、信息咨询、信用服务、市场营销、项目开发、投资融资、财会税务、产权交易、技术支持、人才引进、对外合作、展览展销、法律咨询等服务。

第四十五条 企业的知识产权

国家保护企业研究开发所取得的知识产权。企业应当不断提高知识产权质量和效益，增强自主创新能力和市场竞争能力。

● 法 律

《**中小企业促进法**》（2017年9月1日）

第35条 国家鼓励中小企业研究开发拥有自主知识产权的技术和产品，规范内部知识产权管理，提升保护和运用知识产权的能力；鼓励中小企业投保知识产权保险；减轻中小企业申请和维持知识产权的费用等负担。

第四十六条 国有企业的技术进步

国有企业应当建立健全有利于技术创新的研究开发投入制度、分配制度和考核评价制度，完善激励约束机制。

国有企业负责人对企业的技术进步负责。对国有企业负责人的业绩考核，应当将企业的创新投入、创新能力建设、创新成效等情况纳入考核范围。

● 行政法规及文件

《国务院办公厅关于强化企业技术创新主体地位全面提升企业创新能力的意见》（2013 年 1 月 28 日　国办发〔2013〕8 号）

二、重点任务

（一）进一步完善引导企业加大技术创新投入的机制。企业要按照社会主义市场经济体制的要求，不断深化自身改革，适应市场化和全球化竞争的需要，增强创新驱动发展的内在动力；要明确企业主要负责人对技术研发的责任，加强研发能力和品牌建设，建立健全技术储备制度，提高持续创新能力和核心竞争力。各级政府要鼓励和引导企业加大研发投入，大力培育创新型企业，充分发挥其对技术创新的示范引领作用。推进科研项目经费后补助工作，鼓励和引导企业按照国家战略和市场需求先行投入开展研发项目。建立健全国有企业技术创新的经营业绩考核制度，落实和完善国有企业研发投入视同利润的考核措施，加强对不同行业研发投入和产出的分类考核。中央国有资本经营预算产业升级与发展专项资金要加大对中央企业技术创新的支持力度。国家科技计划项目征集和指南编制要充分听取企业专家的意见，产业化目标明确的重大科技项目由有条件的企业牵头组织实施。加强国家科技奖励对企业技术创新的引导激励。

（二）支持企业建立研发机构。引导企业围绕市场需求和长远发展，建立研发机构，健全组织技术研发、产品创新、科技成果转化的机制，大幅度提高大中型工业企业建立研发机构的比例。在明确定位和标准的基础上，引导企业建设国家重点实验室，围绕产业战略需求开展基础研究。在行业骨干企业建设一批国家工程（技术）研究中心、国家工程实验室，支持企业开展技术成果工程化研究。加强国家认定企业技术中心和技术创新示范企业工作。对企业国家重点实验室、国家工程（技术）研究中心、国家认定的企业技术中心以及科技类民办非企业单位，依据相关规定给予进口科技开发用品或科教用品的税收优惠政策。对民办科研机构等新型研发组织，在承担国家科技任务、人才引进等方面与同类公办科研机构实行一视同仁的支持政策。

（三）支持企业推进重大科技成果产业化。建立健全按产业发展重大需求部署创新链的科研运行机制和政策导向，推进新技术、新材料、新工艺、新模式、高端装备等的集成应用，实施国家高技术产业化示范项目、国家科技成果转化引导基金、国家重大科技成果转化项目、国家文化科技创新工程等，大力培育发展战略性新兴产业。组织实施用户示范工程，采取政策引导、鼓励社会资本投入等方式，促进科技成果推广应用，运用高新技术改造提升传统产业。依托国家自主创新示范区、国家高新技术产业开发区、国家创新型（试点）城市、国家高技术产业基地、国家新型工业化示范基地、信息化与工业化融合示范区、国家农业科技园区、国家级文化和科技融合示范基地、国家现代服务业产业化基地等，完善技术转移和产业化服务体系，吸引企业在区内设立研发机构，集聚高端人才，培育发展创新型产业集群。

（四）大力培育科技型中小企业。国家中小企业发展专项资金、中小企业技术改造资金等要大力支持中小企业技术创新和改造升级。扩大科技型中小企业技术创新基金规模，继续实施科技型中小企业创业投资引导基金、新兴产业创投计划、中小企业创新能力建设计划和中小企业信息化推进工程，强化火炬计划、星火计划、国家重点新产品计划对中小企业产品和技术创新的政策引导作用，引导和支持中小企业创新创业。综合采用买（卖）方信贷、知识产权和股权质押贷款、融资租赁、科技小额贷款、公司（企业）债券、集合信托、科技保险等方式，支持科技型企业开展技术创新融资。为小型微型科技企业创造公平竞争的市场环境，促进其健康发展。

（五）以企业为主导发展产业技术创新战略联盟。支持行业骨干企业与科研院所、高等学校签订战略合作协议，建立联合开发、优势互补、成果共享、风险共担的产学研用合作机制，组建产业技术创新战略联盟。支持联盟按规定承担产业技术研发创新重大项目，制订技术标准，编制产业技术路线图，构建联盟技术研发、专利共享和成果转化推广的平台及机制。积极探索依托符合条件的联盟成员单位建设国家重点实验室。深入开展联盟试点，加强对联盟的分类指导和监督评估。围绕培育发展战略性新兴产业，结合实施国家科技重大专项，通过联盟研发重大创新产品，掌握核心关键技术，构建产业链。围绕改造提升传统产业，通过联盟开展共性技术攻关，解决制约产业升级的重大制造装备、关键零部件、基础原材料、基础工艺及高端分析检测仪器设备等难题。围绕发展现代服务业，通过联盟加强技术创新、商业模式创新和管理创新，培育现代服务业新业态。

（六）依托转制院所和行业领军企业构建产业共性技术研发基地。针对重点行业和技术领域特点和需求，在钢铁、有色金属、装备制造、建材、纺织、煤炭、电力、油气、新能源与可再生能源、电子信息、生物医药、化工、轻工、现代农业、现代服务业等产业，依托骨干转制院所、行业特色高等学校和行业领军企业，通过体制机制创新，整合相关科研资源，推动建设一批产业共性技术研发基地，加强共性技术研发和成果推广扩散。对产业共性技术研发基地的运行管理、技术扩散服务的绩效实行定期评价。

（七）强化科研院所和高等学校对企业技术创新的源头支持。鼓励科研院所和高等学校与企业共建研发机构，共建学科专业，实施合作项目，加强对企业技术创新的理论、基础和前沿先导技术支持。实施卓越工程师教育培养等计划，推行产学研合作教育模式和“双导师”制，鼓励高等学校和企业联合制定人才培养标准，共同建设课程体系和教学内容，共同实施培养过程，共同评价培养质量。推动科研院所、高等学校面向市场转移科技成果，有条件的科研院所、高等学校应建立专业技术转移机构和技术成果供需平台。完善落实股权、期权激励和奖励等收益分配政策，以及事业单位国有资产处置收益政策和人事考核评价制度，鼓励科研院所、高等学校科技人员转化科技成果。

（八）完善面向企业的技术创新服务平台。面向行业技术创新需求，促进科技资源整合和优势互补，推动形成一批专业领域技术创新服务平台，培育一批专业化、社会化、网络化的示范性科技中介服务机构。以中央财政资金为引导，带动地方财政和社会投入，支持围绕地方特色优势产业和战略性新兴产业创新发展的区域公共科技服务平台建设。推动平台面向中小企业提供研发设计、检验检测、技术转移、大型共用软件、知识产权、标准、质量品牌、人才培训等服务，提高专业化服务能力和网络化协同水平。探索通过购买公共服务等方式，引导建立促进技术创新服务平台有效运行的良好机制。加快建设技术交易市场体系、科技创业孵化网络和科技企业加速成长机制。

（九）加强企业创新人才队伍建设。在海外高层次人才引进计划、创新人才推进计划等相关重大人才工程和政策实施中，支持企业引进海外高层次人才，引导和支持归国留学人员创业。加强专业技术人才和高技能人才队伍建设，培养科技领军人才、优秀创新团队。加强对企业科研和管理骨干的培训。健全科技人才流动机制，鼓励科研院所、高等学校和企业创新人才双向流动和兼职。继续坚持企业院士专家工作站、博士后工作站、科技特派员等科技人员服务企业的有效方式，不断完善评价制度，构建长效机制，对于服务企业贡献突出的科技人员，采取优先晋升职务职称等奖励措施。广泛开展职工合理化建议、技术革新、技能大赛等群众性技术创新活动，对有突出贡献的职工优先晋升技术技能等级，充分调动职工参与技术创新的积极性，提高企业职工科技素质。

（十）推动科技资源开放共享。健全科技资源开放共享制度，深入开展全国科技资源调查，促进科技资源优化配置和高效利用。建立健全科研院所、高等学校、企业的科研设施和仪器设备等科技资源向社会开放的合理运行机制。加大国家重点实验室、国家工程实验室、国家工程（技术）研究中心、大型科学仪器中心、分析测试中心等向企业开放服务的力度，将资源开放共享情况作为其运行绩效考核的重要指标。加强对国家科技基础条件平台开放服务工作的绩效评价和奖励补助，积极引导其对企业开展专题服务。加强区域性科研设备协作，提高对企业技术创新的支撑服务能力。

（十一）提升企业技术创新开放合作水平。鼓励企业通过人才引进、技术引进、合作研发、委托研发、建立联合研发中心、参股并购、专利交叉许可等方式开展国际创新合作。加强国际科技创新信息收集分析，为企业开展国际科技合作提供服务。鼓励企业到海外建立研发机构，联合科研院所承担国际科技合作项目。支持企业参加各类国际标准组织，积极参与国际技术标准制修订。鼓励和支持企业向国外申请知识产权。加大国家科技计划开放合作力度，鼓励跨国公司依法在我国设立研发机构，与我国企业、科研院所和高等学校开展合作研发，共建研发平台，联合培养人才。

（十二）完善支持企业技术创新的财税金融等政策。完善和落实企业研发费用税前加计扣除政策，加大企业研发设备加速折旧政策的落实力度。完善高新技术企业认定办法，落实税收优惠政策。促进科技和金融结合，在风险可控原则下和国家允许的业务范围内，加大政策性银行对企业转化科技成果和进出口关键技术设备的支持力度，鼓励商业银行开发支持企业技术创新的贷款模式、产品和服务，加大对企业技术创新的融资支持。建立健全首台（套）重大技术装备保险机制，支持企业研发和推广应用重大创新产品。加大对符合条件的创新型企业上市融资以及已上市创新型企业再融资和市场化并购重组的支持力度，支持科技成果出资入股并确认股权。切实加强知识产权保护，依法惩治侵犯知识产权的违法犯罪行为。

三、组织实施

（一）加强组织领导，强化统筹推进。各地方、各部门要切实增强责任感和紧迫感，围绕全面实施创新驱动发展战略，加大推进技术创新的力度，全面提升企业创新能力。科技、发展改革、财政、教育、工业和信息化、农业、人力资源社会保障、国资、金融、工会等有关部门和单位要建立深入实施国家技术创新工程的联合推进机制，发挥各自优势，加强协同创新，形成工作合力。各地方要结合实际，制定贯彻本意见的具体方案。要充分调动各方面的积极性，共同推进企业技术创新工作。

（二）加强监测评估，务求取得实效。要加强分类指导，建立监测评价机制，对各项重点任务推进和各项政策措施落实的情况进行督促检查，定期总结和发布工作进展情况。逐步建立企业技术创新调查制度。对探索性强的政策任务要加强研究，通过试点积累经验，并及时总结推广。要加强宣传和舆论引导，大力宣传企业技术创新工作的重要意义、政策措施、进展成效和先进经验，营造有利于工作顺利推进的良好社会氛围。

第四十七条　创造公平竞争的市场环境

县级以上地方人民政府及其有关部门应当创造公平竞争的市场环境，推动企业技术进步。

国务院有关部门和省级人民政府应当通过制定产业、财政、金融、能源、环境保护和应对气候变化等政策，引导、促使企业研究开发新技术、新产品、新工艺，进行技术改造和设备更新，淘汰技术落后的设备、工艺，停止生产技术落后的产品。

法　律

1.《促进科技成果转化法》（2015 年 8 月 29 日）

第 13 条　国家通过制定政策措施，提倡和鼓励采用先进技术、工艺和装备，不断改进、限制使用或者淘汰落后技术、工艺和装备。

2.《节约能源法》（2018 年 10 月 26 日）

第 7 条　国家实行有利于节能和环境保护的产业政策，限制发展高耗能、高污染行业，发展节能环保型产业。

国务院和省、自治区、直辖市人民政府应当加强节能工作，合理调整产业结构、企业结构、产品结构和能源消费结构，推动企业降低单位产值能耗和单位产品能耗，淘汰落后的生产能力，改进能源的开发、加工、转换、输送、储存和供应，提高能源利用效率。

国家鼓励、支持开发和利用新能源、可再生能源。

3.《固体废物污染环境防治法》（2020 年 4 月 29 日）

第 33 条　国务院工业和信息化主管部门应当会同国务院有

关部门组织研究开发、推广减少工业固体废物产生量和降低工业固体废物危害性的生产工艺和设备，公布限期淘汰产生严重污染环境的工业固体废物的落后生产工艺、设备的名录。

生产者、销售者、进口者、使用者应当在国务院工业和信息化主管部门会同国务院有关部门规定的期限内分别停止生产、销售、进口或者使用列入前款规定名录中的设备。生产工艺的采用者应当在国务院工业和信息化主管部门会同国务院有关部门规定的期限内停止采用列入前款规定名录中的工艺。

列入限期淘汰名录被淘汰的设备，不得转让给他人使用。

4.**《循环经济促进法》**（2018 年 10 月 26 日）

第 45 条 县级以上人民政府循环经济发展综合管理部门在制定和实施投资计划时，应当将节能、节水、节地、节材、资源综合利用等项目列为重点投资领域。

对符合国家产业政策的节能、节水、节地、节材、资源综合利用等项目，金融机构应当给予优先贷款等信贷支持，并积极提供配套金融服务。

对生产、进口、销售或者使用列入淘汰名录的技术、工艺、设备、材料或者产品的企业，金融机构不得提供任何形式的授信支持。

第 50 条 生产、销售列入淘汰名录的产品、设备的，依照《中华人民共和国产品质量法》的规定处罚。

使用列入淘汰名录的技术、工艺、设备、材料的，由县级以上地方人民政府循环经济发展综合管理部门责令停止使用，没收违法使用的设备、材料，并处五万元以上二十万元以下的罚款；情节严重的，由县级以上人民政府循环经济发展综合管理部门提出意见，报请本级人民政府按照国务院规定的权限责令停业或者关闭。

违反本法规定，进口列入淘汰名录的设备、材料或者产品的，由海关责令退运，可以处十万元以上一百万元以下的罚款。进口者不明的，由承运人承担退运责任，或者承担有关处置费用。

第五章 科学技术研究开发机构

第四十八条 科研机构的设置和布局

国家统筹规划科学技术研究开发机构布局，建立和完善科学技术研究开发体系。

国家在事关国家安全和经济社会发展全局的重大科技创新领域建设国家实验室，建立健全以国家实验室为引领、全国重点实验室为支撑的实验室体系，完善稳定支持机制。

利用财政性资金设立的科学技术研究开发机构，应当坚持以国家战略需求为导向，提供公共科技供给和应急科技支撑。

● 法　律

《循环经济促进法》（2018 年 10 月 26 日）

第 43 条　国务院和省、自治区、直辖市人民政府及其有关部门应当将循环经济重大科技攻关项目的自主创新研究、应用示范和产业化发展列入国家或者省级科技发展规划和高技术产业发展规划，并安排财政性资金予以支持。

利用财政性资金引进循环经济重大技术、装备的，应当制定消化、吸收和创新方案，报有关主管部门审批并由其监督实施；有关主管部门应当根据实际需要建立协调机制，对重大技术、装备的引进和消化、吸收、创新实行统筹协调，并给予资金支持。

第四十九条 自然人、法人和非法人组织设立科学技术研究开发机构

自然人、法人和非法人组织有权依法设立科学技术研究开发机构。境外的组织或者个人可以在中国境内依法独立设立科学技术研究开发机构，也可以与中国境内的组织或者个人联合设立科学技术研究开发机构。

从事基础研究、前沿技术研究、社会公益性技术研究的科学技术研究开发机构，可以利用财政性资金设立。利用财政性资金设立科学技术研究开发机构，应当优化配置，防止重复设置。

科学技术研究开发机构、高等学校可以设立博士后流动站或者工作站。科学技术研究开发机构可以依法在国外设立分支机构。

● 法 律

1.《高等教育法》(2018 年 12 月 29 日)

第 12 条 国家鼓励高等学校之间、高等学校与科学研究机构以及企业事业组织之间开展协作，实行优势互补，提高教育资源的使用效益。

国家鼓励和支持高等教育事业的国际交流与合作。

第 18 条 高等教育由高等学校和其他高等教育机构实施。

大学、独立设置的学院主要实施本科及本科以上教育。高等专科学校实施专科教育。经国务院教育行政部门批准，科学研究机构可以承担研究生教育的任务。

其他高等教育机构实施非学历高等教育。

第 35 条 高等学校根据自身条件，自主开展科学研究、技术开发和社会服务。

国家鼓励高等学校同企业事业组织、社会团体及其他社会组

织在科学研究、技术开发和推广等方面进行多种形式的合作。

国家支持具备条件的高等学校成为国家科学研究基地。

● 行政法规及文件

2.《国家自然科学基金条例》（2007年2月24日）

第8条　中华人民共和国境内的高等学校、科学研究机构和其他具有独立法人资格、开展基础研究的公益性机构，可以在基金管理机构注册为依托单位。

本条例施行前的依托单位要求注册为依托单位的，基金管理机构应当予以注册。

基金管理机构应当公布注册的依托单位名称。

第五十条　科研机构的权利

科学技术研究开发机构享有下列权利：

（一）依法组织或者参加学术活动；

（二）按照国家有关规定，自主确定科学技术研究开发方向和项目，自主决定经费使用、机构设置、绩效考核及薪酬分配、职称评审、科技成果转化及收益分配、岗位设置、人员聘用及合理流动等内部管理事务；

（三）与其他科学技术研究开发机构、高等学校和企业联合开展科学技术研究开发、技术咨询、技术服务等活动；

（四）获得社会捐赠和资助；

（五）法律、行政法规规定的其他权利。

● 法　律

1.《促进科技成果转化法》（2015年8月29日）

第18条　国家设立的研究开发机构、高等院校对其持有的科技成果，可以自主决定转让、许可或者作价投资，但应当通过协议定价、在技术交易市场挂牌交易、拍卖等方式确定价格。通过协议定价的，应当在本单位公示科技成果名称和拟交易价格。

2. **《高等教育法》**（2018 年 12 月 29 日）

第 12 条 国家鼓励高等学校之间、高等学校与科学研究机构以及企业事业组织之间开展协作，实行优势互补，提高教育资源的使用效益。

国家鼓励和支持高等教育事业的国际交流与合作。

第五十一条 科研机构的义务

科学技术研究开发机构应当依法制定章程，按照章程规定的职能定位和业务范围开展科学技术研究开发活动；加强科研作风学风建设，建立和完善科研诚信、科技伦理管理制度，遵守科学研究活动管理规范；不得组织、参加、支持迷信活动。

利用财政性资金设立的科学技术研究开发机构开展科学技术研究开发活动，应当为国家目标和社会公共利益服务；有条件的，应当向公众开放普及科学技术的场馆或者设施，组织开展科学技术普及活动。

● 法 律

1. **《科学技术普及法》**（2002 年 6 月 29 日）

第 15 条 科学研究和技术开发机构、高等院校、自然科学和社会科学类社会团体，应当组织和支持科学技术工作者和教师开展科普活动，鼓励其结合本职工作进行科普宣传；有条件的，应当向公众开放实验室、陈列室和其他场地、设施，举办讲座和提供咨询。

科学技术工作者和教师应当发挥自身优势和专长，积极参与和支持科普活动。

第 21 条 城镇基层组织及社区应当利用所在地的科技、教育、文化、卫生、旅游等资源，结合居民的生活、学习、健康娱乐等需要开展科普活动。

第 23 条　各级人民政府应当将科普经费列入同级财政预算，逐步提高科普投入水平，保障科普工作顺利开展。

各级人民政府有关部门应当安排一定的经费用于科普工作。

第 24 条　省、自治区、直辖市人民政府和其他有条件的地方人民政府，应当将科普场馆、设施建设纳入城乡建设规划和基本建设计划；对现有科普场馆、设施应当加强利用、维修和改造。

以政府财政投资建设的科普场馆，应当配备必要的专职人员，常年向公众开放，对青少年实行优惠，并不得擅自改作他用；经费困难的，同级财政应当予以补贴，使其正常运行。

尚无条件建立科普场馆的地方，可以利用现有的科技、教育、文化等设施开展科普活动，并设立科普画廊、橱窗等。

● 部门规章及文件

2. 《科学技术活动违规行为处理暂行规定》（2020 年 7 月 17 日）

第 8 条　科学技术人员的违规行为包括以下情形：

（一）在科学技术活动的申报、评审、实施、验收、监督检查和评估评价等活动中提供虚假材料，实施“打招呼”“走关系”等请托行为；

（二）故意夸大研究基础、学术价值或科技成果的技术价值、社会经济效益，隐瞒技术风险，造成负面影响或财政资金损失；

（三）人才计划入选者、重大科研项目负责人在聘期内或项目执行期内擅自变更工作单位，造成负面影响或财政资金损失；

（四）故意拖延或拒不履行科学技术活动管理合同约定的主要义务；

（五）随意降低目标任务和约定要求，以项目实施周期外或不相关成果充抵交差；

（六）抄袭、剽窃、侵占、篡改他人科学技术成果，编造科学技术成果，侵犯他人知识产权等；

（七）虚报、冒领、挪用、套取财政科研资金；

（八）不配合监督检查或评估评价工作，不整改、虚假整改或整改未达到要求；

（九）违反科技伦理规范；

（十）开展危害国家安全、损害社会公共利益、危害人体健康的科学技术活动；

（十一）违反国家科学技术活动保密相关规定；

（十二）法律、行政法规、部门规章或规范性文件规定的其他相关违规行为。

第五十二条 现代院所制度

利用财政性资金设立的科学技术研究开发机构，应当建立职责明确、评价科学、开放有序、管理规范的现代院所制度，实行院长或者所长负责制，建立科学技术委员会咨询制和职工代表大会监督制等制度，并吸收外部专家参与管理、接受社会监督；院长或者所长的聘用引入竞争机制。

第五十三条 评估制度

国家完善利用财政性资金设立的科学技术研究开发机构的评估制度，评估结果作为机构设立、支持、调整、终止的依据。

● 法 律

《促进科技成果转化法》（2015 年 8 月 29 日）

第 10 条 利用财政资金设立应用类科技项目和其他相关科

技项目，有关行政部门、管理机构应当改进和完善科研组织管理方式，在制定相关科技规划、计划和编制项目指南时应当听取相关行业、企业的意见；在组织实施应用类科技项目时，应当明确项目承担者的科技成果转化义务，加强知识产权管理，并将科技成果转化和知识产权创造、运用作为立项和验收的重要内容和依据。

第20条 研究开发机构、高等院校的主管部门以及财政、科学技术等相关行政部门应当建立有利于促进科技成果转化的绩效考核评价体系，将科技成果转化情况作为对相关单位及人员评价、科研资金支持的重要内容和依据之一，并对科技成果转化绩效突出的相关单位及人员加大科研资金支持。

国家设立的研究开发机构、高等院校应当建立符合科技成果转化工作特点的职称评定、岗位管理和考核评价制度，完善收入分配激励约束机制。

第五十四条 科学技术资源开放共享机制

利用财政性资金设立的科学技术研究开发机构，应当建立健全科学技术资源开放共享机制，促进科学技术资源的有效利用。

国家鼓励社会力量设立的科学技术研究开发机构，在合理范围内实行科学技术资源开放共享。

● 法 律

《促进科技成果转化法》（2015年8月29日）

第17条 国家鼓励研究开发机构、高等院校采取转让、许可或者作价投资等方式，向企业或者其他组织转移科技成果。

国家设立的研究开发机构、高等院校应当加强对科技成果转化的管理、组织和协调，促进科技成果转化队伍建设，优化科技成果转化流程，通过本单位负责技术转移工作的机构或者委托独立的科技成果转化服务机构开展技术转移。

第五十五条 民办科学技术研究开发机构

国家鼓励企业和其他社会力量自行创办科学技术研究开发机构，保障其合法权益。

社会力量设立的科学技术研究开发机构有权按照国家有关规定，平等竞争和参与实施利用财政性资金设立的科学技术计划项目。

国家完善对社会力量设立的非营利性科学技术研究开发机构税收优惠制度。

法 律

1. **《促进科技成果转化法》**（2015 年 8 月 29 日）

第 23 条 企业依法有权独立或者与境内外企业、事业单位和其他合作者联合实施科技成果转化。

企业可以通过公平竞争，独立或者与其他单位联合承担政府组织实施的科技研究开发和科技成果转化项目。

第 34 条 国家依照有关税收法律、行政法规规定对科技成果转化活动实行税收优惠。

2. **《科学技术普及法》**（2002 年 6 月 29 日）

第 25 条 国家支持科普工作，依法对科普事业实行税收优惠。

科普组织开展科普活动、兴办科普事业，可以依法获得资助和捐赠。

3. **《中小企业促进法》**（2017 年 9 月 1 日）

第 34 条 国家鼓励中小企业参与产业关键共性技术研究开发和利用财政资金设立的科研项目实施。

国家推动军民融合深度发展，支持中小企业参与国防科研和生产活动。

国家支持中小企业及中小企业的有关行业组织参与标准的制定。

● 行政法规及文件

4.《国家科学技术奖励条例》（2020 年 10 月 7 日）

第 37 条　国家鼓励社会力量设立科学技术奖。社会力量设立科学技术奖的，在奖励活动中不得收取任何费用。

国务院科学技术行政部门应当对社会力量设立科学技术奖的有关活动进行指导服务和监督管理，并制定具体办法。

● 部门规章及文件

5.《国家企业技术中心认定管理办法》（2016 年 2 月 26 日）

第 17 条　国家支持国家企业技术中心承担中央财政科技计划（专项、基金等）的研发任务。

第五十六条　新型研究开发机构

国家支持发展新型研究开发机构等新型创新主体，完善投入主体多元化、管理制度现代化、运行机制市场化、用人机制灵活化的发展模式，引导新型创新主体聚焦科学研究、技术创新和研发服务。

● 部门规章及文件

《国家企业技术中心认定管理办法》（2016 年 2 月 26 日）

第 3 条　国家鼓励和支持企业建立技术中心，发挥企业在技术创新中的主体作用，建立健全企业主导产业技术研发创新的体制机制。国家根据创新驱动发展要求和经济结构调整需要，对创新能力强、创新机制好、引领示范作用大、符合条件的企业技术中心予以认定，并给予政策支持，鼓励引导行业骨干企业带动产业技术进步和创新能力提高。

第 15 条　国家企业技术中心和国家企业技术中心分中心进口科技开发用品按照国家相关税收政策执行。

经海关确认后，国家企业技术中心可按有关规定，将免税进口的科技开发用品放置在其异地非独立法人分支机构使用。

第 16 条　国家发展改革委结合企业技术中心创新能力建设、高技术产业化、战略性新兴产业发展等工作，对国家企业技术中心予以支持。

第六章　科学技术人员

第五十七条　提高科技人员的社会地位

国家营造尊重人才、爱护人才的社会环境，公正平等、竞争择优的制度环境，待遇适当、保障有力的生活环境，为科学技术人员潜心科研创造良好条件。

国家采取多种措施，提高科学技术人员的社会地位，培养和造就专门的科学技术人才，保障科学技术人员投入科技创新和研究开发活动，充分发挥科学技术人员的作用。禁止以任何方式和手段不公正对待科学技术人员及其科技成果。

● 部门规章及文件

《国家科学技术奖励条例实施细则》（2008 年 12 月 23 日）

第 3 条　国家科学技术奖励工作深入贯彻落实科学发展观和“尊重劳动、尊重知识、尊重人才、尊重创造”的方针，鼓励团结协作、联合攻关，鼓励自主创新，鼓励攀登科学技术高峰，促进科学研究、技术开发与经济、社会发展密切结合，促进科技成果向现实生产力转化，促进国家创新体系建设，营造鼓励创新的环境，努力造就和培养世界一流科学家、科技领军人才和一线创新人才，加速科教兴国、人才强国和可持续发展战略的实施，推进创新型国家建设。

第五十八条　优化科学技术人才队伍结构

国家加快战略人才力量建设，优化科学技术人才队伍结构，完善战略科学家、科技领军人才等创新人才和团队的培养、发现、引进、使用、评价机制，实施人才梯队、科研条件、管理机制等配套政策。

● 法　律

1. **《促进科技成果转化法》**（2015年8月29日）

第28条　国家支持企业与研究开发机构、高等院校、职业院校及培训机构联合建立学生实习实践培训基地和研究生科研实践工作机构，共同培养专业技术人才和高技能人才。

● 部门规章及文件

2. **《国家科学技术奖励条例实施细则》**（2008年12月23日）

第3条　国家科学技术奖励工作深入贯彻落实科学发展观和“尊重劳动、尊重知识、尊重人才、尊重创造”的方针，鼓励团结协作、联合攻关，鼓励自主创新，鼓励攀登科学技术高峰，促进科学研究、技术开发与经济、社会发展密切结合，促进科技成果向现实生产力转化，促进国家创新体系建设，营造鼓励创新的环境，努力造就和培养世界一流科学家、科技领军人才和一线创新人才，加速科教兴国、人才强国和可持续发展战略的实施，推进创新型国家建设。

第五十九条　完善创新人才教育培养机制

国家完善创新人才教育培养机制，在基础教育中加强科学兴趣培养，在职业教育中加强技术技能人才培养，强化高等教育资源配置与科学技术领域创新人才培养的结合，加强完善战略性科学技术人才储备。

● 法　律

《中小企业促进法》（2017 年 9 月 1 日）

第 48 条　国家支持有关机构、高等学校开展针对中小企业经营管理及生产技术等方面的人员培训，提高企业营销、管理和技术水平。

国家支持高等学校、职业教育院校和各类职业技能培训机构与中小企业合作共建实习实践基地，支持职业教育院校教师和中小企业技术人才双向交流，创新中小企业人才培养模式。

第六十条　待遇和荣誉激励

各级人民政府、企业事业单位和社会组织应当采取措施，完善体现知识、技术等创新要素价值的收益分配机制，优化收入结构，建立工资稳定增长机制，提高科学技术人员的工资水平；对有突出贡献的科学技术人员给予优厚待遇和荣誉激励。

利用财政性资金设立的科学技术研究开发机构和高等学校的科学技术人员，在履行岗位职责、完成本职工作、不发生利益冲突的前提下，经所在单位同意，可以从事兼职工作获得合法收入。技术开发、技术咨询、技术服务等活动的奖酬金提取，按照科技成果转化有关规定执行。

国家鼓励科学技术研究开发机构、高等学校、企业等采取股权、期权、分红等方式激励科学技术人员。

● 法　律

1. **《促进科技成果转化法》**（2015 年 8 月 29 日）

第 27 条　国家鼓励研究开发机构、高等院校与企业及其他组织开展科技人员交流，根据专业特点、行业领域技术发展需要，聘请企业及其他组织的科技人员兼职从事教学和科研工作，支持本单位的科技人员到企业及其他组织从事科技成果转化活动。

第43条　国家设立的研究开发机构、高等院校转化科技成果所获得的收入全部留归本单位，在对完成、转化职务科技成果做出重要贡献的人员给予奖励和报酬后，主要用于科学技术研究开发与成果转化等相关工作。

第45条　科技成果完成单位未规定、也未与科技人员约定奖励和报酬的方式和数额的，按照下列标准对完成、转化职务科技成果做出重要贡献的人员给予奖励和报酬：

（一）将该项职务科技成果转让、许可给他人实施的，从该项科技成果转让净收入或者许可净收入中提取不低于百分之五十的比例；

（二）利用该项职务科技成果作价投资的，从该项科技成果形成的股份或者出资比例中提取不低于百分之五十的比例；

（三）将该项职务科技成果自行实施或者与他人合作实施的，应当在实施转化成功投产后连续三至五年，每年从实施该项科技成果的营业利润中提取不低于百分之五的比例。

国家设立的研究开发机构、高等院校规定或者与科技人员约定奖励和报酬的方式和数额应当符合前款第一项至第三项规定的标准。

国有企业、事业单位依照本法规定对完成、转化职务科技成果做出重要贡献的人员给予奖励和报酬的支出计入当年本单位工资总额，但不受当年本单位工资总额限制、不纳入本单位工资总额基数。

● 部门规章及文件

2. 人力资源社会保障部、财政部、科技部《关于事业单位科研人员职务科技成果转化现金奖励纳入绩效工资管理有关问题的通知》（2021年2月8日　人社部发〔2021〕14号）

各省、自治区、直辖市及新疆生产建设兵团人力资源社会保障厅

(局)、财政厅(局)、科技厅(委、局),党中央各部门人事、财务部门,国务院各部委、各直属机构人事、财务部门:

为落实以增加知识价值为导向的收入分配政策,进一步推动科技成果转移转化,根据国务院办公厅《关于抓好赋予科研机构和人员更大自主权有关文件贯彻落实工作的通知》(国办发〔2018〕127号)要求,现就事业单位科研人员职务科技成果转化现金奖励(以下简称现金奖励)纳入绩效工资管理有关问题通知如下。

一、职务科技成果转化后,科技成果完成单位按规定对完成、转化该项科技成果做出重要贡献人员给予的现金奖励,计入所在单位绩效工资总量,但不受核定的绩效工资总量限制,不作为人力资源社会保障、财政部门核定单位下一年度绩效工资总量的基数,不作为社会保险缴费基数。

二、科技成果完成单位根据国家规定和本单位实际,在充分听取科研人员意见基础上,建立健全职务科技成果转化管理规定、公示办法,明确现金奖励享受政策人员范围、具体分配办法和相关流程,相关规定应在本单位公开。

三、对于接受企业或其他社会组织委托取得的项目,经费纳入单位财务统一管理,由项目承担单位按照委托方要求或合同约定管理使用。其中属于科研人员在职务科技成果转化工作中开展技术开发、技术咨询、技术服务等活动的,项目承担单位可根据实际情况,按照《技术合同认定登记管理办法》规定到当地科技主管部门进行技术合同登记,认定登记为技术开发、技术咨询、技术服务合同的,项目承担单位按照促进科技成果转化法等法律法规给予科研人员的现金奖励,按照本通知第一条规定执行。不属于职务科技成果转化的,从项目经费中提取的人员绩效支出,应在核定的绩效工资总量内分配,纳入单位绩效工资总量管理。

四、科技成果完成单位统计工资总额、年平均工资、年平均绩效工资等数据以及向有关部门报送年度绩效工资执行情况时，应包含现金奖励情况，并单独注明。

五、各级人力资源社会保障、财政、科技主管部门要加大政策指导力度，优化政策环境，根据职责完善事中事后监管，将现金奖励政策落到实处。

六、本通知所指职务科技成果、科技成果转化，应符合《中华人民共和国促进科技成果转化法》、《国务院关于印发实施〈中华人民共和国促进科技成果转化法〉若干规定的通知》（国发〔2016〕16号）等有关法律和规定。

七、本通知自印发之日起执行，以往规定与本通知规定不一致的，按本通知规定执行。

第六十一条　科技人员的合理流动和继续教育

各级人民政府和企业事业单位应当保障科学技术人员接受继续教育的权利，并为科学技术人员的合理、畅通、有序流动创造环境和条件，发挥其专长。

● 法　律

1.《教育法》（2021年4月29日）

第20条　国家实行职业教育制度和继续教育制度。

各级人民政府、有关行政部门和行业组织以及企业事业组织应当采取措施，发展并保障公民接受职业学校教育或者各种形式的职业培训。

国家鼓励发展多种形式的继续教育，使公民接受适当形式的政治、经济、文化、科学、技术、业务等方面的教育，促进不同类型学习成果的互认和衔接，推动全民终身学习。

● 部门规章及文件

2.《专业技术人员继续教育规定》（2015 年 8 月 13 日）

第 5 条 继续教育实行政府、社会、用人单位和个人共同投入机制。

国家机关的专业技术人员参加继续教育所需经费应当按照国家有关规定予以保障。企业、事业单位等应当依照法律、行政法规和国家有关规定提取和使用职工教育经费，不断加大对专业技术人员继续教育经费的投入。

第六十二条 职务与职称

科学技术人员可以根据其学术水平和业务能力选择工作单位、竞聘相应的岗位，取得相应的职务或者职称。

科学技术人员应当信守工作承诺，履行岗位责任，完成职务或者职称相应工作。

● 部门规章及文件

人力资源社会保障部、教育部《关于深化高等学校教师职称制度改革的指导意见》（2020 年 12 月 31 日 人社部发〔2020〕100 号）

二、主要内容

深入贯彻高等教育领域“放管服”改革精神，加快转变政府职能，落实高校职称评审自主权，围绕健全制度体系、完善评价标准、创新评价机制，形成以人才培养为核心，以品德、能力和业绩为导向，评价科学、规范有序、竞争择优的高校教师职称制度。

（一）健全制度体系

1. 创新岗位类型。保持高校教师现有岗位类型总体不变，一般设有教学为主型、教学科研型等岗位类型。适应新时代教师队伍发展的需要，高校可根据自身发展实际，设置新的岗位类型。

2. 健全层级设置。高校教师职称一般设置初级、中级、高级，其中高级分设副高级和正高级。初级、中级、副高级、正高级职称名称一般依次是助教、讲师、副教授、教授。有条件的高校可探索实行教师职务聘任改革，设置助理教授等职务。

（二）完善评价标准

1. 严把思想政治和师德师风考核。贯彻习近平新时代中国特色社会主义思想，坚持社会主义办学方向，以理想信念教育为核心，以社会主义核心价值观为引领，把好思想政治关，将师德表现作为教师职称评审的首要条件。完善思想政治与师德师风考核办法，健全评价标准、体系及考核方案，提高考核评价的科学性和实效性。

2. 突出教育教学能力和业绩。高校应把认真履行教育教学职责作为评价教师的基本要求。加强教学质量评价，把课堂教学质量作为主要标准，严格教学工作量，强化教学考核要求，提高教学业绩和教学研究在评审中的比重。突出教书育人实绩，注重对履责绩效、创新成果、人才培养实际贡献的评价。

3. 克服唯论文、唯“帽子”、唯学历、唯奖项、唯项目等倾向。规范学术论文指标的使用，论文发表数量和引用情况、期刊影响因子等仅作为评价参考，不以 SCI（科学引文索引）、SSCI（社会科学引文索引）等论文相关指标作为前置条件和判断的直接依据。核心是评价研究本身的创新水平和科学价值。高校结合实际建立各学科高水平期刊目录和高水平学术会议目录。对国内和国外的期刊、高水平学术会议发表论文、报告要同等对待，鼓励更多成果在具有重要影响力的国内期刊和高水平学术会议发表。不得简单规定获得科研项目的数量和经费规模等条件。不得将出国（出境）学习经历作为限制性条件。不得将人才称号作为职称评定的限制性条件，职称申报材料不得设置填写人才称号栏目，取消入选人才计划与职称评定直接挂钩的做法。

4. 推行代表性成果评价。结合学科特点，探索项目报告、技术报告、学术会议报告、教学成果、著作、论文、标准规范、创作作品等多种成果形式，将高水平成果作为代表性成果。注重代表性成果的质量、贡献、影响，突出评价成果质量、原创价值和对社会发展的实际贡献以及支撑人才培养情况。注重质量评价，防止简单量化、重数量轻质量，建立并实施有利于教师潜心教学、研究和创新的评价制度。

（三）创新评价机制

1. 分类分层评价。结合学校特点和办学类型，针对不同类型、不同层次教师，按照教学为主型、教学科研型等岗位类型，哲学社会科学、自然科学、工程科技等不同学科领域，基础研究、应用研究等不同研究类型，通用专业、特殊专业等不同专业门类，建立科学合理的分类分层评价标准。职业院校要强化技术技能要求，加强“双师型”教师队伍建设。

2. 创新评价方式。鼓励采取个人述职、面试答辩、同行评议、实践操作、业绩展示等多种灵活评价方式，完善同行专家评议机制，健全完善外部专家评审制度，探索引入第三方机构进行独立评价。给内、外部评审专家预留充足时间进行评鉴，引导评审专家负责任地提供客观公正的专业评议意见，提高职称评价的科学性、专业性、针对性。注重个人评价与团队评价相结合，考察团队合作及社会效益，尊重和认可团队所有参与者的实际贡献。探索国防科技、公共安全等特殊领域人才评价办法。

3. 建立重点人才绿色通道。引导教师主动服务国家重大战略需求，注重工作实绩，其工作成果不简单以发表论文、获得奖项等进行比较评价。对取得重大基础研究和前沿技术突破、解决重大工程技术难题、在经济社会事业发展中做出重大贡献的教师以及招聘引进的高层次人才和急需紧缺人才等，在严把质量和程序的前提下，可制定较为灵活的评价标准，申报高级职称时论文可不作限制性要求，畅通人才发展通道。

4. 完善信用和惩戒机制。建立申报教师、评审专家及相关人员诚信承诺和诚信信息共享机制。申报教师职称评审中存在弄虚作假、学术不端的，按国家和学校相关规定处理。因弄虚作假、学术不端等通过评审聘任的教师，撤销其评审聘任结果。引导建立学术共同体自律文化，建立完善评审专家的诚信记录、利益冲突回避、履职尽责评价、动态调整、责任追究等制度，严格规范专家评审行为。对违反评审纪律的评审专家、党政领导和其他责任人员，按照有关规定处理。

5. 健全聘期考核机制。科学合理设置考核评价周期，聘期考核与年度考核、日常考核相互结合，并适当延长基础研究人才、青年人才等考核周期，把考核结果作为调整岗位、工资以及续订聘用合同的依据，完善退出机制，实现人员能上能下、能进能出。

（四）落实自主评审

1. 下放职称评审权。高校教师职称评审权直接下放至高校，自主组织评审、按岗聘用，主体责任由高校承担。高校要加强对院系的指导和监管，院系要将符合条件的教师向上一级评审组织推荐。条件不具备、尚不能独立组织评审的高等学校，可采取联合评审、委托评审的方式。高校自主制定教师职称评审办法、操作方案等评审文件，按相关规定进行备案。职称评审办法应包括教师评价标准、评审程序、评审委员会人员构成规则、议事规则、回避制度等内容。高校制定的教师评价标准不低于国家规定的基本标准，可结合实际明确破格条件。高校聘用研究人员等到教师岗位的，可结合实际制定职称评价具体办法。职业院校、应用型本科高校对特殊高技能人才可适当放宽学历要求。对长期在艰苦边远地区工作的高校教师，省级人力资源社会保障部门、教育行政部门可根据实际情况适当放宽学历和任职年限要求。

2. 加强监管服务。按照高校教师职称评审监管办法，加强对高校教师职称评审工作的监管，开展业务指导，搭建平台，优化服务，为高校教师职称评审提供支持。定期按一定比例开展抽查，根据抽查情况、群众反映或舆情反映较强烈的问题，有针对性地进行专项巡查，并将抽查、巡查情况通报公开。对因评审工作把关不严、程序不规范，造成投诉较多、争议较大的高校，责令限期整改。对整改无明显改善或逾期不予整改的高校，暂停其自主评审工作直至收回评审权，并进行责任追究。加强职称评审信息化建设，探索推广在线申报和评审，简化申报信息和材料报送等相关手续。

（五）优化思想政治工作评审

1. 规范思想政治理论课教师评审体系。思想政治理论课教师职称评审纳入单列计划、单设标准、单独评审体系，高级岗位比例不低于学校平均水平。建立符合思想政治理论课教师职业特点和岗位要求的评价标准，注重考察教学工作业绩和育人实效，将在中央和地方主要媒体上发表的理论文章等纳入思想政治理论课教师职称成果评价范围。

2. 强化教师思想政治工作要求。将学生思想政治教育工作作为教师的基本职责，把教师课程思政建设情况和育人效果作为评价的重要内容。晋升高一级职称的青年教师，须有至少一年担任辅导员、班主任等学生工作经历，或支教、扶贫、参加孔子学院及国际组织援外交流等工作经历，并考核合格。

（六）实行评聘结合

1. 高校根据国家有关规定自主设置岗位，结合岗位空缺情况开展教师职称评审，并将通过评审的教师聘用到相应岗位，实现教师职称评审与岗位聘用有效衔接。

2. 对此次改革前本高校评审通过、已经取得高校教师职称但未被聘用到相应岗位的人员，有关地方和高校要结合实际研究具体办法，妥善做好这部分人员择优聘用等相关工作。

三、组织实施

（一）加强领导，优化服务。深化高校教师职称制度改革，是进一步加强高校教师队伍建设，推进高校治理体系和治理能力现代化，推动高等教育科学发展的重要举措。各地区、各部门、各高校要高度重视，充分认识改革的重要意义，坚持党管人才原则，充分发挥党的思想优势、政治优势和组织优势，加强党的领导，周密部署，统筹协调。各有关部门要各司其职，协同配合，优化服务，为深化高校教师职称制度改革创造良好条件。

（二）严格程序，确保公正。各高校要按照职称制度改革要求，认真做好职称工作，确保标准公开、程序公平、结果公正。要建立健全职称工作机制，明确岗位任职条件，规范竞聘程序，严格公示制度，健全申诉机制，畅通意见渠道，强化自我监督，主动接受外部监督。

（三）科学谋划，稳妥推进。各地区、各高校要正确处理好改革、发展和稳定的关系，把推进高校教师职称制度改革与全面履行职责、加强教师队伍建设和促进高等教育事业发展有机结合起来，确保改革平稳有序进行。

本意见适用于普通高等学校，其他高等学校可参照执行。

附件：高等学校教师职称评价基本标准（略）

第六十三条　科学技术人员分类评价制度

国家实行科学技术人员分类评价制度，对从事不同科学技术活动的人员实行不同的评价标准和方式，突出创新价值、能力、贡献导向，合理确定薪酬待遇、配置学术资源、设置评价周期，形成有利于科学技术人员潜心研究和创新的人才评价体系，激发科学技术人员创新活力。

● 法 律

《促进科技成果转化法》（2015 年 8 月 29 日）

第 20 条　研究开发机构、高等院校的主管部门以及财政、科学技术等相关行政部门应当建立有利于促进科技成果转化的绩效考核评价体系，将科技成果转化情况作为对相关单位及人员评价、科研资金支持的重要内容和依据之一，并对科技成果转化绩效突出的相关单位及人员加大科研资金支持。

国家设立的研究开发机构、高等院校应当建立符合科技成果转化工作特点的职称评定、岗位管理和考核评价制度，完善收入分配激励约束机制。

第六十四条　科学技术人员管理制度

科学技术行政等有关部门和企业事业单位应当完善科学技术人员管理制度，增强服务意识和保障能力，简化管理流程，避免重复性检查和评估，减轻科学技术人员项目申报、材料报送、经费报销等方面的负担，保障科学技术人员科研时间。

第六十五条　鼓励科技人员到艰苦地区工作

科学技术人员在艰苦、边远地区或者恶劣、危险环境中工作，所在单位应当按照国家有关规定给予补贴，提供其岗位或者工作场所应有的职业健康卫生保护和安全保障，为其接受继续教育、业务培训等提供便利条件。

● 法 律

1. 《基本医疗卫生与健康促进法》（2019 年 12 月 28 日）

第 56 条　国家建立医疗卫生人员定期到基层和艰苦边远地区从事医疗卫生工作制度。

国家采取定向免费培养、对口支援、退休返聘等措施，加强基层和艰苦边远地区医疗卫生队伍建设。

执业医师晋升为副高级技术职称的，应当有累计一年以上在县级以下或者对口支援的医疗卫生机构提供医疗卫生服务的经历。

对在基层和艰苦边远地区工作的医疗卫生人员，在薪酬津贴、职称评定、职业发展、教育培训和表彰奖励等方面实行优惠待遇。

国家加强乡村医疗卫生队伍建设，建立县乡村上下贯通的职业发展机制，完善对乡村医疗卫生人员的服务收入多渠道补助机制和养老政策。

● 部门规章及文件

2.《工作场所职业卫生管理规定》（2020 年 12 月 31 日）

第 3 条 用人单位应当加强职业病防治工作，为劳动者提供符合法律、法规、规章、国家职业卫生标准和卫生要求的工作环境和条件，并采取有效措施保障劳动者的职业健康。

第 4 条 用人单位是职业病防治的责任主体，并对本单位产生的职业病危害承担责任。

用人单位的主要负责人对本单位的职业病防治工作全面负责。

第 8 条 职业病危害严重的用人单位，应当设置或者指定职业卫生管理机构或者组织，配备专职职业卫生管理人员。

其他存在职业病危害的用人单位，劳动者超过一百人的，应当设置或者指定职业卫生管理机构或者组织，配备专职职业卫生管理人员；劳动者在一百人以下的，应当配备专职或者兼职的职业卫生管理人员，负责本单位的职业病防治工作。

第 9 条 用人单位的主要负责人和职业卫生管理人员应当具备与本单位所从事的生产经营活动相适应的职业卫生知识和管理能力，并接受职业卫生培训。

对用人单位主要负责人、职业卫生管理人员的职业卫生培训，应当包括下列主要内容：

（一）职业卫生相关法律、法规、规章和国家职业卫生标准；

（二）职业病危害预防和控制的基本知识；

（三）职业卫生管理相关知识；

（四）国家卫生健康委规定的其他内容。

第 10 条　用人单位应当对劳动者进行上岗前的职业卫生培训和在岗期间的定期职业卫生培训，普及职业卫生知识，督促劳动者遵守职业病防治的法律、法规、规章、国家职业卫生标准和操作规程。

用人单位应当对职业病危害严重的岗位的劳动者，进行专门的职业卫生培训，经培训合格后方可上岗作业。

因变更工艺、技术、设备、材料，或者岗位调整导致劳动者接触的职业病危害因素发生变化的，用人单位应当重新对劳动者进行上岗前的职业卫生培训。

第 15 条　产生职业病危害的用人单位，应当在醒目位置设置公告栏，公布有关职业病防治的规章制度、操作规程、职业病危害事故应急救援措施和工作场所职业病危害因素检测结果。

存在或者产生职业病危害的工作场所、作业岗位、设备、设施，应当按照《工作场所职业病危害警示标识》（GBZ158）的规定，在醒目位置设置图形、警示线、警示语句等警示标识和中文警示说明。警示说明应当载明产生职业病危害的种类、后果、预防和应急处置措施等内容。

存在或者产生高毒物品的作业岗位，应当按照《高毒物品作业岗位职业病危害告知规范》（GBZ/T203）的规定，在醒目位置设置高毒物品告知卡，告知卡应当载明高毒物品的名称、理化特性、健康危害、防护措施及应急处理等告知内容与警示标识。

第 16 条　用人单位应当为劳动者提供符合国家职业卫生标

准的职业病防护用品，并督促、指导劳动者按照使用规则正确佩戴、使用，不得发放钱物替代发放职业病防护用品。

用人单位应当对职业病防护用品进行经常性的维护、保养，确保防护用品有效，不得使用不符合国家职业卫生标准或者已经失效的职业病防护用品。

第 17 条　在可能发生急性职业损伤的有毒、有害工作场所，用人单位应当设置报警装置，配置现场急救用品、冲洗设备、应急撤离通道和必要的泄险区。

现场急救用品、冲洗设备等应当设在可能发生急性职业损伤的工作场所或者临近地点，并在醒目位置设置清晰的标识。

在可能突然泄漏或者逸出大量有害物质的密闭或者半密闭工作场所，除遵守本条第一款、第二款规定外，用人单位还应当安装事故通风装置以及与事故排风系统相连锁的泄漏报警装置。

生产、销售、使用、贮存放射性同位素和射线装置的场所，应当按照国家有关规定设置明显的放射性标志，其入口处应当按照国家有关安全和防护标准的要求，设置安全和防护设施以及必要的防护安全联锁、报警装置或者工作信号。放射性装置的生产调试和使用场所，应当具有防止误操作、防止工作人员受到意外照射的安全措施。用人单位必须配备与辐射类型和辐射水平相适应的防护用品和监测仪器，包括个人剂量测量报警、固定式和便携式辐射监测、表面污染监测、流出物监测等设备，并保证可能接触放射线的工作人员佩戴个人剂量计。

第 23 条　向用人单位提供可能产生职业病危害的设备的，应当提供中文说明书，并在设备的醒目位置设置警示标识和中文警示说明。警示说明应当载明设备性能、可能产生的职业病危害、安全操作和维护注意事项、职业病防护措施等内容。

用人单位应当检查前款规定的事项，不得使用不符合要求的设备。

第24条　向用人单位提供可能产生职业病危害的化学品、放射性同位素和含有放射性物质的材料的，应当提供中文说明书。说明书应当载明产品特性、主要成份、存在的有害因素、可能产生的危害后果、安全使用注意事项、职业病防护和应急救治措施等内容。产品包装应当有醒目的警示标识和中文警示说明。贮存上述材料的场所应当在规定的部位设置危险物品标识或者放射性警示标识。

用人单位应当检查前款规定的事项，不得使用不符合要求的材料。

第27条　用人单位应当优先采用有利于防治职业病危害和保护劳动者健康的新技术、新工艺、新材料、新设备，逐步替代产生职业病危害的技术、工艺、材料、设备。

第六十六条　青年、少数民族、女性、老年科学技术人员

青年科学技术人员、少数民族科学技术人员、女性科学技术人员等在竞聘专业技术职务、参与科学技术评价、承担科学技术研究开发项目、接受继续教育等方面享有平等权利。鼓励老年科学技术人员在科学技术进步中发挥积极作用。

各级人民政府和企业事业单位应当为青年科学技术人员成长创造环境和条件，鼓励青年科学技术人员在科技领域勇于探索、敢于尝试，充分发挥青年科学技术人员的作用。发现、培养和使用青年科学技术人员的情况，应当作为评价科学技术进步工作的重要内容。

各级人民政府和企业事业单位应当完善女性科学技术人员培养、评价和激励机制，关心孕哺期女性科学技术人员，鼓励和支持女性科学技术人员在科学技术进步中发挥更大作用。

科技部、全国妇联、教育部、工业和信息化部、人力资源社会保障部、卫生健康委、国资委、中科院、工程院、社科院、全国总工会、中国科协、自然科学基金委《关于支持女性科技人才在科技创新中发挥更大作用的若干措施》（2021年6月17日　国科发才〔2021〕172号）

女性科技人才是科技人才队伍的重要组成部分，是我国科技事业十分重要的力量。为进一步激发女性科技人才创新活力，更好发挥女性科技人才在推动创新驱动发展、实现高水平科技自立自强、建设世界科技强国中的重要作用，现提出如下措施。

一、深刻认识支持女性科技人才在科技创新中发挥更大作用的重要意义

近年来，我国女性科技人才队伍规模逐步扩大、结构不断优化、能力显著提升，在基础理论、应用技术、工程实践等各个方面作出杰出贡献，充分彰显出巾帼力量。但从总体上看，高层次女性科技人才仍较为缺乏，女性科技人才在职业发展中仍面临一些瓶颈问题，符合女性科技人才特点的专项政策不足，女性科技人才在科技创新中的作用尚未得到充分发挥。在“十四五”和今后相当长时期内，要坚持性别平等、机会平等，为女性科技人才成长进步、施展才华、发挥作用创造更好环境，支持女性科技人才坚持“四个面向”，不断向科学技术广度和深度进军，努力造就一批具有世界影响力的顶尖女性科技人才，为建成世界科技强国作出新的更大贡献。

二、培养造就高层次女性科技人才

1. 支持女性科技人才承担科技计划项目。在国家科技计划项目组织实施中，要创造条件吸纳更多女性科技人才参与。在若干国家重点研发计划中探索设立女科学家项目。国家重点研发计划青年科学家项目适当放宽女性申请人年龄限制。继续落实好相关

人才项目中放宽女性科研人员申请年龄的政策，进一步统筹研究国家自然科学基金各类人才项目中女性科研人员的申请年龄。鼓励科研单位设立女性科研人员科研专项。

2. 更好发挥女性科技人才在科技决策咨询中的作用。国家重大科技战略咨询、科技政策制定、科技伦理治理和科技计划项目指南编制等科技活动，提高高层次女性科技人才参与度。在国家科技计划项目、国家科技奖励、国家人才计划等各类评审工作中，逐步提高女性专家参与比例。国家科技专家库等科技评审专家库，鼓励符合条件的女性专家入库。

3. 支持女性科技人才参与国际科技交流合作。国家留学基金委等积极支持更多女性科技人才出国访学，出国（境）培训计划项目加大对女性科技人才支持力度，鼓励支持更多女性科技人才参与国际科技组织工作，提升其国际影响力和活跃度。

4. 扩展女性科技人才科研学术网络。科技领域全国性学会、协会、研究会等要提高常务理事、学会负责人、会员以及代表中的女性比例，鼓励设立女科技工作者专门委员会。科技类学术会议要增加女性大会主席、主持人和主要学术报告人的数量，鼓励设立女性专场。加强高层次女性科技人才领导力培训。

5. 推动落实高级职称女性科技人才退休政策。事业单位要认真落实高级职称女性专业技术人员退休政策，符合条件的女性专业技术人员可自愿选择年满 60 周岁或年满 55 周岁退休。年满 60 周岁的少数具有高级职称的女性专业技术人员，因工作需要延长退休年龄的，执行高级专家离休退休有关政策。国有企业要认真落实高级专家离休退休相关政策，做好女性高级专家退休相关工作。

三、大力支持女性科技人才创新创业

6. 支持女性科技人才投身高质量发展。国家高新技术产业开发区、科技企业孵化器（众创空间等）加强对女性科技创业者的支持力度，培育更多女性科技企业家。支持女性科技人才参加科技人员服务企业专项行动，提升企业技术创新能力。支持更多女性科技人才参加科技特派员行动，深入基层一线服务乡村振兴。

7. 扎实开展“科技创新巾帼行动”。“科技创新巾帼行动”各参与部门要积极搭建平台，提供服务，支持女性科技人才立足岗位、锐意创新，加强交流合作，产出高水平原创成果，加速科技成果转化。鼓励工会、妇联的基层组织加强对女性科技人才的服务与关怀。广泛开展巾帼科普志愿服务，助力提高全民科学素养。

四、完善女性科技人才评价激励机制

8. 支持女性科技人才入选国家高层次人才计划。国家人才计划适当放宽女性申报人年龄限制，用人单位在同等条件下要优先推荐女性科技人才。中国科学院、中国工程院院士增选中，鼓励提名更多优秀女科学家作为候选人，在同等条件下支持女性优先入选。

9. 加大对女性科技人才的奖励力度。全国三八红旗手、全国巾帼建功标兵、中国青年科技奖、全国创新争先奖等各类评选表彰中提高女性科技人才的入选比例。在国家科技奖励工作中，鼓励提名女性负责人项目。逐步扩大中国青年女科学家奖规模，鼓励社会力量设立面向女科学家的科技奖项。

10. 建立有利于女性科技人才发展的评价机制。国家自然科学基金项目评审中，执行同等条件下女性科研人员优先的资助政策。探索在人才计划评审中，向评审专家宣传支持女性科技人才、“同等条件下女性优先”。

五、支持孕哺期女性科技人才科研工作

11. 为孕哺期女性科技人才营造良好科研环境。鼓励科研单位设立女性科研回归基金，资助女性科研人员生育后重返科研岗位。在考核评价、岗位聘用等环节，对孕哺期女性科技人才适当放宽期限要求、延长评聘考核期限。支持高等学校和科研院所商孕哺期女性科研人员在孕哺期保留研究生招生资格。在国家自然科学基金项目实施过程中，允许女性科研人员因生育或处于孕哺期延长结题时间。

12. 为孕哺期女性科技人才创造生育友好型工作环境。鼓励高等学校和科研院所等通过实行弹性工作制、建设母婴室、提供儿童托管服务等方式，为孕哺期女性科技人才开展科研工作创造条件。对于在生育友好型工作环境创建工作中表现突出的单位，加大表彰奖励力度。

六、加强女性后备科技人才培养

13. 培养女学生的科学兴趣。大力宣传女科学家典型事迹和科技女性卓越贡献，常态化开展女科学家进校园活动，发挥榜样引领作用，培养女学生爱科学、学科学的兴趣和志向。各类科普教育基地和科普活动要提高中小学女学生参与度。鼓励支持女学生参与中小学生科技竞赛活动。

14. 鼓励女性从事科学技术工作。各级各类学校要广泛开展性别平等教育，高中阶段教育要加强对女学生学科选择和职业发展的引导，消除学科性别刻板观念对女学生专业选择的不利影响。支持高等学校和科研院所设置理工科专业优秀女大学生奖学金，鼓励更多女大学生参与国际学术交流，加强对理工科女学生职业发展规划辅导，引导更多女学生选择科研作为终身职业。

七、加强女性科技人才基础工作

15. 加强统计和研究工作。研究建立女性科技人才数据指标体系，纳入国家科技统计，动态掌握女性科技人才发展状况。持续开展“科技与性别”研究，对科技政策进行性别平等评估，对女性科技人才成长开展跟踪研究，为进一步完善女性科技人才政策提供支撑。

16. 加强制度保障。各级各类科技创新规划和相关政策制定要充分考虑性别差异和女性特殊需求，具备条件的要对加强女性科技人才队伍建设进行专门部署，支持女性科技人才发挥更大作用。

第六十七条　科技人员的义务

科学技术人员应当大力弘扬爱国、创新、求实、奉献、协同、育人的科学家精神，坚守工匠精神，在各类科学技术活动中遵守学术和伦理规范，恪守职业道德，诚实守信；不得在科学技术活动中弄虚作假，不得参加、支持迷信活动。

● 部门规章及文件

1.《高等学校预防与处理学术不端行为办法》（2016年6月16日）

第6条　高等学校应当完善学术治理体系，建立科学公正的学术评价和学术发展制度，营造鼓励创新、宽容失败、不骄不躁、风清气正的学术环境。

高等学校教学科研人员、管理人员、学生在科研活动中应当遵循实事求是的科学精神和严谨认真的治学态度，恪守学术诚信，遵循学术准则，尊重和保护他人知识产权等合法权益。

2.《国家科学技术奖励条例实施细则》（2008年12月23日）

第3条　国家科学技术奖励工作深入贯彻落实科学发展观和“尊重劳动、尊重知识、尊重人才、尊重创造”的方针，鼓励团结协作、联合攻关，鼓励自主创新，鼓励攀登科学技术高峰，促进科学研究、技术开发与经济、社会发展密切结合，促进科技成果向现实生产力转化，促进国家创新体系建设，营造鼓励创新的环境，努力造就和培养世界一流科学家、科技领军人才和一线创新人才，加速科教兴国、人才强国和可持续发展战略的实施，推进创新型国家建设。

3.《科学技术活动违规行为处理暂行规定》（2020年7月17日）

第8条　科学技术人员的违规行为包括以下情形：

（一）在科学技术活动的申报、评审、实施、验收、监督检查和评估评价等活动中提供虚假材料，实施“打招呼”“走关系”等请托行为；

（二）故意夸大研究基础、学术价值或科技成果的技术价值、社会经济效益，隐瞒技术风险，造成负面影响或财政资金损失；

（三）人才计划入选者、重大科研项目负责人在聘期内或项目执行期内擅自变更工作单位，造成负面影响或财政资金损失；

（四）故意拖延或拒不履行科学技术活动管理合同约定的主要义务；

（五）随意降低目标任务和约定要求，以项目实施周期外或不相关成果充抵交差；

（六）抄袭、剽窃、侵占、篡改他人科学技术成果，编造科学技术成果，侵犯他人知识产权等；

（七）虚报、冒领、挪用、套取财政科研资金；

（八）不配合监督检查或评估评价工作，不整改、虚假整改或整改未达到要求；

（九）违反科技伦理规范；

（十）开展危害国家安全、损害社会公共利益、危害人体健康的科学技术活动；

（十一）违反国家科学技术活动保密相关规定；

（十二）法律、行政法规、部门规章或规范性文件规定的其他相关违规行为。

第六十八条　宽容失败

国家鼓励科学技术人员自由探索、勇于承担风险，营造鼓励创新、宽容失败的良好氛围。原始记录等能够证明承担探索性强、风险高的科学技术研究开发项目的科学技术人员已经履行了勤勉尽责义务仍不能完成该项目的，予以免责。

● 部门规章及文件

《高等学校预防与处理学术不端行为办法》（2016 年 6 月 16 日）

第 6 条　高等学校应当完善学术治理体系，建立科学公正的学术评价和学术发展制度，营造鼓励创新、宽容失败、不骄不躁、风清气正的学术环境。

高等学校教学科研人员、管理人员、学生在科研活动中应当遵循实事求是的科学精神和严谨认真的治学态度，恪守学术诚信，遵循学术准则，尊重和保护他人知识产权等合法权益。

第六十九条　建立科研诚信档案

科研诚信记录作为对科学技术人员聘任专业技术职务或者职称、审批科学技术人员申请科学技术研究开发项目、授予科学技术奖励等的重要依据。

● 法　律

1.《促进科技成果转化法》（2015 年 8 月 29 日）

第 20 条　研究开发机构、高等院校的主管部门以及财政、科学技术等相关行政部门应当建立有利于促进科技成果转化的绩效考核评价体系，将科技成果转化情况作为对相关单位及人员评价、科研资金支持的重要内容和依据之一，并对科技成果转化绩效突出的相关单位及人员加大科研资金支持。

国家设立的研究开发机构、高等院校应当建立符合科技成果转化工作特点的职称评定、岗位管理和考核评价制度，完善收入分配激励约束机制。

2.《高等教育法》（2018 年 12 月 29 日）

第 51 条　高等学校应当为教师参加培训、开展科学研究和进行学术交流提供便利条件。

高等学校应当对教师、管理人员和教学辅助人员及其他专业技术人员的思想政治表现、职业道德、业务水平和工作实绩进行考核，考核结果作为聘任或者解聘、晋升、奖励或者处分的依据。

第七十条 科技团体

科学技术人员有依法创办或者参加科学技术社会团体的权利。

科学技术协会和科学技术社会团体按照章程在促进学术交流、推进学科建设、推动科技创新、开展科学技术普及活动、培养专门人才、开展咨询服务、加强科学技术人员自律和维护科学技术人员合法权益等方面发挥作用。

科学技术协会和科学技术社会团体的合法权益受法律保护。

● 法　律

1.《科学技术普及法》（2002 年 6 月 29 日）

第 5 条　国家保护科普组织和科普工作者的合法权益，鼓励科普组织和科普工作者自主开展科普活动，依法兴办科普事业。

第 12 条　科学技术协会是科普工作的主要社会力量。科学技术协会组织开展群众性、社会性、经常性的科普活动，支持有关社会组织和企业事业单位开展科普活动，协助政府制定科普工作规划，为政府科普工作决策提供建议。

● 其他规范性文件

2. 中国科协、民政部《关于进一步推动中国科协学会创新发展的意见》（2020 年 11 月 26 日　科协发学字〔2020〕31 号）

二、强化创新发展导向

参与全球科技治理。支持学会与国际同行“交朋友、结对子”，联合建设国际人才信息库，密切人才双向交流，积极对接国际资源，促进国际科技界开放、信任与合作。支持学会“走出去”，设立对外联系服务机构、境外分支（代表）机构，在境外举办学术会议、开展学术交流，持续向国际科技组织举荐专家、输送职员，设立专项基金为中国科学家发起国际大科学计划、工程等提供稳定支持。支持学会“引进来”，依照有关规定适当发展港澳台会员和外籍会员，探索吸纳港澳台及海外知华友华科学家在学会任职，发起成立国际或区域科技组织，吸引对口国际科技组织总部落户中国，探索推动为国际科技组织总部在华运行设立账户，简化科技工作者代表学会参加境外学术交流的审批程序。

强化学术引领。支持学会强化对科技工作者创新方向的引领，鼓励科技工作者潜心基础性研究、攻克核心关键技术。完善学科发展及趋势研判体系，持续发布前沿热点问题和技术预见成果。支持学会主动围绕国际共同关切发起创新议题，创设国际化高端主场交流品牌，打造服务多元、梯次多级、规模多种、形式多样、具有学科特色的学术活动集群。支持学会创新科技期刊出版模式，吸纳国际顶尖学者和专业出版运营人才加入办刊团队，提高科技期刊的数字化、国际化水平。

促进科技与经济深度融合。以“科创中国”建设为引领，支持学会聚焦关键核心技术攻坚，开展技术成果评价、验证，扩大技术标准研制认证规模，开展专业化技术服务与交易。引导学会聚焦创新链整体效能，畅通与省市合作的资源下沉通道，建设科技服务团队，面向战略区域、产业集群、重点企业提供定制化、组合式专业服务。支持学会探索协同创新模式，建设各类新型协同创新组织，广泛联结高校、科研院所、企业、新型研发机构、技术服务中介等，强化组织赋能，打造技术创新与转移枢纽。

建设专业科技创新智库。支持学会参与“智汇中国”平台建设，突出学科领域特色和组织优势，强化跨领域交流，将学术交流成果有效转化为智库成果，前瞻性提出未来竞争优势的攸关领域和重点布局，为制定科技战略、规划和政策提供依据。围绕国家重大发展战略、现代化产业体系构建、区域和产业协调发展等现实问题，深入调查研究，提供解决方案和可行性建议。以重大项目为纽带，把更多海内外高层次专家学者纳入智库专家队伍。

提升公民科学素质。制定加强新时代学会科普工作的意见，实施全国学会科普能力提升项目，支持学会结合重大科技事件、科研成果、社会热点等开展科普活动，开发优质科普资源，深入乡村、社区开展科技志愿服务。通过教育培训增强科技工作者科普责任意识和服务能力。组织广大科技工作者针对公众普遍关注的生态环境、卫生健康、食品安全等民生问题，及时发声、权威解读。支持学会参与“科普中国”建设，开展应急科普和科学辟谣。

服务科技人才成长。支持学会按照社会力量设立科学技术奖励有关政策，设立具有广泛公信力和国际影响力的科学技术奖项，完善定位准确、特色鲜明的人才、成果、技术奖励体系，严格质量审查和评选程序，严控奖项数量和获奖比例，严禁收取任何费用。推动建立科技奖项动态清单。支持学会完善基于同行评议的学术评价体系，多渠道评价举荐人才，参与国内工程能力认证与国际工程师资格互认，促进创新领军人才、青年科技人才、企业科技人才合作交流。

三、提升治理能力

加强学会党的建设。学会要把加强党的建设、坚持党的全面领导等内容载入章程，自觉将坚持党的领导与依法依章程自治相统一，为党组织开展活动、发挥作用创造条件，确保正确发展方向。完善学会理事会、办事机构、分支机构三层级党组织建设，配强学会党组织书记，推行理事会党委与学会负责人双向进入、交叉任职。学会理事会党委要政治把关学会换届选举工作，前置审议规划计划、大额经费开支、接受大额捐赠、奖项评选和人才举荐等重大事项。学会办事机构党组织要支撑理事会党委日常工作。主动探索学会党建规律方法，积极探索分支机构党建途径，深入实施“党建强会计划”，促进党建和业务工作深度融合。

弘扬科学家精神。学会要以社会主义核心价值观引领科学文化建设，组建科学家宣讲团，建设教育宣传基地，选树宣传优秀科技工作者和创新团队典型，持续开展科学道德和学风建设宣讲，将传承、培育、弘扬科学家精神融入业务活动。要坚守科技共同体价值，提倡负责任的研究，建设诚信自律机构和工作机制，严守科研伦理规范，建立科技工作者学术信用体系，对学术歧视、学术不端行为要及时发声，维护学术界共同利益，营造风清气正的学术环境。

优化内部治理结构。学会要强化章程意识，建立健全会员大会（会员代表大会）、理事会、监事（监事会）、办事机构等制度，完善权力机构、执行机构运行机制，落实民主选举、民主决策和民主管理。要将政治意识强、学术水平高、群众基础好、能引领学会事业发展的业内专家和实务工作者选为主要负责人，推行秘书长全职化履职和专职化聘任，优化学会理事会人员构成，扩大理事会中基层一线和中青年人员比例。推动建立学会从业人员职级评价体系，加强职业化建设，打造运转高效、规范有序的实体化办事机构。

拓展服务覆盖面。学会要突出发展个人会员，完善分级分类的会员体系，强化对青年科技工作者、企业科技工作者、非公领域科技工作者、高校学生等的吸纳与联系。创新数字化、网络化服务方式，建设科技工作者之家，提供多样化、精准化服务。支持学会与地方科协、地方学会加强联系和业务合作，织密和拓展服务网络。围绕国家重大战略需求，支持在前沿新兴交叉等学科领域依法成立科技类社会组织。

四、加强规范管理

规范分支（代表）机构管理。学会应当根据自身管理服务能力和业务活动需要，在章程规定的宗旨和业务范围内，经过内部民主程序依法依规设立分支（代表）机构，避免过多过滥，不得以任何形式变相在分支（代表）机构下再设立分支（代表）机构。要建立健全分支（代表）机构管理制度，切实加强机构日常管理和动态考核，对于问题突出、长期不开展活动、作用发挥不充分的分支（代表）机构要及时调整、清理。

规范开展业务活动。学会开展论坛、研讨会等业务活动应当符合章程规定的宗旨和业务范围，按照相关法规政策规定，切实履行民主决策和备案程序，并加强对各项活动的监督管理。作为“主办单位”、“协办单位”等开展业务活动的，要切实履行职责，加强对活动全过程监管，不得以挂名方式参与合作、收取费用，不得强制会员或者参加人员赞助、捐赠、订购有关产品或刊物。学会与境外组织或者个人进行合作，接受境外捐赠，应当遵守有关法律法规和外事管理规定。

规范评比达标表彰活动。学会开展评比达标表彰活动，要严格遵守社会组织评比达标表彰政策规定，符合章程规定的宗旨和业务范围，坚持面向基层、注重实效，坚持非营利原则和公平公正公开原则。未经批准，不得举办或参与举办以行业、学科、学术成果，以及专业领域的集体或个人为评选对象的各类评比达标表彰活动，不得与境外组织合作举办评比表彰活动。

五、抓好组织保障

强化统筹协调。中国科协会同民政部等部门建立工作协调机制，加强信息共享，对日常管理中发现的问题定期进行沟通会商，协调有关部门研究解决制约学会创新发展的重大问题。中国科协结合学会管理实际情况，有效落实业务主管单位的管理监督职责。民政部加强对学会登记、年检等日常管理，依法查处学会违法违规行为，对长期不开展活动、违法情节严重的学会进行清理。

完善评价导向。建立完善一流学会评估标准，将学会创新发展成效和规范管理情况作为重要评估指标，引导并支持打造一批世界一流学会，建设一批在学术引领、智库支撑、科学普及、产学融合、国际化发展等业务上具有世界一流水平的学会，做强一批基础研究类学会。

加强教育培训。建立常态化教育培训工作机制，开展学会新任负责人培训、秘书长定期轮训和工作人员业务培训。坚持需求导向，突出培训重点，围绕党的建设、社团管理法律法规、社团运营实务等，不断创新培训方式，切实提升学会工作人员业务水平。

3. 中国科协办公厅《关于加强科普标准化工作的通知》①（2021年12月16日　科协办函普字〔2021〕240号）

一、充分认识开展科普标准化工作的重要意义

标准是可量化、可监督的规范，是优化资源配置、提高工作效率、推进治理体系现代化的工具。科普标准化工作是关系我国科普工作可持续发展的基础性工程，新时期推动科普高质量发展，迫切需要加强科普标准化工作。各级科协和学会组织要深刻理解、准确把握标准化对科普工作的重要支撑作用，把科普标准化工作列入重要议程，不断增强标准意识，创新标准观念，积极主动作为，不断提升运用科普标准的能力和水平，使标准化工作成为构建高质量科普服务体系的重要抓手。

二、构建系统全面的科普标准体系

科普标准是科普领域需要统一的规范，包括国家标准、行业标准、地方标准、团体标准、企业标准和标准性文件。标准性文件是指除国家标准、行业标准、地方标准、团体标准、企业标准之外，由各级机关、团体、组织等制定的具有约束性和适用性，

---

① 编者注：囿于篇幅有限，本规定中所涉附件此处省略。

且在一定管理范围和时间内相对稳定的具有标准属性的文件的总称。“十四五”期间，中国科协将按照“基础先立、上层先立、急用先立”的原则，发布科普标准制修订计划，设立科普标准化专项，支持全国学会、地方科协以及高校、科研院所、企业和社会团体等开展不同类型科普标准的研究编制和推荐备案工作，逐步构建包括科普基础通用标准、科普服务提供标准、科普服务资源标准、科普设施设备标准、科普信息化标准、科普评价标准的科普标准体系。

三、加快重点领域标准编制

全国学会和各地科协要围绕《中国科协科普标准制修订计划（2021-2025年）》（见附件1）提出的青少年科普服务、应急科普、阵地条件等重点领域，立足自身科普实践，坚持需求导向、明确应用场景，主动领题、积极选题，按照标准编制相关规则规定和《中国科协科普标准化项目编制实施办法（试行）》（见附件2）等工作要求，积极开展相关标准研究，将科普发展的典型实践提炼总结成可复制、可推广的经验，形成正式标准或标准性文件并向社会发布。到2025年，在重点领域形成一批具有可推广、可复制、实践指导性强的科普标准化成果，引导相关科普领域规范化发展，提升科普服务质量。地方科协要充分发挥组织和阵地优势，把科普标准编制与促进地方科普事业高质量发展有机结合，动员广大科技工作者积极开展科普标准研究，推动科普相关地方标准、行业标准的研究编制和应用。全国学会要充分发挥专业领域优势，积极开展科普标准化工作，参与重点领域科普标准的咨询研究和论证，组织会员深入开展跨行业、高层次研究，联合有关企业根据自身实际制定高要求、高质量的团体标准、企业标准和标准性文件。

四、加强科普标准规范的宣贯应用

各级科协和学会组织要积极开展科普标准的宣贯和应用推广，加强行业标准、地方标准、团体标准、企业标准和标准性文件备案工作，加大科普标准公开力度，引导全社会重视和支持科普标准化工作。要探索开展相关科普标准第三方评估，建立科普标准实施信息反馈和评估机制，根据反馈和评估情况对不适应科普发展实践的及时推动进行修订、更新或废止，确保科普标准紧跟形势、切实可行。要选择和支持有条件的地区和单位开展科普标准化示范试点工作，及时总结和推介好经验、好做法，发挥示范引领作用，推动形成有标准、可评价、能反馈的科普标准化工作新局面。

五、强化服务保障

充分发挥全国科普服务标准化技术委员会的引领作用，建设科普标准库，搭建科普标准交流服务平台，建立标准化工作专家队伍，加强科普标准化工作交流培训，围绕科普标准化工作的重点任务和关键环节，建立健全长效机制，加强协同联动，加大经费保障，鼓励支持社会各方参与和开展科普标准的研究编制和应用推广，形成推进科普标准化工作的有效合力。

第七章　区域科技创新

第七十一条　国家统筹科学技术资源区域空间布局

国家统筹科学技术资源区域空间布局，推动中央科学技术资源与地方发展需求紧密衔接，采取多种方式支持区域科技创新。

● 部门规章及文件

科技部《长三角科技创新共同体建设发展规划》（2020 年 12 月 20 日　国科发规〔2020〕352 号）

二、协同提升自主创新能力

（一）统筹推进科技创新能力建设。

共建一批长三角高水平创新基地。加强国家实验室、国家重点实验室、国家技术创新中心、国家产业创新中心、国家制造业创新中心、国家临床医学研究中心等重大科技创新基地布局建设。鼓励沪苏浙皖三省一市（以下简称“三省一市”）在科技前沿、共性关键技术和公共安全等领域集中优势科技资源，创新体制机制，共建一批长三角实验室，支持网络通信与安全紫金山实验室、材料科学姑苏实验室加快发展。加快建设长三角国家技术创新中心，对标国际最高标准、最好水平，围绕提升重点产业领域技术创新水平，打通重大基础研究成果产业化的关键环节，构建风险共担、收益共享、多元主体的协同创新共同体，提升能够引领未来产业发展方向的技术创新策源能力。对标国际标准和通行规则，强化数据治理和标准建设，积极推动长三角科学数据中心建设。

共同打造重大科技基础设施集群。以上海张江、安徽合肥综合性国家科学中心为依托，加快构建世界一流的重大科技基础设施集群和区域重大科技基础设施网络，推动重大科技基础设施升级和联合建设，加快硬 X 射线自由电子激光装置、未来网络试验设施、超重力离心模拟与实验装置、高效低碳燃气轮机试验装置、聚变堆主机关键系统综合研究设施等重大科技基础设施建设，推进合肥先进计算中心建设，谋划筹建生物医学大数据、系统生物学、纳米真空互联、作物表型组学、光子科学、新一代工业控制系统、智能计算等前沿领域的重大科技基础设施，为突破世界前沿重大科学问题、取得重大原创突破提供有力支撑。

（二）联合开展重大科技攻关。

共同实施重大科技项目。鼓励三省一市立足优势学科和研究力量，瞄准世界科技前沿，聚焦国家重大需求，在基础研究、应用基础研究、关键核心技术攻关领域，主动发起和联合承担若干个国家重大科技项目。围绕三省一市高质量发展和民生改善的重大需求，创新组织管理机制，联合实施重大科技项目。加强三省一市科技计划的协调联动，建立统一的科技计划管理信息平台，促进科技报告和科技成果的信息共享。建立与科技创新区域协同攻关相适应的制度措施，完善各类创新主体充分参与、有效协同的机制，提高科技资源配置效率。

协同开展关键核心技术攻关。推动长三角地区高校、科研机构、企业强强联合，面向产业创新需求，开展重大科技攻关。聚焦集成电路、新型显示、人工智能、先进材料、生物医药、高端装备、生物育种等重点领域，联合突破一批关键核心技术，形成一批关键标准，解决产业核心难题。共同打造集成电路共性技术研发、工业控制系统安全、多中心协同的生物医学智能信息技术等公共平台。在智能计算、高端芯片、智能感知、脑机融合等重点领域加快布局，筹建类脑智能、智能计算、数字孪生、全维可定义网络等重大基础平台。

联合实施科技成果惠民工程。聚焦公共安全、食品安全、民生保障、生态环境、智慧城市、智慧医疗等社会发展领域，优化区域科研力量布局，完善民生领域科研体系。加大民生领域科技投入，加强检测试剂、疫苗和生物药物、新型化学药物制剂研制，共同加强传染病防治药物、罕见病药物和高性能医疗设备研发，提高疫病防控和公共卫生领域研发水平和技术储备能力。建立公共安全应急技术平台，加快共性适用技术的推广和应用。

（三）协力提升现代化产业技术创新水平。

强化区域优势产业创新协作。在电子信息、生物医药、航空航天、高端装备、新材料、节能环保、海洋工程装备及高技术船舶等重点领域，建立跨区域、多模式的产业技术创新联盟，支持以企业为主体建立一批长三角产学研协同创新中心。聚焦量子信息、类脑芯片、物联网、第三代半导体、新一代人工智能、细胞与免疫治疗等领域，努力实现技术群体性突破，支撑相关新兴产业集群发展，培育一批具有国际竞争力的龙头企业，建设一批国家级战略性新兴产业创新示范基地，打造若干具有国际竞争力的先进制造业集群。建设长三角国际标准化协作平台，增强企业为主体的国际标准竞争力。

支撑循环型产业发展。以长三角生态绿色一体化发展示范区为依托，加强环境生态系统综合治理的科技创新供给，推进高新技术产业开发区工业污水近零排放、固废资源化利用和区域大气污染联防联控科技创新，开展整体技术方案与政策集成示范。积极推进绿色技术银行发展，推动在长三角地区布局建设绿色技术银行分行，打造跨区域的绿色技术协作平台和质量追溯体系。突破水-土-气协同治理和源头控制、清洁生产、末端治理与生态环境修复的成套核心技术群，协同构建循环型产业技术创新体系。

三、构建开放融合的创新生态环境

（一）共塑一体化科技创新制度框架。

加强三省一市科技创新规划的对接。建立长三角科技创新规划会商机制，共同对区域性科技创新目标、重点任务、资源布局、国际合作等进行协商和统筹。针对重点领域和重大科技问题，联合编制科技创新专项规划，逐步形成长三角地区科技协同创新规划体系。

鼓励开展创新政策先行先试。系统推进长三角区域全面创新改革，在推动人才、技术、资本、信息等创新要素跨区域自由流动方面先行探索经验。完善高新技术企业跨区域认定制度，鼓励长三角地区高新技术企业跨区域合作和有序流动。鼓励三省一市共同设立长三角科技创新券，支持科技创新券通用通兑，实现企业异地购买科技服务。建立科技创新人员柔性流动制度，深化区域科技交流与创新。

共同加强科研诚信和学风作风建设。探索建立长三角地区科技伦理协作委员会和科研诚信信息共享协作与联合惩戒机制，促进区域内科研诚信案件联合调查，集中开展科研诚信宣传教育培训，积极营造长三角地区良好的科研生态和舆论氛围。

（二）促进创新主体高效协同。

强化各类创新主体的协同和联动。支持长三角地区建设一批世界一流大学和世界一流学科。依托“双一流”建设高校在集成电路等领域布局建设一批国家产教融合创新平台，为高校和企业协同开展人才培养、科学研究、学科建设提供支撑。充分发挥长三角高校协同创新联盟作用，整合高校优势科技资源，在重大基础研究和关键核心技术突破等方面形成联合攻关机制。建立长三角一流高校与科研机构的智库联盟，逐步形成引领型智库网络。鼓励有条件的高校、科研机构和企业牵头设立跨区域的新型研发机构。

围绕产业创新链强化协同创新。围绕集成电路、人工智能、量子信息、生物医药、先进制造、物联网、互联网等高端高新产业，建立完善区域产业创新链。以重大科技创新基地为载体，以国家高新技术产业开发区为依托，以企业为技术创新主体，强化产学研用各类创新主体的跨区域跨领域协作攻关，构建基础研究、技术开发、成果转化和产业创新全流程的产业创新链。发挥长三角资本市场优势，构建有利于科技创新和高端产业孵化扩增的金融体系，支持一批中小微科技型企业创新发展。

（三）推动创新资源开放共享和高效配置。

依托上海科技创新资源数据中心等机构，建设长三角科技资源共享平台，完善利益分享机制，促进区域资源优势互补和高效利用。整合三省一市高校、科研机构、各类创新基地和专业化服务机构的科技创新资源，引入国家科技资源共享平台优质资源，形成科技资源数据池。不断完善长三角科技资源共享服务平台功能，完善财政奖补机制，支持成立科技资源开放共享服务机构联盟，推动重大科研基础设施、大型科研仪器、科技文献、科学数据、生物种质与实验材料等科技资源开放共享与合理流动。

加大各省市人才支持政策的协调力度，建立一体化人才保障服务标准，实行人才评价标准互认制度，促进科技人才在各省市之间健康有序流动。允许地方高校按照国家有关规定自主开展人才引进和职称评定。推动三省一市科技专家库共享共用，完善人才交流、合作和共享机制。构筑长三角地区科普工作协同发展体系，完善科普资源开放共享机制，共同承办国家重大科普活动，进一步推进三省一市科普项目、展览、影视作品等优质科普资源交流共享。

（四）联合提升创新创业服务支撑能力。

构建一体化科技成果转移转化体系。充分发挥市场和政府作用，构建开放、协同、高效的共性技术研发平台，打通原始创新向现实生产力转化通道，推动科技成果跨区域转化，建立健全成果转化项目资金共同投入、技术共同转化、利益共同分享机制。以长三角地区四个技术交易市场为枢纽，建立完善长三角一体化技术交易市场网络。依托三省一市现有技术转移服务平台和长三角国际创新挑战赛等活动，建立面向全球的科技成果信息发布、转移、转让、授权的科技成果转移转化服务体系和科技成果交易中心。以上海闵行、江苏苏南、浙江国家成果转移转化示范区建设为引领，鼓励三省一市高校、科研机构建立专业化技术转移机构，发展社会化技术转移机构，多渠道培养技术转移经理人，提高技术转移专业服务能力。推动高校、科研机构选派拥有科研成果、创新能力强的科研人员担任"科技专员"，深入企业开展技术转移和科普服务。创新科技金融服务模式。探索建立长三角跨省（市）联合授信机制，推动信贷资源流动，服务长三角科技型中小企业创新发展。引导大型国有银行、股份制商业银行、保险公司以及地方金融机构等，开发优质科技金融产品，开展天使投资、知识产权质押、科技贷款、科技保险等活动，为长三角创新型企业提供全生命周期科技金融服务。支持长三角发展"数据驱动"的科技金融模式，研究制定数据化科技融资风险分担和补偿机制，建立促进科技创新的企业信用增进机制。

共建长三角创业融资服务平台。加强上海证券交易所和三省一市证监局的协作交流，依托长三角资本市场服务基地，为长三角科技创新企业提供多层次融资服务。支持长三角探索建立区域创新收益共享机制，鼓励设立产业投资、创业投资、股权投资、科技创新、科技成果转化引导基金。发挥科创板对长三角科技创新共同体的支持作用，鼓励符合条件的长三角地区科技创新企业到科创板上市融资。支持科技型上市公司做强做大，发挥高质量上市公司对科技创新的带动作用。优化创业投资发展的制度环境和生态环境，培育一批具有国际竞争力的创业投资机构，吸引具有全球影响力的国际创投机构在长三角投资。

（五）完善区域知识产权战略实施体系。

推动知识产权创造与合作。制定与长三角科技体制改革相配套的知识产权政策，进一步完善科技创新知识产权激励机制、产学研协同创新机制、高价值专利培育联合推进机制，加强长三角产业知识产权布局谋划，超前布局前瞻性、战略性新兴产业专利，培育知识产权密集型产业。加快大数据确权立法探索与实践，建立健全数据交易机制，鼓励基于公共数据和社会数据的场景开发利用，促进数据要素市场化配置。在长三角跨省（市）联合授信机制下，推进跨区域的知识产权投融资服务。

强化知识产权保护协作。加强知识产权法规体系建设，统筹制定知识产权保护政策，推动长三角知识产权地方立法和实施机制更加配套。联合加强知识产权保护工作，推行完善知识产权联合执法和跨地区执法协作的工作机制。加强上海知识产权法院与南京、苏州、杭州、宁波、合肥等地知识产权法庭之间的合作交流，在三省一市高级人民法院建立的司法协作机制框架内建立长效工作机制，提供更高质量的司法服务和保障，实现互利共赢，共同提升知识产权司法保护水平。

完善知识产权服务体系。加快构建政府引导、多元参与的一体化知识产权公共服务体系。加强长三角地区协作，强化知识产权公共服务资源供给，建立长三角知识产权信息公共服务平台，形成跨行政区域的公共服务合作机制和知识产权信息共建共享机制，推动科技成果及知识产权信息的有效传播利用。完善一体化的知识产权教育培训、知识产权学科建设和高端人才培养机制，加强知识产权的宣传普及。

四、聚力打造高质量发展先行区

（一）一体化推进创新高地建设。

瞄准世界科技前沿和产业制高点，充分发挥创新资源集聚优势，协同推动原始创新、技术创新和产业创新，共建多层次产业创新大平台，形成具有全国影响力的科技创新和制造业研发高地。提升上海创新能级和国际化水平，加快国际科技创新中心建设步伐，发挥辐射带动作用，引领长三角一体化发展。增强南京、杭州、合肥等区域中心城市创新能力，提升苏浙皖区域创新发展水平，与上海共同打造长三角科创圈，构筑形成优势互补、协同联动的科技创新圈和创新城市群。强化张江综合性国家科学中心、合肥综合性国家科学中心科技创新策源地的重要作用，统筹推进国家实验室、重大科技基础设施和科技创新基地建设。发挥长三角双创示范基地联盟作用，加强跨区域“双创”合作，联合共建国家级科技成果孵化基地和双创示范基地。充分发挥上海张江、苏南、杭州、宁波温州和合芜蚌等国家自主创新示范区集群在重大创新政策先行先试、创新型产业集群发展方面的示范带动效应，依托国家高新技术产业开发区，推动科技、产业、金融、人才等各方面创新要素汇聚融合、体系化发展，共同打造长三角高质量发展主引擎。

（二）联合推进 G60 科创走廊建设。

发挥 G60 科创走廊九城市的创新资源集聚优势，先行先试一批重大创新政策，协同布局一批科技创新重大项目和研发平台，促进科技资源开放共享和科技成果转移转化。在人工智能、集成电路、生物医药、高端装备、新能源、新材料、新能源汽车等领域，加快产业协同创新中心等创新基地建设，支撑打造若干具有国际竞争力的先进制造业集群，共建中国制造迈向中国创造的先进走廊、科技和制度创新双轮驱动的先试走廊、产城融合发展的先行走廊。

（三）协力培育沿海沿江创新发展带。

以上海为中心，沿海岸线向北、向南展开，分别打造北至南通、盐城、连云港的沪通港沿海创新发展翼和南至宁波、绍兴、舟山、台州、温州的沪甬温沿海创新发展翼。沪通港沿海创新发展翼重点协同推进先进制造、石油化工等领域共性技术研发和海洋科技创新，支撑引领精品钢、海洋工程装备和高技术船舶等高端制造业，临港化工、能源和新能源、港航物流等产业发展，辐射带动苏北皖北创新发展。沪甬温沿海创新发展翼重点协同推进新材料、生物医药和海洋科技创新，开展沿沪宁杭合产业创新带研究，谋划建设沪杭甬湾区经济创新带，引领支撑高端制造、医药健康、海洋高新技术产业和海洋服务业发展，打造生态绿色的海洋发展创新带，辐射带动浙江西南部衢州、丽水等地区创新发展。依托长江黄金水道，打造沿江创新发展带，支持环太湖科技创新带发展，充分发挥皖江城市带承接产业转移示范区的区位优势，建设科技成果转化和产业化基地，支撑跨江联动和港产城一体化发展，增强长三角地区对长江中游地区的辐射带动作用。

五、共同推进开放创新

（一）共建多层次国际科技合作渠道。

鼓励各类区域创新主体积极拓展国际科技合作渠道和领域，积极开展多层次国际科技活动。支持长三角地区高校、科研机构、科技园区和企业在政府间科技合作联委会等机制下开展国际科技交流与合作，提升合作层次与水平。鼓励具备优势技术的高校、科研机构在海外开展联合办学、开设分支机构、实施国际援助项目等，开展技术示范与推广、技术培训、技术服务、联合研发等方面的合作。共同举办国际化、品牌性的展览展示与论坛活动。发挥三省一市华侨华商资本、人脉等资源优势，扩大民间交往、深化民心沟通。鼓励有关商会、产业联盟、企业等推进与国外有关组织和机构的科技创新交流合作。

（二）协同实施或参与国际大科学计划。

围绕生命健康、资源环境、物质科学、信息科学等领域，集中优势资源，适时牵头和参与发起全脑神经联结图谱等国际大科学计划和国际大科学工程。鼓励在生物医药、能源、先进材料、信息技术、空间天文与海洋等领域加强国际科技合作。依托重大科技基础设施，吸引全球科学家力量，开展联合研究，突破重大科学难题。建立国际大科学计划组织运行、实施管理、知识产权管理等新模式、新机制，通过有偿使用、知识产权共享等方式，吸引国际组织、国内外政府、科研机构、高等院校、企业及社会团体等参与支持大科学计划建设、运营和管理。

（三）加快聚集国际创新资源。

汇聚国际一流研发机构。加强长三角地区“放管服”改革联动，打造国内最优营商环境，充分发挥长三角对外开放整体优势，大力吸引海外知名大学、研发机构、跨国公司等在长三角地区设立全球性或区域性研发中心，积极争取科技相关国际组织在长三角落户或设立分支机构。

促进国际技术转移。加深与欧盟创新驿站等国际机构的合作，加强中以上海创新园、中新南京生态科技岛、中日（苏州）地区合作示范园、中新苏州工业园区、中欧（无锡）生命科技创新产业园、中以常州创新园、杭州万向国际聚能城、中荷（嘉善）产业合作园、合肥国家中德智能制造国际创新园等合作园区建设，共享与国外技术转移机构的合作关系，开展国际技术转移服务，促进国际先进科技成果在长三角转化落地。

加快聚集国际高端人才。加强各类创新平台建设，充分发挥浦江创新论坛、世界顶尖科学家论坛、世界互联网大会、世界制造业大会、世界青年科学家峰会的国际化效应，打造全球高端科技人才集聚、交流与合作平台。加大国际人才招引政策支持力度，共享海外引才渠道，加强“二次引进”，推动国际人才认定互认、服务监管部门信息互换，提高国际人才综合服务水平，吸引和集聚全球高层次科技创新人才。

六、保障措施

（一）坚持党的集中统一领导。把党的领导贯穿长三角科技创新共同体建设的全过程，在推动长三角一体化发展领导小组领导下，建立健全国家有关部门与三省一市的协同联动机制，协调解决有关问题。科技部牵头设立长三角科技创新共同体建设办公室，统筹本规划实施，推进各项任务全面落实。

（二）建立完善专家咨询机制。建立长三角科技创新专家咨询制度，开展长三角地区科技创新重大战略问题研究和决策咨询，为科技创新支撑长三角一体化高质量发展提供咨询建议。

（三）优化支持方式。加大对长三角科技创新共同体规划建设的支持力度，更好发挥财政资金示范引导作用。创新地方财政投入方式，加强对重大科技项目的联合资助，提升财政科技资金使用效率。

（四）建立跟踪评估机制。建立健全长三角科技创新共同体建设发展指标体系。加强对规划实施、政策落实和项目建设情况的督促检查，定期对规划推进落实情况进行监测评估，确保规划取得预期成效。

第七十二条　县级以上地方人民政府推动区域创新

县级以上地方人民政府应当支持科学技术研究和应用，为促进科技成果转化创造条件，为推动区域创新发展提供良好的创新环境。

● 法　律

《促进科技成果转化法》（2015年8月29日）

第5条　国务院和地方各级人民政府应当加强科技、财政、投资、税收、人才、产业、金融、政府采购、军民融合等政策协同，为科技成果转化创造良好环境。

地方各级人民政府根据本法规定的原则，结合本地实际，可以采取更加有利于促进科技成果转化的措施。

第七十三条　科学技术计划制定的相关要求

县级以上人民政府及其有关部门制定的与产业发展相关的科学技术计划，应当体现产业发展的需求。

县级以上人民政府及其有关部门确定科学技术计划项目，应当鼓励企业平等竞争和参与实施；对符合产业发展需求、具有明确市场应用前景的项目，应当鼓励企业联合科学技术研究开发机构、高等学校共同实施。

地方重大科学技术计划实施应当与国家科学技术重大任务部署相衔接。

● 法　律

《促进科技成果转化法》（2015年8月29日）

第15条　各级人民政府组织实施的重点科技成果转化项目，可以由有关部门组织采用公开招标的方式实施转化。有关部门应当对中标单位提供招标时确定的资助或者其他条件。

第 22 条　企业为采用新技术、新工艺、新材料和生产新产品，可以自行发布信息或者委托科技中介服务机构征集其所需的科技成果，或者征寻科技成果转化的合作者。

县级以上地方各级人民政府科学技术行政部门和其他有关部门应当根据职责分工，为企业获取所需的科技成果提供帮助和支持。

第 24 条　对利用财政资金设立的具有市场应用前景、产业目标明确的科技项目，政府有关部门、管理机构应当发挥企业在研究开发方向选择、项目实施和成果应用中的主导作用，鼓励企业、研究开发机构、高等院校及其他组织共同实施。

第七十四条　设立科技园区

国务院可以根据需要批准建立国家高新技术产业开发区、国家自主创新示范区等科技园区，并对科技园区的建设、发展给予引导和扶持，使其形成特色和优势，发挥集聚和示范带动效应。

部门规章及文件

《科技部办公厅关于加快推动国家科技成果转移转化示范区建设发展的通知》（2020 年 6 月 4 日　国科办区〔2020〕50 号）

各省、自治区、直辖市及计划单列市科技厅（委、局），新疆生产建设兵团科技局，各相关管理单位：

国家科技成果转移转化示范区（以下简称“示范区”）是实施创新驱动发展战略的重要载体，是创新科技成果转移转化机制的试验田，是促进科技与经济社会融合发展的先行区。按照国家技术转移体系建设的任务要求，科技部已批复建设江苏苏南、四川成德绵等 9 家示范区，为探索科技成果转化机制和推进全面创新发展提供了经验和示范。

为深入贯彻党中央、国务院关于创新促进科技成果转化机制的部署要求，积极开展科技成果转化先行先试，优化创新创业生态，打通产学研相结合的创新链、产业链和价值链，充分发挥示范区示范带动作用，统筹推进科技支撑“六稳”工作和“六保”任务，以科技成果转化引领示范区高质量发展，现就有关事项通知如下。

一、以服务科技型企业为重点，发挥支撑复工复产示范带动作用。示范区要全面落实科技支撑复工复产和经济平稳运行的若干措施。以实施“百城百园”行动为抓手，加快项目建设，扶持科技型企业发展，以创新创业带动就业。加强协调组织，通过成果转化助力示范区成为新基建、新技术、新材料、新装备、新产品、新业态的主阵地，培育一批科技成果转化示范企业。实施科技人员服务企业专项行动，推动科技特派员、科技专家服务团等参与企业科技成果转化，积极开展技术转让、技术许可、技术开发、技术咨询和技术服务等活动。

二、以创新促进科技成果转化机制模式为重点，进一步加大先行先试力度。示范区要坚持以供给侧结构性改革为主线，发挥企业主体和政府统筹作用，进一步创新科技成果转化机制，促进技术、资金、应用、市场等对接，着力推进以需求为导向的市场化科技成果转化机制先行先试。鼓励有条件的示范区开展赋予科研人员职务科技成果所有权或长期使用权试点。健全以转化应用为导向的科技成果评价机制。规范简化科技成果转化审批程序，完善科技成果转化容错纠错机制，实行审慎包容监管。探索知识产权证券化，有序建设知识产权和科技成果产权交易中心，完善科技成果转化公开交易与监管机制。

三、以强化科技成果转化全链条服务为重点，提高成果转化专业化服务能力。示范区要加强综合性科技创新公共服务平台建设，着力提升科技成果、产业服务、科技金融、市场应用等公共科技服务能力。建立绩效奖励机制，支持各类技术转移机构发展。在高等学校中开展国家技术转移中心建设试点，培育和发展一批特色明显、服务能力突出的专业化技术转移机构，支持社会化技术转移机构为高等学校、科研院所和科技企业提供服务。建设职业化技术转移人才培养基地，将技术转移人才纳入相关人才计划，推动建立技术转移职业技能等级制度。

四、以示范区主导产业为重点，加快推进重大科技成果转化应用。示范区要聚焦高新区、农高区等科技园区主导产业，加快培育新兴产业和创新型产业集群，定期发布技术需求清单和新技术应用场景清单，建立以企业为主体的科技成果转化中试熟化基地，加强产学研协同技术攻关与成果转化应用。支持承担国家科技计划项目的企业，在示范区开展成果落地转化。依托先进技术成果信息共享服务平台，委托第三方建立示范区“定制化”技术成果供给清单。针对医疗卫生、生态环保、公共安全、乡村振兴等重大民生需求，示范区积极组织开展形式多样的科技成果进基层、进园区、进乡村等活动，推动科技成果惠及民生。

五、以集聚创新资源为重点，促进技术要素的市场化配置。示范区要重视和积极发展技术要素市场，建立健全技术交易规则、服务标准规范和从业信用体系，完善科技成果常态化路演机制。高水平建设国际技术转移中心，发展技术贸易，促进技术进口来源多元化，扩大技术进出口。推动科技创新券对科技型中小微企业和创新创业人员全覆盖，推动跨区域互通互认。积极探索综合运用后补助、引导基金、风险补偿、科技保险、贷款贴息等方式支持成果转化。鼓励示范区组织发行高新技术企业集合债券，支持商业银行与示范区共建科技支行等特色专营机构，开展高新技术企业上市培育行动，推动企业进入科创板、创业板等多层次资本市场融资。

六、以完善工作推进体系为重点，提升示范区治理水平。示范区要落实《国家科技成果转移转化示范区建设指引》相关要求，健全示范区多部门协调联动机制，明确建设主体，健全人员、资金、政策等支撑保障。鼓励示范区健全政策先行机制和专家咨询指导机制，建立常态化自评价体系，完善科技成果转化考核机制。鼓励示范区建立与国家区域战略的对接机制，推动示范区间的交流协作，促进合作共赢。

七、以优化布局和绩效评价为重点，加快推进示范区高质量发展。科技部按照区域创新战略布局，进一步完善示范区建设标准要求和评估遴选程序，建立高层次专家咨询制度，推动现有示范区优化升级，未来五年再布局建设一批创新引领、特色鲜明的示范区。建立示范区监测评价机制，加强周期性绩效考核，根据评价结果给予激励和创建示范表扬。建立示范区发展报告制度，定期总结示范区科技成果转化典型经验和好的做法，形成案例集，加强宣传和推广。

各级科技部门要加强管理服务与指导，及时掌握本地区示范区的建设发展情况，研究解决执行中出现的问题，有力推进政策落实落地。

第七十五条[①] 鼓励建设重大科技创新基地与平台

国家鼓励有条件的县级以上地方人民政府根据国家发展战略和地方发展需要，建设重大科技创新基地与平台，培育创新创业载体，打造区域科技创新高地。

国家支持有条件的地方建设科技创新中心和综合性科学中心，发挥辐射带动、深化创新改革和参与全球科技合作作用。

① 国家现已建立中关村国家自主创新示范区、东湖国家自主创新示范区、张江国家自主创新示范区、合芜蚌自主创新综合试验区，相关政策请读者自行查阅科技部网站“国家自主创新示范（试验）区试点政策”栏目。

第七十六条　建立区域科技创新合作机制和协同互助机制

国家建立区域科技创新合作机制和协同互助机制，鼓励地方各级人民政府及其有关部门开展跨区域创新合作，促进各类创新要素合理流动和高效集聚。

第七十七条　分享机制

国家重大战略区域可以依托区域创新平台，构建利益分享机制，促进人才、技术、资金等要素自由流动，推动科学仪器设备、科技基础设施、科学工程和科技信息资源等开放共享，提高科技成果区域转化效率。

第七十八条　鼓励地方积极探索区域科技创新模式

国家鼓励地方积极探索区域科技创新模式，尊重区域科技创新集聚规律，因地制宜选择具有区域特色的科技创新发展路径。

第八章　国际科学技术合作

第七十九条　开放包容、互惠共享

国家促进开放包容、互惠共享的国际科学技术合作与交流，支撑构建人类命运共同体。

● **法　律**

《科学技术普及法》（2002 年 6 月 29 日）

第 9 条　国家支持和促进科普工作对外合作与交流。

第八十条 鼓励各类创新主体开展国际科学技术合作与交流

中华人民共和国政府发展同外国政府、国际组织之间的科学技术合作与交流。

国家鼓励科学技术研究开发机构、高等学校、科学技术社会团体、企业和科学技术人员等各类创新主体开展国际科学技术合作与交流，积极参与科学研究活动，促进国际科学技术资源开放流动，形成高水平的科技开放合作格局，推动世界科学技术进步。

法 律

1.《高等教育法》（2018 年 12 月 29 日）

第 12 条 国家鼓励高等学校之间、高等学校与科学研究机构以及企业事业组织之间开展协作，实行优势互补，提高教育资源的使用效益。

国家鼓励和支持高等教育事业的国际交流与合作。

第 36 条 高等学校按照国家有关规定，自主开展与境外高等学校之间的科学技术文化交流与合作。

部门规章及文件

2.《国家国际科技合作专项管理办法》（2011 年 8 月 17 日）①

第八十一条 鼓励企业事业单位、社会组织

国家鼓励企业事业单位、社会组织通过多种途径建设国际科技创新合作平台，提供国际科技创新合作服务。

鼓励企业事业单位、社会组织和科学技术人员参与和发起国际科学技术组织，增进国际科学技术合作与交流。

① 囿于篇幅有限，请读者在科技部网站自行查阅相关内容。

● 法　律

《教育法》（2021 年 4 月 29 日）

第 47 条　国家鼓励企业事业组织、社会团体及其他社会组织同高等学校、中等职业学校在教学、科研、技术开发和推广等方面进行多种形式的合作。

企业事业组织、社会团体及其他社会组织和个人，可以通过适当形式，支持学校的建设，参与学校管理。

第八十二条　国际科学技术研究合作知识产权保护与科技伦理、安全审查机制

国家采取多种方式支持国内外优秀科学技术人才合作研发，应对人类面临的共同挑战，探索科学前沿。

国家支持科学技术研究开发机构、高等学校、企业和科学技术人员积极参与和发起组织实施国际大科学计划和大科学工程。

国家完善国际科学技术研究合作中的知识产权保护与科技伦理、安全审查机制。

第八十三条　鼓励在华外资企业、外籍科学技术人员等承担和参与科学技术计划项目

国家扩大科学技术计划对外开放合作，鼓励在华外资企业、外籍科学技术人员等承担和参与科学技术计划项目，完善境外科学技术人员参与国家科学技术计划项目的机制。

第八十四条　吸引外籍科学技术人员

国家完善相关社会服务和保障措施，鼓励在国外工作的科学技术人员回国，吸引外籍科学技术人员到中国从事科学技术研究开发工作。

科学技术研究开发机构及其他科学技术组织可以根据发展需要，聘用境外科学技术人员。利用财政性资金设立的科学技术研究开发机构、高等学校聘用境外科学技术人员从事科学技术研究开发工作的，应当为其工作和生活提供方便。

外籍杰出科学技术人员到中国从事科学技术研究开发工作的，按照国家有关规定，可以优先获得在华永久居留权或者取得中国国籍。

部门规章及文件

《外国人在中国永久居留审批管理办法》（2004 年 8 月 15 日）

第 6 条 申请在中国永久居留的外国人应当遵守中国法律，身体健康，无犯罪记录，并符合下列条件之一：

（一）在中国直接投资、连续三年投资情况稳定且纳税记录良好的；

（二）在中国担任副总经理、副厂长等职务以上或者具有副教授、副研究员等副高级职称以上以及享受同等待遇，已连续任职满四年、四年内在中国居留累计不少于三年且纳税记录良好的；

（三）对中国有重大、突出贡献以及国家特别需要的；

（四）本款第一项、第二项、第三项所指人员的配偶及其未满 18 周岁的未婚子女；

（五）中国公民或者在中国获得永久居留资格的外国人的配偶，婚姻关系存续满五年、已在中国连续居留满五年、每年在中国居留不少于九个月且有稳定生活保障和住所的；

（六）未满 18 周岁未婚子女投靠父母的；

（七）在境外无直系亲属，投靠境内直系亲属，且年满 60 周岁、已在中国连续居留满五年、每年在中国居留不少于九个月并有稳定生活保障和住所的。

本条所指年限均指申请之日前连续的年限。

第11条　本办法第六条第一款第二项所指人员申请时还需提交下列材料：

（一）任职单位出具的本人职务或者职称证明；

（二）《外国专家证》或者《外国人就业证》；

（三）任职单位的登记证明以及年检证明、个人完税证明；任职单位是外商投资企业的，还需提交外商投资企业批准证书和联合年检证明；

（四）在执行国家重点工程项目或者重大科研项目的企业、事业单位中任职的人员需提交省、部级政府主管部门出具的项目证明文件；在高新技术企业中任职的人员需提交高新技术企业证书；在鼓励类外商投资企业、外商投资先进技术企业或者外商投资产品出口企业中任职的人员需提交国家鼓励发展的外商投资项目确认书或者外商投资先进技术企业确认书或者外商投资产品出口企业确认书。

第12条　本办法第六条第一款第三项所指人员申请时还需提交中国政府主管部门出具的推荐函及有关证明。

第九章　保障措施

第八十五条　制定产业、金融、税收、政府采购等政策保障

国家加大财政性资金投入，并制定产业、金融、税收、政府采购等政策，鼓励、引导社会资金投入，推动全社会科学技术研究开发经费持续稳定增长。

● 法　律

1. **《黄河保护法》**①（2022年10月30日）

第89条　国务院有关部门和黄河流域县级以上地方人民政

① 本法自2023年4月1日起施行。下文不再提示。

府应当鼓励、支持黄河流域科技创新，引导社会资金参与科技成果开发和推广应用，提升黄河流域科技创新能力。

国家支持社会资金设立黄河流域科技成果转化基金，完善科技投融资体系，综合运用政府采购、技术标准、激励机制等促进科技成果转化。

2.《促进科技成果转化法》（2015年8月29日）

第4条 国家对科技成果转化合理安排财政资金投入，引导社会资金投入，推动科技成果转化资金投入的多元化。

第八十六条 提高科学技术经费投入占比

国家逐步提高科学技术经费投入的总体水平；国家财政用于科学技术经费的增长幅度，应当高于国家财政经常性收入的增长幅度。全社会科学技术研究开发经费应当占国内生产总值适当的比例，并逐步提高。

● 法 律

1.《促进科技成果转化法》（2015年8月29日）

第33条 科技成果转化财政经费，主要用于科技成果转化的引导资金、贷款贴息、补助资金和风险投资以及其他促进科技成果转化的资金用途。

● 部门规章及文件

2. 财政部《关于进一步加大授权力度促进科技成果转化的通知》（2019年9月23日 财资〔2019〕57号）

一、加大授权力度，简化管理程序

（一）中央级研究开发机构、高等院校对持有的科技成果，可以自主决定转让、许可或者作价投资，除涉及国家秘密、国家安全及关键核心技术外，不需报主管部门和财政部审批或者备案。涉及国家秘密、国家安全及关键核心技术的科技成果转让、许可或者作价投资，授权中央级研究开发机构、高等院校的主管部门按照国家有关保密制度的规定进行审批，并于批复之日起15个工作日内将批复文件报财政部备案。

（二）授权中央级研究开发机构、高等院校的主管部门办理科技成果作价投资形成国有股权的转让、无偿划转或者对外投资等管理事项，不需报财政部审批或者备案。纳入国有资本投资运营公司集中统一监管的，公司要按照科技成果转化授权要求，简化科技成果作价投资形成的国有股权管理决策程序，积极支持科技成果转化和科技创新。

（三）授权中央级研究开发机构、高等院校的主管部门办理科技成果作价投资成立企业的国有资产产权登记事项，不需报财政部办理登记。

二、优化评估管理，明确收益归属

（四）中央级研究开发机构、高等院校将科技成果转让、许可或者作价投资，由单位自主决定是否进行资产评估；通过协议定价的，应当在本单位公示科技成果名称和拟交易价格。

（五）中央级研究开发机构、高等院校转化科技成果所获得的收入全部留归本单位，纳入单位预算，不上缴国库，主要用于对完成和转化职务科技成果做出重要贡献人员的奖励和报酬、科学技术研发与成果转化等相关工作。

三、落实主体责任，加强监督管理

（六）中央级研究开发机构、高等院校要遵循科技成果转移转化规律，完善科技成果转化机制，加强科技成果管理，规范科技成果转化程序，建立健全科技成果转化重大事项领导班子集体决策制度，提高科技成果转化成效。对在科技成果转化工作过程中，通过串通作弊、暗箱操作等低价处置国有资产的，要依据国家有关规定进行处理。

（七）中央级研究开发机构、高等院校的主管部门要承担科技成果转化有关国有资产管理的主体责任，加强对科技成果作价投资形成国有股权的管理，健全完善管理制度，建立内控和风险防控机制，加强监管约束。同时，要加强对中央级研究开发机构、高等院校自主转化科技成果的监督，落实监管职责。

（八）财政部门加强对科技成果转化有关国有资产管理的监督，督促改进发现的问题，做到放管结合，实现有效监管。

四、鼓励地方探索，支持改革创新

（九）地方财政部门要将支持科技成果转移转化、推动科技创新作为重要职责，根据本通知精神，结合本地区经济发展、产业转型、科技创新等实际需要，制定具体规定，进一步完善科技成果国有资产管理制度。

（十）鼓励地方开拓创新，探索符合科技成果国有资产特点的管理模式，充分发挥国有资产在科技成果转移转化中的支撑作用，支持地方促进科技成果转移转化。

本通知自印发之日起施行。

第八十七条　财政性科学技术资金的用途

财政性科学技术资金应当主要用于下列事项的投入：

（一）科学技术基础条件与设施建设；

（二）基础研究和前沿交叉学科研究；

（三）对经济建设和社会发展具有战略性、基础性、前瞻性作用的前沿技术研究、社会公益性技术研究和重大共性关键技术研究；

（四）重大共性关键技术应用和高新技术产业化示范；

（五）关系生态环境和人民生命健康的科学技术研究开发和成果的应用、推广；

（六）农业新品种、新技术的研究开发和农业科技成果的应用、推广；

（七）科学技术人员的培养、吸引和使用；

（八）科学技术普及。

对利用财政性资金设立的科学技术研究开发机构，国家在经费、实验手段等方面给予支持。

法　律

1.《促进科技成果转化法》（2015 年 8 月 29 日）

第 4 条　国家对科技成果转化合理安排财政资金投入，引导社会资金投入，推动科技成果转化资金投入的多元化。

2.《农业法》（2012 年 12 月 28 日）

第 49 条　国家保护植物新品种、农产品地理标志等知识产权，鼓励和引导农业科研、教育单位加强农业科学技术的基础研究和应用研究，传播和普及农业科学技术知识，加速科技成果转化与产业化，促进农业科学技术进步。

国务院有关部门应当组织农业重大关键技术的科技攻关。国家采取措施促进国际农业科技、教育合作与交流，鼓励引进国外先进技术。

3.《乡村振兴促进法》（2021 年 4 月 29 日）

第 15 条　国家加强农业种质资源保护利用和种质资源库建设，支持育种基础性、前沿性和应用技术研究，实施农作物和畜禽等良种培育、育种关键技术攻关，鼓励种业科技成果转化和优良品种推广，建立并实施种业国家安全审查机制，促进种业高质量发展。

4.《长江保护法》（2020 年 12 月 26 日）

第 75 条　国务院和长江流域县级以上地方人民政府应当加大长江流域生态环境保护和修复的财政投入。

国务院和长江流域省级人民政府按照中央与地方财政事权和

支出责任划分原则，专项安排长江流域生态环境保护资金，用于长江流域生态环境保护和修复。国务院自然资源主管部门会同国务院财政、生态环境等有关部门制定合理利用社会资金促进长江流域生态环境修复的政策措施。

国家鼓励和支持长江流域生态环境保护和修复等方面的科学技术研究开发和推广应用。

国家鼓励金融机构发展绿色信贷、绿色债券、绿色保险等金融产品，为长江流域生态环境保护和绿色发展提供金融支持。

5.《黄河保护法》（2022 年 10 月 30 日）

第 16 条　国家鼓励、支持开展黄河流域生态保护与修复、水资源节约集约利用、水沙运动与调控、防沙治沙、泥沙综合利用、河流动力与河床演变、水土保持、水文、气候、污染防治等方面的重大科技问题研究，加强协同创新，推动关键性技术研究，推广应用先进适用技术，提升科技创新支撑能力。

第八十八条　国家科学技术计划的设立

设立国家科学技术计划，应当按照国家需求，聚焦国家重大战略任务，遵循科学研究、技术创新和成果转化规律。

国家建立科学技术计划协调机制和绩效评估制度，加强专业化管理。

● 部门规章及文件

《国家技术创新计划管理办法》（2002 年 10 月 29 日）

第 8 条　编制创新计划应当遵循下列原则：

（一）坚持技术创新与制度创新、管理创新相结合，发挥整体优势，全面有效地推动产业技术进步；

（二）以开发共性、关键性、前瞻性技术为重点，形成系统配套，加快产业技术升级；

（三）以市场为导向，以效益为中心，以增强企业创新能力和市场竞争力为目标，加快高新技术和先进适用技术的推广应用；

（四）以企业为主体，鼓励企业与高等院校、研究院所联合，提高技术创新的起点和水平；

（五）鼓励自主创新，促进形成具有自主知识产权的产品和技术；

（六）保障国民经济持续快速健康发展。

第八十九条　国家设立基金及其他非营利性基金

国家设立基金，资助中小企业开展技术创新，推动科技成果转化与应用。

国家在必要时可以设立支持基础研究、社会公益性技术研究、国际联合研究等方面的其他非营利性基金，资助科学技术进步活动。

● 法　律

1.《促进科技成果转化法》（2015 年 8 月 29 日）

第 38 条　国家鼓励创业投资机构投资科技成果转化项目。

国家设立的创业投资引导基金，应当引导和支持创业投资机构投资初创期科技型中小企业。

第 39 条　国家鼓励设立科技成果转化基金或者风险基金，其资金来源由国家、地方、企业、事业单位以及其他组织或者个人提供，用于支持高投入、高风险、高产出的科技成果的转化，加速重大科技成果的产业化。

科技成果转化基金和风险基金的设立及其资金使用，依照国家有关规定执行。

行政法规及文件

2. **《国家自然科学基金条例》**（2007 年 2 月 24 日）

第 2 条 国家设立国家自然科学基金，用于资助《中华人民共和国科学技术进步法》规定的基础研究。

第九十条 税收优惠政策

从事下列活动的，按照国家有关规定享受税收优惠：

（一）技术开发、技术转让、技术许可、技术咨询、技术服务；

（二）进口国内不能生产或者性能不能满足需要的科学研究、技术开发或者科学技术普及的用品；

（三）为实施国家重大科学技术专项、国家科学技术计划重大项目，进口国内不能生产的关键设备、原材料或者零部件；

（四）科学技术普及场馆、基地等开展面向公众开放的科学技术普及活动；

（五）捐赠资助开展科学技术活动；

（六）法律、国家有关规定规定的其他科学研究、技术开发与科学技术应用活动。

法　律

《科学技术普及法》（2002 年 6 月 29 日）

第 27 条 国家鼓励境内外的社会组织和个人捐赠财产资助科普事业；对捐赠财产用于科普事业或者投资建设科普场馆、设施的，依法给予优惠。

● 部门规章及文件

1. 财政部、中央宣传部、国家发展改革委、教育部、科技部、工业和信息化部、民政部、商务部、文化和旅游部、海关总署、税务总局《关于“十四五”期间支持科技创新进口税收政策管理办法的通知》[①]（2021 年 4 月 16 日　财关税〔2021〕24 号）

一、科技部核定从事科学研究工作的中央级科研院所名单，函告海关总署，抄送财政部、税务总局。省级（包括省、自治区、直辖市、计划单列市、新疆生产建设兵团，下同）科技主管部门会同省级财政、税务部门和科研院所所在地直属海关核定从事科学研究工作的省级、地市级科研院所名单，核定结果由省级科技主管部门函告科研院所所在地直属海关，抄送省级财政、税务部门，并报送科技部。

本办法所称科研院所名单，包括科研院所所属具有独立法人资格的图书馆、研究生院名单。

二、科技部核定国家实验室、国家重点实验室、企业国家重点实验室、国家技术创新中心、国家临床医学研究中心、国家工程技术研究中心名单，国家发展改革委核定国家产业创新中心、国家工程研究中心、国家企业技术中心名单，工业和信息化部核定国家制造业创新中心、国家中小企业公共服务示范平台（技术类）名单。核定结果分别由科技部、国家发展改革委、工业和信息化部函告海关总署，抄送财政部、税务总局。

科技部核定根据《国务院办公厅转发科技部等部门关于深化科研机构管理体制改革实施意见的通知》（国办发〔2000〕38号），国务院部门（单位）所属科研机构已转制为企业或进入企业的主要从事科学研究和技术开发工作的机构名单，函告海关总署，抄送财政部、税务总局。省级科技主管部门会同省级财政、

---

① 编者注：囿于篇幅有限，本规定中所涉附件此处省略。

税务部门和机构所在地直属海关核定根据国办发〔2000〕38号文件，各省、自治区、直辖市、计划单列市所属已转制为企业或进入企业的主要从事科学研究和技术开发工作的机构名单，核定结果由省级科技主管部门函告机构所在地直属海关，抄送省级财政、税务部门，并报送科技部。

科技部会同民政部核定或者省级科技主管部门会同省级民政、财政、税务部门和社会研发机构所在地直属海关核定科技类民办非企业单位性质的社会研发机构名单。科技部牵头的核定结果，由科技部函告海关总署，抄送民政部、财政部、税务总局。省级科技主管部门牵头的核定结果，由省级科技主管部门函告社会研发机构所在地直属海关，抄送省级民政、财政、税务部门，并报送科技部。享受政策的科技类民办非企业单位性质的社会研发机构条件见附件1。

省级科技主管部门会同省级财政、税务部门和社会研发机构所在地直属海关核定事业单位性质的社会研发机构名单，核定结果由省级科技主管部门函告社会研发机构所在地直属海关，抄送省级财政、税务部门，并报送科技部。享受政策的事业单位性质的社会研发机构，应符合科技部和省级科技主管部门规定的事业单位性质的社会研发机构（新型研发机构）条件。

省级商务主管部门会同省级财政、税务部门和外资研发中心所在地直属海关核定外资研发中心名单，核定结果由省级商务主管部门函告外资研发中心所在地直属海关，抄送省级财政、税务部门，并报送商务部。享受政策的外资研发中心条件见附件2。

本条上述函告文件中，凡不具有独立法人资格的单位、机构，应一并函告其依托单位；有关单位、机构具有有效期限的，应一并函告其有效期限。

三、教育部核定国家承认学历的实施专科及以上高等学历教育的高等学校及其具有独立法人资格的分校、异地办学机构名单，函告海关总署，抄送财政部、税务总局。

四、文化和旅游部核定省级以上公共图书馆名单，函告海关总署，抄送财政部、税务总局。省级文化和旅游主管部门会同省级财政、税务部门和公共图书馆所在地直属海关核定省级、地市级公共图书馆名单，核定结果由省级文化和旅游主管部门函告公共图书馆所在地直属海关，抄送省级财政、税务部门，并报送文化和旅游部。

五、中央宣传部核定具有出版物进口许可的出版物进口单位名单，函告海关总署，抄送中央党校（国家行政学院）、教育部、科技部、财政部、文化和旅游部、税务总局。

出版物进口单位免税进口图书、资料等商品的销售对象为中央党校（国家行政学院）和省级、地市级、县级党校（行政学院）以及本办法第一、三、四条中经核定的单位。牵头核定部门应结合实际需要，将核定的有关单位名单告知有关出版物进口单位。

六、中央党校（国家行政学院）和省级、地市级、县级党校（行政学院）以及按照本办法规定经核定的单位或机构（以下统称进口单位），应按照海关有关规定，办理有关进口商品的减免税手续。

七、本办法中相关部门函告海关的进口单位名单和《通知》第五条所称的免税进口商品清单应注明批次。其中，第一批名单、清单自 2021 年 1 月 1 日实施，至第一批名单印发之日后 30 日内已征的应免税款，准予退还；以后批次的名单、清单，分别自其印发之日后第 20 日起实施。中央党校（国家行政学院）和省级、地市级、县级党校（行政学院）自 2021 年 1 月 1 日起具备免税进口资格，至本办法印发之日后 30 日内已征的应免税款，准予退还。

前款规定的已征应免税款，依进口单位申请准予退还。其中，已征税进口且尚未申报增值税进项税额抵扣的，应事先取得主管税务机关出具的《"十四五"期间支持科技创新进口税收政策项下进口商品已征进口环节增值税未抵扣情况表》（见附件3），向海关申请办理退还已征进口关税和进口环节增值税手续；已申报增值税进项税额抵扣的，仅向海关申请办理退还已征进口关税手续。

八、进口单位可向主管海关提出申请，选择放弃免征进口环节增值税。进口单位主动放弃免征进口环节增值税后，36个月内不得再次申请免征进口环节增值税。

九、进口单位发生名称、经营范围变更等情形的，应在《通知》有效期限内及时将有关变更情况说明报送核定其名单的牵头部门。牵头部门按照本办法规定的程序，核定变更后的单位自变更登记之日起能否继续享受政策，注明变更登记日期。核定结果由牵头部门函告海关（核定结果较多时，每年至少分两批函告），抄送同级财政、税务及其他有关部门。其中，牵头部门为省级科技、商务、文化和旅游主管部门的，核定结果应相应报送科技部、商务部、文化和旅游部。

十、进口单位应按有关规定使用免税进口商品，如违反规定，将免税进口商品擅自转让、移作他用或者进行其他处置，被依法追究刑事责任的，在《通知》剩余有效期限内停止享受政策。

十一、进口单位如存在以虚报情况获得免税资格，由核定其名单的牵头部门查实后函告海关，自函告之日起，该单位在《通知》剩余有效期限内停止享受政策。

十二、中央宣传部、国家发展改革委、教育部、科技部、工业和信息化部、民政部、商务部、文化和旅游部加强政策评估工作。

十三、本办法印发之日后90日内，省级科技主管部门应会同省级民政、财政、税务部门和社会研发机构所在地直属海关制定核定享受政策的科技类民办非企业单位性质、事业单位性质的社会研发机构名单的具体实施办法，省级商务主管部门应会同省级财政、税务部门和外资研发中心所在地直属海关制定核定享受政策的外资研发中心名单的具体实施办法。

十四、财政等有关部门及其工作人员在政策执行过程中，存在违反执行免税政策规定的行为，以及滥用职权、玩忽职守、徇私舞弊等违法违纪行为的，依照国家有关规定追究相应责任；涉嫌犯罪的，依法追究刑事责任。

十五、本办法有效期为2021年1月1日至2025年12月31日。

2. 科技部、财政部、海关总署、税务总局《科研院所等科研机构免税进口科学研究、科技开发和教学用品管理细则》（2021年9月30日　国科发政〔2021〕270号）

第一章　总　则

第1条　根据《财政部 海关总署 税务总局关于"十四五"期间支持科技创新进口税收政策的通知》（财关税〔2021〕23号）、《财政部 中央宣传部 国家发展改革委 教育部 科技部 工业和信息化部 民政部 商务部 文化和旅游部 海关总署 税务总局关于"十四五"期间支持科技创新进口税收政策管理办法的通知》（财关税〔2021〕24号）要求，为加强和规范对科研院所、国家实验室、国家重点实验室、企业国家重点实验室、国家技术创新中心、国家临床医学研究中心、国家工程技术研究中心、转制为企业或进入企业的主要从事科学研究和技术开发工作的机构、科技类民办非企业单位性质社会研发机构、事业单位性质社会研发机构（以下统称"科研院所等科研机构"）免税进口科学研究、科技开发和教学用品的管理，特制定本细则。

第二章　科研院所

第2条　中央级科研院所是指由中央和国家机关各部委、人民团体、有关单位举办，由中央机构编制部门批复设立，主要从事基础前沿研究、公益性研究、应用技术研发的事业单位。

第3条　符合条件的科研院所应向举办部门（单位）提出免税资格申请，提交中央机构编制部门批复文件、事业单位法人证书以及本院所职责、机构、编制文件、章程等材料。科研院所举办部门（单位）初步审核后，以部门（单位）发函将审核后的名单及上述申报材料提交科技部进行核定。科技部根据相关文件要求核定符合免税资格的科研院所及其所属具有独立法人资格的图书馆、研究生院（以下称“科研院所”）名单，将符合条件的科研院所名单注明批次函告海关总署，并抄送财政部、税务总局。

第4条　符合免税资格条件的名单内科研院所可持事业单位法人证书，按规定向主管海关申请办理进口科学研究、科技开发和教学用品的减免税手续。

第5条　省级（包括省、自治区、直辖市、计划单列市、新疆生产建设兵团，下同）科技主管部门会同省级财政、税务、机构编制部门和科研院所所在地直属海关参照本细则明确享受政策的条件，核定从事科学研究工作的省级、地市级科研院所及其所属具有独立法人资格的图书馆、研究生院名单。核定结果由省级科技主管部门函告上述科研院所所在地直属海关，注明批次，并抄送省级财政、税务部门。

第三章　科研基地

第6条　科技部核定国家实验室、国家重点实验室、企业国家重点实验室、国家技术创新中心、国家临床医学研究中心、国家工程技术研究中心（以下称“科研基地”）名单，将核定后的名单函告海关总署，注明批次、单位名称（依托单位名称）等，并抄送财政部和税务总局。

第7条　经核定符合免税资格的科研基地可凭本单位（非独立法人机构凭其依托单位）事业单位法人证书等证明材料、依托单位承担减免税货物管理承诺书和其他有关材料，按规定向主管海关申请办理进口科学研究、科技开发和教学用品的减免税手续。

第四章　转制科研院所

第8条　转制为企业和进入企业的主要从事科学研究和技术开发工作的机构指根据《国务院办公厅转发科技部等部门关于深化科研机构管理体制改革实施意见的通知》（国办发〔2000〕38号），国务院部门（单位）所属科研机构已转制为企业或进入企业的主要从事科学研究和技术开发工作的机构（以下称“中央级转制院所”），以及各省、自治区、直辖市、计划单列市所属已转制为企业或进入企业的主要从事科学研究和技术开发工作的机构（以下称“地方转制院所”）。

第9条　科技部核定中央级转制院所名单，函告海关总署，注明批次等，并抄送财政部、税务总局。省级科技主管部门会同省级财政、税务部门和机构所在地直属海关核定地方转制院所名单，核定结果由省级科技主管部门函告机构所在地直属海关，注明批次等，抄送省级财政、税务部门，并报送科技部。

第10条　经核定的转制院所可持企业法人登记证书和其他有关材料，按海关规定办理免税手续；符合免税资格进入企业的转制院所持所属企业法人登记证书、所属企业承担减免税货物管理承诺书和其他有关材料，按规定向主管海关申请办理进口科学研究、科技开发和教学用品的减免税手续。

第五章　社会研发机构

第11条　科技部会同民政部审核中央和国家机关各部委、人民团体、有关单位作为业务主管单位的科技类民办非企业单位性质社会研发机构（或新型研发机构，下同）名单。符合条件的科技类民办非企业单位性质社会研发机构（以下简称“民办非企业单位社会研发机构”）应向业务主管单位提出免税资格申请，提交民办非企业单位（法人）登记证书、上一年度工作报告等材料。业务主管单位初步审核后，将审核后的名单及上述申报材料提交科技部核定。科技部会同民政部核定名单后，由科技部将名单函告海关总署，注明批次等，并抄送民政部、财政部、税务总局。

第 12 条　省级科技主管部门会同省级民政、财政、税务部门和社会研发机构所在地直属海关核定其他符合条件的民办非企业单位社会研发机构名单，核定结果由省级科技主管部门函告社会研发机构所在地直属海关，注明批次等，并抄送省级民政、财政、税务部门；会同省级财政、税务部门和社会研发机构所在地直属海关核定事业单位性质的社会研发机构名单，核定结果由省级科技主管部门函告社会研发机构所在地直属海关，注明批次等，并抄送省级财政、税务部门。

第 13 条　经核定的社会研发机构可凭事业单位法人证书或民办非企业单位登记证书，以及其他有关材料，按规定向主管海关办理进口科学研究、科技开发和教学用品的减免税手续。

第六章　科研机构变更

第 14 条　科研院所等科研机构发生分立、合并、撤销、更名、业务范围变更等情形的，科技部、省级科技主管部门按照本细则规定的程序重新审核相关单位免税资格。

经审核符合免税资格的机构，自变更登记之日起，继续享受支持科技创新进口税收政策。经审核不符合免税资格的机构，自变更登记之日起停止享受支持科技创新进口税收政策。

重新审核后，科技部将审核结果函告海关总署并抄送财政部、税务总局，省级科技主管部门将审核结果函告科研机构所在地直属海关并抄送所在省级财政、税务部门。对停止享受支持科技创新进口税收政策的机构，在函中注明停止享受政策日期。在停止享受政策之日（含）后，有关机构向海关申报进口科学研究、科技开发和教学用品且已享受支持科技创新进口税收政策的，应补缴税款。

第15条 省级科技主管部门会同相关部门核定的省级、地市级科研院所、已转制为企业或进入企业的主要从事科学研究和技术开发工作的机构、科技类民办非企业单位性质的社会研发机构、事业单位性质的社会研发机构名单，应在函告相关海关之日起20个工作日内报送科技部。上述进口单位发生名称变更等情形的，省级科技主管部门应于函告相关海关之日起20个工作日内报送科技部。

第16条 本细则印发后，科技部开展适用“十四五”支持科技创新进口税收政策的第一批中央级科研院所、科研基地、转制科研院所、科技类民办非企业单位性质的社会研发机构名单核定工作，将核定后的第一批名单函告海关总署，抄送财政部、税务总局。

自2022年开始，科技部于每年3月底、9月底前，分两批审核上述科研机构名称、科研领域变更以及新设、合并、分立等情况，将核定后的名单注明批次函告海关总署，抄送财政部、税务总局；并于每年3月底开展上一年度税收政策执行情况评估工作。

对于不具有独立法人资格的科研机构，一并将其依托单位函告海关。上述科研机构适用支持科技创新进口税收政策具有有效期限的，在核定名单中注明其享受政策的有效期限，一并函告海关。

第七章 附　则

第17条 经核定符合免税资格的上述机构免税进口商品范围，按照支持科技创新进口税收政策项下免税进口商品清单执行。

第18条 上述机构在免税资格核定过程中有弄虚作假行为的，科技部、省级科技主管部门查实其不宜适用进口免税政策后，分别将有关情况函告海关总署、财政部、税务总局、所在地直属海关及所在省级财政、税务部门，自函告之日起停止享受支持科技创新进口税收政策。在停止享受政策之日（含）以后，有关机构向海关申报进口科学研究、科技开发和教学用品且已享受支持科技创新进口税收政策的，应补缴税款。

第 19 条　对于按照本细则核定的第一批名单中的科研院所等科研机构，2021 年 1 月 1 日前成立的，自 2021 年 1 月 1 日起享受支持科技创新进口税收政策。2021 年 1 月 1 日之后成立的，科研院所自其事业单位法人证书有效期起始之日起享受政策；科研基地自批准成立之日起享受政策，具体由科技部在第一批名单中注明享受政策起始日期；转制科研院所自取得企业法人登记证书之日或批准进入企业之日起享受支持科技创新进口税收政策，具体由科技部或省级科技主管部门在名单中注明享受政策起始日期；社会研发机构自事业单位法人证书或民办非企业单位登记证书有效期起始之日起享受政策。

第 20 条　本细则有效期为 2021 年 1 月 1 日至 2025 年 12 月 31 日。

第九十一条　政府采购相关规定

对境内自然人、法人和非法人组织的科技创新产品、服务，在功能、质量等指标能够满足政府采购需求的条件下，政府采购应当购买；首次投放市场的，政府采购应当率先购买，不得以商业业绩为由予以限制。

政府采购的产品尚待研究开发的，通过订购方式实施。采购人应当优先采用竞争性方式确定科学技术研究开发机构、高等学校或者企业进行研究开发，产品研发合格后按约定采购。

● 部门规章及文件

《政府采购非招标采购方式管理办法》（2013 年 12 月 19 日）

第 27 条　符合下列情形之一的采购项目，可以采用竞争性谈判方式采购：

（一）招标后没有供应商投标或者没有合格标的，或者重新招标未能成立的；

（二）技术复杂或者性质特殊，不能确定详细规格或者具体要求的；

（三）非采购人所能预见的原因或者非采购人拖延造成采用招标所需时间不能满足用户紧急需要的；

（四）因艺术品采购、专利、专有技术或者服务的时间、数量事先不能确定等原因不能事先计算出价格总额的。

公开招标的货物、服务采购项目，招标过程中提交投标文件或者经评审实质性响应招标文件要求的供应商只有两家时，采购人、采购代理机构按照本办法第四条经本级财政部门批准后可以与该两家供应商进行竞争性谈判采购，采购人、采购代理机构应当根据招标文件中的采购需求编制谈判文件，成立谈判小组，由谈判小组对谈判文件进行确认。符合本款情形的，本办法第三十三条、第三十五条中规定的供应商最低数量可以为两家。

第九十二条　知识产权质押融资业务

国家鼓励金融机构开展知识产权质押融资业务，鼓励和引导金融机构在信贷、投资等方面支持科学技术应用和高新技术产业发展，鼓励保险机构根据高新技术产业发展的需要开发保险品种，促进新技术应用。

法 律

1.《促进科技成果转化法》（2015年8月29日）

第35条 国家鼓励银行业金融机构在组织形式、管理机制、金融产品和服务等方面进行创新，鼓励开展知识产权质押贷款、股权质押贷款等贷款业务，为科技成果转化提供金融支持。

国家鼓励政策性金融机构采取措施，加大对科技成果转化的金融支持。

第36条 国家鼓励保险机构开发符合科技成果转化特点的保险品种，为科技成果转化提供保险服务。

部门规章及文件

2. 财政部、工业和信息化部、银监会、国家知识产权局、国家工商行政管理总局、国家版权局《关于加强知识产权质押融资与评估管理支持中小企业发展的通知》（2010年8月12日 财企〔2010〕199号）

各省、自治区、直辖市、计划单列市财政厅（局）、中小企业管理部门、银监局、知识产权局、工商行政管理局、版权局：

为贯彻落实《国家知识产权战略纲要》（国发〔2008〕18号）和《国务院关于进一步促进中小企业发展的若干意见》（国发〔2009〕36号），推进知识产权质押融资工作，拓展中小企业融资渠道，完善知识产权质押评估管理体系，支持中小企业创新发展，积极推动产业结构优化升级，加快经济发展方式转变，现就知识产权质押融资与评估管理有关问题通知如下：

一、建立促进知识产权质押融资的协同推进机制

知识产权质押融资是知识产权权利人将其合法拥有的且目前仍有效的专利权、注册商标权、著作权等知识产权出质，从银行等金融机构取得资金，并按期偿还资金本息的一种融资方式。各级财政、银监、知识产权、工商行政、版权、中小企业管理部门

(以下统称各有关部门）要充分发挥各自的职能作用，加强协调配合和信息沟通，积极探索促进本地区知识产权质押融资工作的新模式、新方法，完善知识产权质押融资的扶持政策和管理机制，加强知识产权质押评估管理，支持中小企业开展知识产权质押融资，加快建立知识产权质押融资协同工作机制，有效推进知识产权质押融资工作。

二、创新知识产权质押融资的服务机制

各有关部门要指导和支持银行等金融机构探索和创新知识产权信贷模式，积极拓展知识产权质押融资业务，鼓励和支持商业银行结合自身特点和业务需要，选择符合国家产业政策和信贷政策、可以用货币估价并依法流转的知识产权作为质押物，有效满足中小企业的融资需求。

各有关部门要指导和支持商业银行等金融机构根据国家扶持中小企业发展的政策，充分利用知识产权的融资价值，开展多种模式的知识产权质押融资业务，扩大中小企业知识产权质押融资规模。要鼓励商业银行积极开展以拥有自主知识产权的中小企业为服务对象的信贷业务，对中小企业以自主知识产权质押的贷款项目予以优先支持。要充分利用国家财政现有中小企业信用担保资金政策，对担保机构开展的中小企业知识产权质押融资担保业务给予支持。

各有关部门要引导商业银行、融资性担保机构充分利用资产评估在知识产权质押融资中的作用，促进知识产权、资产评估、法律及财政金融等方面的专业协作，协助贷款、担保等金融机构开展知识产权质押融资业务。要进一步加强知识产权、资产评估、金融等专业知识培训和业务交流，开展相关政策与理论研究，提升商业银行、融资性担保机构、资产评估机构等组织及有关从业人员的专业能力。

各有关部门要支持和指导中小企业运用相关政策开展知识产

权质押融资，构建中小企业与商业银行等金融机构之间的信息交流平台，提高中小企业知识产权保护和运用水平。

三、建立完善知识产权质押融资风险管理机制

各地银监部门要指导和支持商业银行等金融机构建立健全知识产权质押融资管理体系，创新授信评级，严格授信额度管理，建立知识产权质押物价值动态评估机制，落实风险防控措施。

各有关部门要鼓励融资性担保机构为中小企业知识产权质押融资提供担保服务，引导企业开展同业担保业务，构建知识产权质押融资多层次风险分担机制。探索建立适合中小企业知识产权质押融资特点的风险补偿和尽职免责机制。支持和引导各类信用担保机构为知识产权交易提供担保服务，探索建立社会化知识产权权益担保机制。

四、完善知识产权质押融资评估管理体系

各有关部门要根据财政部和国家知识产权局、国家工商行政管理总局、国家版权局等部门有关加强知识产权资产评估管理的意见，完善知识产权质押评估管理制度，加强评估质量管理，防范知识产权评估风险。

各有关部门要鼓励商业银行、融资性担保机构、中小企业充分利用专业评估服务，由经财政部门批准设立的具有知识产权评估专业胜任能力的资产评估机构，对需要评估的质押知识产权进行评估。

要指导商业银行、融资性担保机构、中小企业等评估业务委托方，针对知识产权质押融资的评估行为，充分关注评估报告披露事项，按照约定合理使用评估报告。

中国资产评估协会要加强相关评估业务的准则建设和自律监管，促进资产评估机构、注册资产评估师规范执业，加快推进知识产权评估理论研究和数据服务系统建设，为评估机构开展知识产权评估提供理论和数据支持。要在无形资产评估准则框架下，

针对各类知识产权制定具体的资产评估指导意见，形成完整的知识产权评估准则体系。要加大知识产权评估相关业务的培训，进一步提高注册资产评估师专业胜任能力。要监督资产评估机构按照国家有关规定合理收取评估费用，制止资产评估机构低价恶性竞争或超标准收费行为。

五、建立有利于知识产权流转的管理机制

各级知识产权部门要建立动态的信息跟踪和沟通机制，及时做好知识产权质押登记，加强流程管理，强化质押后的知识产权保护，并为商业银行、融资性担保机构、质押评估委托方查询质押知识产权法律状态、知识产权质押物经营状况等信息提供必要的支持，协助商业银行逐步建立知识产权质押融资信用体系。

各级中小企业管理部门要积极引导拥有自主知识产权的中小企业进行质押融资，提高其知识产权参与资产评估的积极性和有效性，建立适应知识产权交易的多元化、多渠道投融资机制，并将其纳入当地中小企业成长工程。

各有关部门要加快推进知识产权交易市场建设，充分依托各类产权交易市场，引导风险投资机构参与科技成果产业化投资，促进知识产权流转。要积极探索知识产权许可、拍卖、出资入股等多元化价值实现形式，支持商业银行、融资性担保机构质权的实现。

第九十三条　整合和设置国家科学技术研究实验基地

国家遵循统筹规划、优化配置的原则，整合和设置国家科学技术研究实验基地。

国家鼓励设置综合性科学技术实验服务单位，为科学技术研究开发机构、高等学校、企业和科学技术人员提供或者委托他人提供科学技术实验服务。

● 法　律

《高等教育法》（2018年12月29日）

第35条　高等学校根据自身条件，自主开展科学研究、技术开发和社会服务。

国家鼓励高等学校同企业事业组织、社会团体及其他社会组织在科学研究、技术开发和推广等方面进行多种形式的合作。

国家支持具备条件的高等学校成为国家科学研究基地。

第九十四条　购置大型科学仪器、设备

国家根据科学技术进步的需要，按照统筹规划、突出共享、优化配置、综合集成、政府主导、多方共建的原则，统筹购置大型科学仪器、设备，并开展对以财政性资金为主购置的大型科学仪器、设备的联合评议工作。

第九十五条　科研论文和科学技术信息交流机制

国家加强学术期刊建设，完善科研论文和科学技术信息交流机制，推动开放科学的发展，促进科学技术交流和传播。

第九十六条　鼓励对科学技术进步的捐赠

国家鼓励国内外的组织或者个人捐赠财产、设立科学技术基金，资助科学技术研究开发和科学技术普及。

● 法　律

《科学技术普及法》（2002年6月29日）

第26条　国家鼓励境内外的社会组织和个人设立科普基金，用于资助科普事业。

第27条　国家鼓励境内外的社会组织和个人捐赠财产资助

科普事业；对捐赠财产用于科普事业或者投资建设科普场馆、设施的，依法给予优惠。

第九十七条　决策责任免除规定

利用财政性资金设立的科学技术研究开发机构、高等学校和企业，在推进科技管理改革、开展科学技术研究开发、实施科技成果转化活动过程中，相关负责人锐意创新探索，出现决策失误、偏差，但尽到合理注意义务和监督管理职责，未牟取非法利益的，免除其决策责任。

第十章　监督管理

第九十八条　科技监督体系与科技伦理治理体制

国家加强科技法治化建设和科研作风学风建设，建立和完善科研诚信制度和科技监督体系，健全科技伦理治理体制，营造良好科技创新环境。

● 行政法规

1. **《国家科学技术奖励条例》**（2020年10月7日）

第24条　国家科学技术奖励工作实行科研诚信审核制度。国务院科学技术行政部门负责建立提名专家、学者、组织机构和评审委员、评审专家、候选者的科研诚信严重失信行为数据库。

禁止任何个人、组织进行可能影响国家科学技术奖提名和评审公平、公正的活动。

第33条　对违反本条例规定，有科研诚信严重失信行为的个人、组织，记入科研诚信严重失信行为数据库，并共享至全国信用信息共享平台，按照国家有关规定实施联合惩戒。

● 部门规章及文件

2.《科学技术活动违规行为处理暂行规定》(2020 年 7 月 17 日)

第一章 总 则

第 1 条 为规范科学技术活动违规行为处理，营造风清气正的良好科研氛围，根据《中华人民共和国科学技术进步法》等法律法规，制定本规定。

第 2 条 对下列单位和人员在开展有关科学技术活动过程中出现的违规行为的处理，适用本规定。

(一) 受托管理机构及其工作人员，即受科学技术行政部门委托开展相关科学技术活动管理工作的机构及其工作人员；

(二) 科学技术活动实施单位，即具体开展科学技术活动的科学技术研究开发机构、高等学校、企业及其他组织；

(三) 科学技术人员，即直接从事科学技术活动的人员和为科学技术活动提供管理、服务的人员；

(四) 科学技术活动咨询评审专家，即为科学技术活动提供咨询、评审、评估、评价等意见的专业人员；

(五) 第三方科学技术服务机构及其工作人员，即为科学技术活动提供审计、咨询、绩效评估评价、经纪、知识产权代理、检验检测、出版等服务的第三方机构及其工作人员。

第 3 条 科学技术部加强对科学技术活动违规行为处理工作的统筹、协调和督促指导。

各级科学技术行政部门根据职责和权限对科学技术活动实施中发生的违规行为进行处理。

第 4 条 科学技术活动违规行为的处理，应区分主观过错、性质、情节和危害程度，做到程序正当、事实清楚、证据确凿、依据准确、处理恰当。

第二章 违规行为

第 5 条 受托管理机构的违规行为包括以下情形：

（一）采取弄虚作假等不正当手段获得管理资格；

（二）内部管理混乱，影响受托管理工作正常开展；

（三）重大事项未及时报告；

（四）存在管理过失，造成负面影响或财政资金损失；

（五）设租寻租、徇私舞弊、滥用职权、私分受托管理的科研资金；

（六）隐瞒、包庇科学技术活动中相关单位或人员的违法违规行为；

（七）不配合监督检查或评估评价工作，不整改、虚假整改或整改未达到要求；

（八）违反任务委托协议等合同约定的主要义务；

（九）违反国家科学技术活动保密相关规定；

（十）法律、行政法规、部门规章或规范性文件规定的其他相关违规行为。

第6条　受托管理机构工作人员的违规行为包括以下情形：

（一）管理失职，造成负面影响或财政资金损失；

（二）设租寻租、徇私舞弊等利用组织科学技术活动之便谋取不正当利益；

（三）承担或参加所管理的科技计划（专项、基金等）项目；

（四）参与所管理的科学技术活动中有关论文、著作、专利等科学技术成果的署名及相关科技奖励、人才评选等；

（五）未经批准在相关科学技术活动实施单位兼职；

（六）干预咨询评审或向咨询评审专家施加倾向性影响；

（七）泄露科学技术活动管理过程中需保密的专家名单、专家意见、评审结论和立项安排等相关信息；

（八）违反回避制度要求，隐瞒利益冲突；

（九）虚报、冒领、挪用、套取所管理的科研资金；

（十）违反国家科学技术活动保密相关规定；

（十一）法律、行政法规、部门规章或规范性文件规定的其他相关违规行为。

第7条　科学技术活动实施单位的违规行为包括以下情形：

（一）在科学技术活动的申报、评审、实施、验收、监督检查和评估评价等活动中提供虚假材料，组织“打招呼”“走关系”等请托行为；

（二）管理失职，造成负面影响或财政资金损失；

（三）无正当理由不履行科学技术活动管理合同约定的主要义务；

（四）隐瞒、迁就、包庇、纵容或参与本单位人员的违法违规活动；

（五）未经批准，违规转包、分包科研任务；

（六）截留、挤占、挪用、套取、转移、私分财政科研资金；

（七）不配合监督检查或评估评价工作，不整改、虚假整改或整改未达到要求；

（八）不按规定上缴应收回的财政科研结余资金；

（九）未按规定进行科技伦理审查并监督执行；

（十）开展危害国家安全、损害社会公共利益、危害人体健康的科学技术活动；

（十一）违反国家科学技术活动保密相关规定；

（十二）法律、行政法规、部门规章或规范性文件规定的其他相关违规行为。

第8条　科学技术人员的违规行为包括以下情形：

（一）在科学技术活动的申报、评审、实施、验收、监督检查和评估评价等活动中提供虚假材料，实施“打招呼”“走关系”等请托行为；

（二）故意夸大研究基础、学术价值或科技成果的技术价值、社会经济效益，隐瞒技术风险，造成负面影响或财政资金损失；

（三）人才计划入选者、重大科研项目负责人在聘期内或项目执行期内擅自变更工作单位，造成负面影响或财政资金损失；

（四）故意拖延或拒不履行科学技术活动管理合同约定的主要义务；

（五）随意降低目标任务和约定要求，以项目实施周期外或不相关成果充抵交差；

（六）抄袭、剽窃、侵占、篡改他人科学技术成果，编造科学技术成果，侵犯他人知识产权等；

（七）虚报、冒领、挪用、套取财政科研资金；

（八）不配合监督检查或评估评价工作，不整改、虚假整改或整改未达到要求；

（九）违反科技伦理规范；

（十）开展危害国家安全、损害社会公共利益、危害人体健康的科学技术活动；

（十一）违反国家科学技术活动保密相关规定；

（十二）法律、行政法规、部门规章或规范性文件规定的其他相关违规行为。

第 9 条　科学技术活动咨询评审专家的违规行为包括以下情形：

（一）采取弄虚作假等不正当手段获取咨询、评审、评估、评价、监督检查资格；

（二）违反回避制度要求；

（三）接受“打招呼”“走关系”等请托；

（四）引导、游说其他专家或工作人员，影响咨询、评审、评估、评价、监督检查过程和结果；

（五）索取、收受利益相关方财物或其他不正当利益；

（六）出具明显不当的咨询、评审、评估、评价、监督检查意见；

（七）泄漏咨询评审过程中需保密的申请人、专家名单、专家意见、评审结论等相关信息；

（八）抄袭、剽窃咨询评审对象的科学技术成果；

（九）违反国家科学技术活动保密相关规定；

（十）法律、行政法规、部门规章或规范性文件规定的其他相关违规行为。

第10条 第三方科学技术服务机构及其工作人员的违规行为包括以下情形：

（一）采取弄虚作假等不正当手段获取科学技术活动相关业务；

（二）从事学术论文买卖、代写代投以及伪造、虚构、篡改研究数据等；

（三）违反回避制度要求；

（四）擅自委托他方代替提供科学技术活动相关服务；

（五）出具虚假或失实结论；

（六）索取、收受利益相关方财物或其他不正当利益；

（七）泄漏需保密的相关信息或材料等；

（八）违反国家科学技术活动保密相关规定；

（九）法律、行政法规、部门规章或规范性文件规定的其他相关违规行为。

第三章 处理措施

第11条 对科学技术活动违规行为，视违规主体和行为性质，可单独或合并采取以下处理措施：

（一）警告；

（二）责令限期整改；

（三）约谈；

（四）一定范围内或公开通报批评；

（五）终止、撤销有关财政性资金支持的科学技术活动；

（六）追回结余资金，追回已拨财政资金以及违规所得；

（七）撤销奖励或荣誉称号，追回奖金；

（八）取消一定期限内财政性资金支持的科学技术活动管理资格；

（九）禁止在一定期限内承担或参与财政性资金支持的科学技术活动；

（十）记入科研诚信严重失信行为数据库。

第 12 条　违规行为涉嫌违反党纪政纪、违法犯罪的，移交有关机关处理。

第 13 条　对于第三方科学技术服务机构及人员违规的，可视情况将相关问题及线索移交具有处罚或处理权限的主管部门或行业协会处理。

第 14 条　受托管理机构、科学技术活动实施单位有组织地开展科学技术活动违规行为的，或存在重大管理过失的，按本规定第十一条第（八）项追究主要负责人、直接负责人的责任，具体期限与被处理单位的受限年限保持一致。

第 15 条　有证据表明违规行为已经造成恶劣影响或财政资金严重损失的，应直接或提请具有相应职责和权限的行政机关责令采取有效措施，防止影响或损失扩大，中止相关科学技术活动，暂停拨付相应财政资金，同时暂停接受相关责任主体申请新的财政性资金支持的科学技术活动。

第 16 条　采取本规定第十一条第（九）项处理措施的，违规行为未涉及科学技术活动核心关键任务、约束性目标或指标，但造成较大负面影响或财政资金损失，对违规单位取消 2 年以内（含 2 年）相关资格，对违规个人取消 3 年以内（含 3 年）相关资格。

上述违规行为涉及科学技术活动的核心关键任务、约束性目标或指标，并导致相关科学技术活动偏离约定目标，或造成严重负面影响或财政资金损失，对违规单位取消2至5年相关资格，对违规个人取消3至5年相关资格。

上述违规行为涉及科学技术活动的核心关键任务、约束性目标或指标，并导致相关科学技术活动停滞、严重偏离约定目标，或造成特别严重负面影响或财政资金损失，对违规单位和个人取消5年以上直至永久相关资格。

第17条　有以下情形之一的，可以给予从轻处理：

（一）主动反映问题线索，并经查属实；

（二）主动承认错误并积极配合调查和整改；

（三）主动退回因违规行为所获各种利益；

（四）主动挽回损失浪费或有效阻止危害结果发生；

（五）通过全国性媒体公开作出严格遵守科学技术活动相关国家法律及管理规定、不再实施违规行为的承诺；

（六）其他可以给予从轻处理情形。

第18条　有以下情形之一的，应当给予从重处理：

（一）伪造、销毁、藏匿证据；

（二）阻止他人提供证据，或干扰、妨碍调查核实；

（三）打击、报复举报人；

（四）有组织地实施违规行为；

（五）多次违规或同时存在多种违规行为；

（六）其他应当给予从重处理情形。

第19条　科学技术活动违规行为涉及多个主体的，应甄别不同主体的责任，并视其违规行为在负面影响或财政资金损失发生过程和结果中所起作用等因素分别给予相应处理。

第四章　处理程序

第20条　科学技术活动违规行为认定后，视事实、性质、情节，按照本规定第十一条的处理措施作出相应处理决定，并制作处理决定书。

第 21 条　作出处理决定前，应告知被处理单位或人员拟作出处理决定的事实、理由及依据，并告知其享有陈述与申辩的权利及其行使的方式和期限。被处理单位或人员逾期未提出陈述或申辩的，视为放弃陈述与申辩的权利；作出陈述或申辩的，应充分听取其意见。

第 22 条　处理决定书应载明以下内容：

（一）被处理主体的基本情况；

（二）违规行为情况及事实根据；

（三）处理依据和处理决定；

（四）救济途径和期限；

（五）作出处理决定的单位名称和时间；

（六）法律、行政法规、部门规章或规范性文件规定的其他相关事项。

第 23 条　处理决定书应送达被处理单位或人员，抄送被处理人员所在单位或被处理单位的上级主管部门，并可视情通知被处理人员或单位所属相关行业协会。

处理决定书可采取直接送达、委托送达、邮寄送达等方式；被送达人下落不明的，可公告送达。涉及保密内容的，按照保密相关规定送达。

对于影响范围广、社会关注度高的违规行为的处理决定，除涉密内容外，应向社会公开，发挥警示教育作用。

第 24 条　被处理单位或人员对处理决定不服的，可自收到处理决定书之日起 15 个工作日内，按照处理决定书载明的救济途径向作出处理决定的相关部门或单位提出复查申请，写明理由并提供相关证据或线索。

处理主体应自收到复查申请后 15 个工作日内作出是否受理的决定。决定受理的，应当另行组织对处理决定所认定的事实和相关依据进行复查。

复查应制作复查决定书，复查原则上应自受理之日起 90 个工作日内完成并送达复查申请人。复查期间，不停止原处理决定的执行。

第 25 条　被处理单位或人员也可以不经复查，直接依法申请复议或提起诉讼。

第 26 条　采取本规定第十一条第（九）项处理措施的，取消资格期限自处理决定下达之日起计算，处理决定作出前已执行本规定第十五条采取暂停活动的，暂停活动期限可折抵处理期限。

第 27 条　科学技术活动违规行为涉及多个部门的，可组织开展联合调查，按职责和权限分别予以处理。

第 28 条　科学技术活动违规行为处理超出科学技术行政部门职责和权限范围内的，应将问题及线索移交相关部门、机构，并可以适当方式向相关部门、机构提出意见建议。

第五章　附　　则

第 29 条　科学技术行政部门委托受托管理机构管理的科学技术活动中，项目承担单位和人员出现的情节轻微、未造成明显负面影响或财政资金损失的违规行为，由受托管理机构依据有关科学技术活动管理合同、管理办法等处理。

第 30 条　各级科学技术行政部门已在职责和权限范围内制定科学技术活动违规行为处理规定且处理尺度不低于本规定的，可按照已有规定进行处理。

第 31 条　科学技术活动违规行为处理属其他部门、机构职责和权限的，由有权处理的部门、机构依据法律、行政法规及其他有关规定处理。

科学技术活动违规行为涉事单位或人员属军队管理的，由军队按照其有关规定进行处理。

第 32 条　法律、行政法规对科学技术活动违规行为及相应处理另有规定的，从其规定。

科学技术部部门规章或规范性文件相关内容与本规定不一致的，适用本规定。

第33条　本规定自2020年9月1日起施行。

第34条　本规定由科学技术部负责解释。

第九十九条　科学技术决策的规则和程序

国家完善科学技术决策的规则和程序，建立规范的咨询和决策机制，推进决策的科学化、民主化和法治化。

国家改革完善重大科学技术决策咨询制度。制定科学技术发展规划和重大政策，确定科学技术重大项目、与科学技术密切相关的重大项目，应当充分听取科学技术人员的意见，发挥智库作用，扩大公众参与，开展科学评估，实行科学决策。

第一百条　财政性科学技术资金绩效管理

国家加强财政性科学技术资金绩效管理，提高资金配置效率和使用效益。财政性科学技术资金的管理和使用情况，应当接受审计机关、财政部门的监督检查。

科学技术行政等有关部门应当加强对利用财政性资金设立的科学技术计划实施情况的监督，强化科研项目资金协调、评估、监管。

任何组织和个人不得虚报、冒领、贪污、挪用、截留财政性科学技术资金。

● 法　律

《科学技术普及法》（2002年6月29日）

第28条　科普经费和社会组织、个人资助科普事业的财产，必须用于科普事业，任何单位或者个人不得克扣、截留、挪用。

第31条　违反本法规定，克扣、截留、挪用科普财政经费或者贪污、挪用捐赠款物的，由有关主管部门责令限期归还；对负有责任的主管人员和其他直接责任人员依法给予行政处分；构成犯罪的，依法追究刑事责任。

第一百零一条　科学技术计划项目分类管理机制

国家建立科学技术计划项目分类管理机制，强化对项目实效的考核评价。利用财政性资金设立的科学技术计划项目，应当坚持问题导向、目标导向、需求导向进行立项，按照国家有关规定择优确定项目承担者。

国家建立科技管理信息系统，建立评审专家库，健全科学技术计划项目的专家评审制度和评审专家的遴选、回避、保密、问责制度。

● 法　律

《促进科技成果转化法》（2015年8月29日）

第10条　利用财政资金设立应用类科技项目和其他相关科技项目，有关行政部门、管理机构应当改进和完善科研组织管理方式，在制定相关科技规划、计划和编制项目指南时应当听取相关行业、企业的意见；在组织实施应用类科技项目时，应当明确项目承担者的科技成果转化义务，加强知识产权管理，并将科技成果转化和知识产权创造、运用作为立项和验收的重要内容和依据。

第一百零二条　科学技术资源的信息系统和资源库的使用及保密

国务院科学技术行政部门应当会同国务院有关主管部门，建立科学技术研究基地、科学仪器设备等资产和科学技术文献、科学技术数据、科学技术自然资源、科学技术普及资源等科学技术资源的信息系统和资源库，及时向社会公布科学技术资源的分布、使用情况。

科学技术资源的管理单位应当向社会公布所管理的科学技术资源的共享使用制度和使用情况，并根据使用制度安排使用；法律、行政法规规定应当保密的，依照其规定。

科学技术资源的管理单位不得侵犯科学技术资源使用者的知识产权，并应当按照国家有关规定确定收费标准。管理单位和使用者之间的其他权利义务关系由双方约定。

第一百零三条 建立科技伦理委员会及科技伦理审查机制

国家建立科技伦理委员会，完善科技伦理制度规范，加强科技伦理教育和研究，健全审查、评估、监管体系。

科学技术研究开发机构、高等学校、企业事业单位等应当履行科技伦理管理主体责任，按照国家有关规定建立健全科技伦理审查机制，对科学技术活动开展科技伦理审查。

● 法　律

《促进科技成果转化法》（2015 年 8 月 29 日）

第 11 条　国家建立、完善科技报告制度和科技成果信息系统，向社会公布科技项目实施情况以及科技成果和相关知识产权信息，提供科技成果信息查询、筛选等公益服务。公布有关信息不得泄露国家秘密和商业秘密。对不予公布的信息，有关部门应当及时告知相关科技项目承担者。

利用财政资金设立的科技项目的承担者应当按照规定及时提交相关科技报告，并将科技成果和相关知识产权信息汇交到科技成果信息系统。

国家鼓励利用非财政资金设立的科技项目的承担者提交相关科技报告，将科技成果和相关知识产权信息汇交到科技成果信息系统，县级以上人民政府负责相关工作的部门应当为其提供方便。

第一百零四条 科学技术项目诚信档案及科研诚信管理信息系统

国家加强科研诚信建设，建立科学技术项目诚信档案及科研诚信管理信息系统，坚持预防与惩治并举、自律与监督并重，完善对失信行为的预防、调查、处理机制。

县级以上地方人民政府和相关行业主管部门采取各种措施加强科研诚信建设，企业事业单位和社会组织应当履行科研诚信管理的主体责任。

任何组织和个人不得虚构、伪造科研成果，不得发布、传播虚假科研成果，不得从事学术论文及其实验研究数据、科学技术计划项目申报验收材料等的买卖、代写、代投服务。

部门规章及文件

科技部等二十二部门关于印发《科研失信行为调查处理规则》的通知（2022 年 8 月 25 日　国科发监〔2022〕221 号）

第一章　总　　则

第 1 条　为规范科研失信行为调查处理工作，贯彻中共中央办公厅、国务院办公厅《关于进一步加强科研诚信建设的若干意见》精神，根据《中华人民共和国科学技术进步法》《中华人民共和国高等教育法》等规定，制定本规则。

第 2 条　本规则所称的科研失信行为是指在科学研究及相关活动中发生的违反科学研究行为准则与规范的行为，包括：

（一）抄袭剽窃、侵占他人研究成果或项目申请书；

（二）编造研究过程、伪造研究成果，买卖实验研究数据，伪造、篡改实验研究数据、图表、结论、检测报告或用户使用报告等；

（三）买卖、代写、代投论文或项目申报验收材料等，虚构同行评议专家及评议意见；

（四）以故意提供虚假信息等弄虚作假的方式或采取请托、贿赂、利益交换等不正当手段获得科研活动审批，获取科技计划（专项、基金等）项目、科研经费、奖励、荣誉、职务职称等；

（五）以弄虚作假方式获得科技伦理审查批准，或伪造、篡改科技伦理审查批准文件等；

（六）无实质学术贡献署名等违反论文、奖励、专利等署名规范的行为；

（七）重复发表，引用与论文内容无关的文献，要求作者非必要地引用特定文献等违反学术出版规范的行为；

（八）其他科研失信行为。

本规则所称抄袭剽窃、伪造、篡改、重复发表等行为按照学术出版规范及相关行业标准认定。

第3条　有关主管部门和高等学校、科研机构、医疗卫生机构、企业、社会组织等单位对科研失信行为不得迁就包庇，任何单位和个人不得阻挠、干扰科研失信行为的调查处理。

第4条　科研失信行为当事人及证人等应积极配合调查，如实说明情况、提供证据，不得伪造、篡改、隐匿、销毁证据材料。

第二章　职责分工

第5条　科技部和中国社科院分别负责统筹自然科学和哲学社会科学领域的科研失信行为调查处理工作。有关科研失信行为引起社会普遍关注或涉及多个部门（单位）的，可组织开展联合调查处理或协调不同部门（单位）分别开展调查处理。

主管部门负责指导和监督本系统的科研失信行为调查处理工

作，建立健全重大科研失信事件信息报送机制，并可对本系统发生的科研失信行为独立组织开展调查处理。

第 6 条　科研失信行为被调查人是自然人的，一般由其被调查时所在单位负责调查处理；没有所在单位的，由其所在地的科技行政部门或哲学社会科学科研诚信建设责任单位负责组织开展调查处理。调查涉及被调查人在其他曾任职或求学单位实施的科研失信行为的，所涉单位应积极配合开展调查处理并将调查处理情况及时送被调查人所在单位。牵头调查单位应根据本规则要求，负责对其他参与调查单位的调查程序、处理尺度等进行审核把关。

被调查人是单位主要负责人或法人、非法人组织的，由其上级主管部门负责组织开展调查处理。没有上级主管部门的，由其所在地的科技行政部门或哲学社会科学科研诚信建设责任单位负责组织开展调查处理。

第 7 条　财政性资金资助的科技计划（专项、基金等）项目的申报、评审、实施、结题、成果发布等活动中的科研失信行为，由科技计划（专项、基金等）项目管理部门（单位）负责组织调查处理。项目申报推荐单位、项目承担单位、项目参与单位等应按照项目管理部门（单位）的要求，主动开展并积极配合调查，依据职责权限对违规责任人作出处理。

第 8 条　科技奖励、科技人才申报中的科研失信行为，由科技奖励、科技人才管理部门（单位）负责组织调查，并分别依据管理职责权限作出相应处理。科技奖励、科技人才推荐（提名）单位和申报单位应积极配合并主动开展调查处理。

第 9 条　论文发表中的科研失信行为，由第一通讯作者的第一署名单位牵头调查处理；没有通讯作者的，由第一作者的第一署名单位牵头调查处理。作者的署名单位与所在单位不一致的，由所在单位牵头调查处理，署名单位应积极配合。论文其他作者所在单位应积极配合牵头调查单位，做好对本单位作者的调查处理，并及时将调查处理情况书面反馈牵头调查单位。

学位论文涉嫌科研失信行为的，由学位授予单位负责调查处理。

发表论文的期刊或出版单位有义务配合开展调查，应主动对论文是否违背科研诚信要求开展调查，并应及时将相关线索和调查结论、处理决定等书面反馈牵头调查单位、作者所在单位。

第10条　负有科研失信行为调查处理职责的相关单位，应明确本单位承担调查处理职责的机构，负责登记、受理、调查、处理、复查等工作。

第三章　调　　查

第一节　举报和受理

第11条　举报科研失信行为可通过下列途径进行：

（一）向被举报人所在单位举报；

（二）向被举报人所在单位的上级主管部门或相关管理部门举报；

（三）向科技计划（专项、基金等）项目、科技奖励、科技人才计划等的管理部门（单位）举报；

（四）向发表论文的期刊或出版单位举报；

（五）其他途径。

第12条　举报科研失信行为应同时满足下列条件：

（一）有明确的举报对象；

（二）举报内容属于本规则第二条规定的范围；

（三）有明确的违规事实；

（四）有客观、明确的证据材料或可查证线索。

鼓励实名举报，不得捏造、歪曲事实，不得诬告、陷害他人。

第13条　对具有下列情形之一的举报，不予受理：

（一）举报内容不属于本规则第二条规定的范围；

（二）没有明确的证据和可查证线索的；

（三）对同一对象重复举报且无新的证据、线索的；

（四）已经作出生效处理决定且无新的证据、线索的。

第 14 条 接到举报的单位应在 15 个工作日内提出是否受理的意见并通知实名举报人，不予受理的应说明情况。符合本规则第十二条规定且属于本单位职责范围的，应予以受理；不属于本单位职责范围的，可转送相关责任单位或告知举报人向相关责任单位举报。

举报人可以对不予受理提出异议并说明理由；异议不成立的，不予受理。

第 15 条 下列科研失信行为线索，符合受理条件的，有关单位应主动受理，主管部门应加强督查。

（一）上级机关或有关部门移送的线索；

（二）在日常科研管理活动中或科技计划（专项、基金等）项目、科技奖励、科技人才管理等工作中发现的问题线索；

（三）媒体、期刊或出版单位等披露的线索。

第二节 调　　查

第 16 条 调查应制订调查方案，明确调查内容、人员、方式、进度安排、保障措施、工作纪律等，经单位相关负责人批准后实施。

第 17 条 调查应包括行政调查和学术评议。行政调查由单位组织对相关事实情况进行调查，包括对相关原始实验数据、协议、发票等证明材料和研究过程、获利情况等进行核对验证。学术评议由单位委托本单位学术（学位、职称）委员会或根据需要组成专家组，对涉及的学术问题进行评议。专家组应不少于 5 人，根据需要由相关领域的同行科技专家、管理专家、科研诚信专家、科技伦理专家等组成。

第 18 条　调查需要与被调查人、证人等谈话的，参与谈话的调查人员不得少于 2 人，谈话内容应书面记录，并经谈话人和谈话对象签字确认，在履行告知程序后可录音、录像。

第 19 条　调查人员可按规定和程序调阅、摘抄、复印相关资料，现场察看相关实验室、设备等。调阅相关资料应书面记录，由调查人员和资料、设备管理人签字确认，并在调查处理完成后退还管理人。

第 20 条　调查中应当听取被调查人的陈述和申辩，对有关事实、理由和证据进行核实。可根据需要要求举报人补充提供材料，必要时可开展重复实验或委托第三方机构独立开展测试、评估或评价，经举报人同意可组织举报人与被调查人就有关学术问题当面质证。严禁以威胁、引诱、欺骗以及其他非法手段收集证据。

第 21 条　调查中发现被调查人的行为可能影响公众健康与安全或导致其他严重后果的，调查人员应立即报告，或按程序移送有关部门处理。

第 22 条　调查中发现第三方中介服务机构涉嫌从事论文及其实验研究数据、科技计划（专项、基金等）项目申报验收材料等的买卖、代写、代投服务的，应及时报请有关主管部门依法依规调查处理。

第 23 条　调查中发现关键信息不充分或暂不具备调查条件的，可经单位相关负责人批准中止调查。中止调查的原因消除后，应及时恢复调查，中止的时间不计入调查时限。

调查期间被调查人死亡的，终止对其调查，但不影响对涉及的其他被调查人的调查。

第 24 条　调查结束应形成调查报告。调查报告应包括线索来源、举报内容、调查组织、调查过程、事实认定及相关当事人确认情况、调查结论、处理意见建议及依据，并附证据材料。调查报告须由全体调查人员签字。一般应在调查报告形成后的 15 个工作日内将相关调查处理情况书面告知参与调查单位或其他具有处理权限的单位。

需要补充调查的，应根据补充调查情况重新形成调查报告。

第 25 条　科研失信行为的调查处理应自决定受理之日起 6 个月内完成。

因特别重大复杂在前款规定期限内仍不能完成调查的，经单位负责人批准后可延长调查期限，延长时间一般不超过 6 个月。对上级机关和有关部门移送的，调查延期情况应向移送机关或部门报告。

第四章　处　　理

第 26 条　被调查人科研失信行为的事实、情节、性质等最终认定后，由具有处理权限的单位按程序对被调查人作出处理决定。

第 27 条　处理决定作出前，应书面告知被调查人拟作出处理决定的事实、依据，并告知其依法享有陈述与申辩的权利。被调查人逾期没有进行陈述或申辩的，视为放弃权利。被调查人作出陈述或申辩的，应充分听取其意见。

第 28 条　处理决定书应载明以下内容：

（一）被处理人的基本情况（包括姓名或名称，身份证件号码或社会信用代码等）；

（二）认定的事实及证据；

（三）处理决定和依据；

（四）救济途径和期限；

（五）其他应载明的内容。

作出处理决定的单位负责向被处理人送达书面处理决定书，并告知实名举报人。有牵头调查单位的，应同时将处理决定书送牵头调查单位。对于上级机关和有关部门移送的，应将处理决定书和调查报告报送移送单位。

第 29 条　处理措施的种类：

（一）科研诚信诫勉谈话；

（二）一定范围内公开通报；

（三）暂停科技计划（专项、基金等）项目等财政性资金支持的科技活动，限期整改；

（四）终止或撤销利用科研失信行为获得的科技计划（专项、基金等）项目等财政性资金支持的科技活动，追回结余资金，追回已拨财政资金；

（五）一定期限禁止承担或参与科技计划（专项、基金等）项目等财政性资金支持的科技活动；

（六）撤销利用科研失信行为获得的相关学术奖励、荣誉等并追回奖金，撤销利用科研失信行为获得的职务职称；

（七）一定期限取消申请或申报科技奖励、科技人才称号和职务职称晋升等资格；

（八）取消已获得的院士等高层次专家称号，学会、协会、研究会等学术团体以及学术、学位委员会等学术工作机构的委员或成员资格；

（九）一定期限取消作为提名或推荐人、被提名或被推荐人、评审专家等资格；

（十）一定期限减招、暂停招收研究生直至取消研究生导师资格；

（十一）暂缓授予学位；

（十二）不授予学位或撤销学位；

（十三）记入科研诚信严重失信行为数据库；

（十四）其他处理。

上述处理措施可合并使用。给予前款第五、七、九、十项处理的，应同时给予前款第十三项处理。被处理人是党员或公职人员的，还应根据《中国共产党纪律处分条例》《中华人民共和国公职人员政务处分法》等规定，由有管辖权的机构给予处理或处分；其他适用组织处理或处分的，由有管辖权的机构依规依纪依法给予处理或处分。构成犯罪的，依法追究刑事责任。

第 30 条 对科研失信行为情节轻重的判定应考虑以下因素：

（一）行为偏离科技界公认行为准则的程度；

（二）是否有造假、欺骗，销毁、藏匿证据，干扰、妨碍调查或打击、报复举报人的行为；

（三）行为造成不良影响的程度；

（四）行为是首次发生还是屡次发生；

（五）行为人对调查处理的态度；

（六）其他需要考虑的因素。

第 31 条 有关机构或单位有组织实施科研失信行为，或在调查处理中推诿、包庇，打击报复举报人、证人、调查人员的，主管部门应依据相关法律法规等规定，撤销该机构或单位因此获得的相关利益、荣誉，给予公开通报，暂停拨款或追回结余资金、追回已拨财政资金，禁止一定期限内承担或参与财政性资金支持的科技活动等本规则第二十九条规定的相应处理，并按照有关规定追究其主要负责人、直接负责人的责任。

第 32 条 经调查认定存在科研失信行为的，应视情节轻重给予以下处理：

（一）情节较轻的，给予本规则第二十九条第一项、第三项、第十一项相应处理；

（二）情节较重的，给予本规则第二十九条第二项、第四至第十项、第十二项、第十三项相应处理，其中涉及取消或禁止期限的，期限为 3 年以内；

（三）情节严重的，给予本规则第二十九条第二项、第四至第十项、第十二项、第十三项相应处理，其中涉及取消或禁止期限的，期限为 3 至 5 年；

（四）情节特别严重的，给予本规则第二十九条第二项、第四至第十项、第十二项、第十三项相应处理，其中涉及取消或禁止期限的，期限为 5 年以上。

存在本规则第二条第一至第五项规定情形之一的，处理不应低于前款第二项规定的尺度。

第 33 条　给予本规则第三十二条第二、三、四项处理的被处理人正在申报财政性资金支持的科技活动或被推荐为相关候选人、被提名人、被推荐人等的，终止其申报资格或被提名、被推荐资格。

第 34 条　有下列情形之一的，可从轻处理：

（一）有证据显示属于过失行为且未造成重大影响的；

（二）过错程度较轻且能积极配合调查的；

（三）在调查处理前主动纠正错误，挽回损失或有效阻止危害结果发生的；

（四）在调查中主动承认错误，并公开承诺严格遵守科研诚信要求、不再实施科研失信行为的。

论文作者在被举报前主动撤稿且未造成较大负面影响的，可从轻或免予处理。

第 35 条　有下列情形之一的，应从重处理：

（一）伪造、篡改、隐匿、销毁证据的；

（二）阻挠他人提供证据，或干扰、妨碍调查核实的；

（三）打击、报复举报人、证人、调查人员的；

（四）存在利益输送或利益交换的；

（五）有组织地实施科研失信行为的；

（六）多次实施科研失信行为或同时存在多种科研失信行为的；

（七）证据确凿、事实清楚而拒不承认错误的。

第 36 条　根据本规则给予被处理人记入科研诚信严重失信行为数据库处理的，处理决定由省级及以下地方相关单位作出的，处理决定作出单位应在决定生效后 10 个工作日内将处理决定书和调查报告报送上级主管部门和所在地省级科技行政部门。省级科技行政部门应在收到之日起 10 个工作日内通过科研诚信管理信息系统按规定汇交科研诚信严重失信行为数据信息，并将处理决定书和调查报告报送科技部。

处理决定由国务院部门及其所属（含管理）单位作出的，由该部门在处理决定生效后 10 个工作日内通过科研诚信管理信息系统按规定汇交科研诚信严重失信行为数据信息，并将处理决定书和调查报告报送科技部。

第 37 条　有关部门和地方依法依规对记入科研诚信严重失信行为数据库的相关被处理人实施联合惩戒。

第 38 条　被处理人科研失信行为涉及科技计划（专项、基金等）项目、科技奖励、科技人才等的，调查处理单位应将处理决定书和调查报告同时报送科技计划（专项、基金等）项目、科技奖励、科技人才管理部门（单位）。科技计划（专项、基金等）项目、科技奖励、科技人才管理部门（单位）应依据经查实的科研失信行为，在职责范围内对被处理人作出处理，并制作处理决定书，送达被处理人及其所在单位。

第 39 条　对经调查未发现存在科研失信行为的，调查单位应及时以适当方式澄清。

对举报人捏造歪曲事实、诬告陷害他人的，举报人所在单位应依据相关规定对举报人严肃处理。

第 40 条　处理决定生效后，被处理人如果通过全国性媒体公开作出严格遵守科研诚信要求、不再实施科研失信行为承诺，或对国家和社会作出重大贡献的，作出处理决定的单位可根据被处理人申请对其减轻处理。

第五章　申诉复查

第41条　举报人或被处理人对处理决定不服的，可在收到处理决定书之日起15个工作日内，按照处理决定书载明的救济途径向作出调查处理决定的单位或部门书面提出申诉，写明理由并提供相关证据或线索。

调查处理单位（部门）应在收到申诉之日起15个工作日内作出是否受理决定并告知申诉人，不予受理的应说明情况。

决定受理的，另行组织调查组或委托第三方机构，按照本规则的调查程序开展复查，并向申诉人反馈复查结果。

第42条　举报人或被处理人对复查结果不服的，可向调查处理单位的上级主管部门书面提出申诉，申诉必须明确理由并提供充分证据。对国务院部门作出的复查结果不服的，向作出该复查结果的国务院部门书面提出申诉。

上级主管部门应在收到申诉之日起15个工作日内作出是否受理决定。仅以对调查处理结果和复查结果不服为由，不能说明其他理由并提供充分证据，或以同一事实和理由提出申诉的，不予受理。决定受理的，应组织复核，复核结果为最终结果。

第43条　复查、复核应制作复查、复核意见书，针对申诉人提出的理由给予明确回复。复查、复核原则上均应自受理之日起90个工作日内完成。

第六章　保障与监督

第44条　参与调查处理工作的人员应秉持客观公正，遵守工作纪律，主动接受监督。要签署保密协议，不得私自留存、隐匿、摘抄、复制或泄露问题线索和调查资料，未经允许不得透露或公开调查处理工作情况。

委托第三方机构开展调查、测试、评估或评价时，应履行保密程序。

第45条　调查处理应严格执行回避制度。参与科研失信行为调查处理人员应签署回避声明。被调查人或举报人近亲属、本案证人、利害关系人、有研究合作或师生关系或其他可能影响公正调查处理情形的，不得参与调查处理工作，应主动申请回避。被调查人、举报人有权要求其回避。

第 46 条　调查处理应保护举报人、被举报人、证人等的合法权益，不得泄露相关信息，不得将举报材料转给被举报人或被举报单位等利益相关方。对于调查处理过程中索贿受贿、违反保密和回避制度、泄露信息的，依法依规严肃处理。

第 47 条　高等学校、科研机构、医疗卫生机构、企业、社会组织等是科研失信行为调查处理第一责任主体，应建立健全调查处理工作相关的配套制度，细化受理举报、科研失信行为认定标准、调查处理程序和操作规程等，明确单位科研诚信负责人和内部机构职责分工，保障工作经费，加强对相关人员的培训指导，抓早抓小，并发挥聘用合同（劳动合同）、科研诚信承诺书和研究数据管理政策等在保障调查程序正当性方面的作用。

第 48 条　高等学校、科研机构、医疗卫生机构、企业、社会组织等不履行科研失信行为调查处理职责的，由主管部门责令其改正。拒不改正的，对负有责任的领导人员和直接责任人员依法依规追究责任。

第 49 条　科技部和中国社科院对自然科学和哲学社会科学领域重大科研失信事件应加强信息通报与公开。

科研诚信建设联席会议各成员单位和各地方应加强科研失信行为调查处理的协调配合、结果互认、信息共享和联合惩戒等工作。

第七章　附　　则

第 50 条　本规则下列用语的含义：

（一）买卖实验研究数据，是指未真实开展实验研究，通过向第三方中介服务机构或他人付费获取实验研究数据。委托第三方进行检验、测试、化验获得检验、测试、化验数据，因不具备条件委托第三方按照委托方提供的实验方案进行实验获得原始实验记录和数据，通过合法渠道获取第三方调查统计数据或相关公共数据库数据，不属于买卖实验研究数据。

（二）代投，是指论文提交、评审意见回应等过程不是由论文作者完成而是由第三方中介服务机构或他人代理。

（三）实质学术贡献，是指对研究思路、设计以及分析解释实验研究数据等有重要贡献，起草论文或在重要的知识性内容上对论文进行关键性修改，对将要发表的版本进行最终定稿等。

（四）被调查人所在单位，是指调查时被调查人的劳动人事关系所在单位。被调查人是学生的，调查处理由其学籍所在单位负责。

（五）从轻处理，是指在本规则规定的科研失信行为应受到的处理幅度以内，给予较轻的处理。

（六）从重处理，是指在本规则规定的科研失信行为应受到的处理幅度以内，给予较重的处理。

本规则所称的“以上”“以内”不包括本数，所称的“3至5年”包括本数。

第51条　各有关部门和单位可依据本规则结合实际情况制定具体细则。

第52条　科研失信行为被调查人属于军队管理的，由军队按照其有关规定进行调查处理。

相关主管部门已制定本行业、本领域、本系统科研失信行为调查处理规则且处理尺度不低于本规则的，可按照已有规则开展调查处理。

第53条　本规则自发布之日起实施，由科技部和中国社科院负责解释。《科研诚信案件调查处理规则（试行）》（国科发监〔2019〕323号）同时废止。

● 案例指引

2022 年查处的不端行为案件处理结果通报（第三批次）[①]

第一百零五条　建立健全科学技术统计调查制度和国家创新调查制度

国家建立健全科学技术统计调查制度和国家创新调查制度，掌握国家科学技术活动基本情况，监测和评价国家创新能力。

国家建立健全科技报告制度，财政性资金资助的科学技术计划项目的承担者应当按照规定及时提交报告。

● 法　律

1.《促进科技成果转化法》（2015 年 8 月 29 日）

第 11 条　国家建立、完善科技报告制度和科技成果信息系统，向社会公布科技项目实施情况以及科技成果和相关知识产权信息，提供科技成果信息查询、筛选等公益服务。公布有关信息不得泄露国家秘密和商业秘密。对不予公布的信息，有关部门应当及时告知相关科技项目承担者。

利用财政资金设立的科技项目的承担者应当按照规定及时提交相关科技报告，并将科技成果和相关知识产权信息汇交到科技成果信息系统。

国家鼓励利用非财政资金设立的科技项目的承担者提交相关科技报告，将科技成果和相关知识产权信息汇交到科技成果信息

---

① 编者注：囿于篇幅有限，请读者自行查阅。详见国家自然科学基金委员会网站，https：//www.nsfc.gov.cn/publish/portal0/tab442/info87591.htm，最后访问时间：2022 年 11 月 14 日。

另，2020 年查处的不端行为案件处理决定为两个批次，2021 年为 4 个批次，截至 2022 年 11 月，已公布 2022 年 3 个批次相关案例。

第十章

系统，县级以上人民政府负责相关工作的部门应当为其提供方便。

● 部门规章及文件

2. 《国家科技计划管理暂行规定》（2001 年 1 月 20 日）

第 22 条　国家科技计划必须建立报告制度，明确规定报告的内容、要求和报告期。国家科技计划管理的基本报告类型如下：

（一）进度报告：国家科技计划项目承担者、被授权或委托负责项目组织实施管理机构有责任定期按要求向科技部专项、综合计划部门报告计划项目执行情况；

（二）统计调查报告：国家科技计划项目承担者需如实填报由科技部制发的统计调查表；

（三）调整报告：国家科技计划项目承担者要求调整合同目标、变更项目主持人及延期验收等，需及时向科技部专项计划部门报告；科技部专项计划部门应对其调整要求明确签署意见；

（四）重要事件报告：如果计划项目取得重大进展、突破，或发生可能影响合同按期完成的重大事件或难以协调的问题，项目承担者及被授权或委托负责项目组织实施管理机构有责任向科技部专项计划部门及时报告；

（五）财务报告：项目承担者有责任定期向科技部专项、综合计划部门报告经费到位及使用情况，按要求提交项目年度财务决算；

（六）验收报告：项目承担者有责任向科技部专项、综合计划部门或受委托组织验收活动的机构提交所要求的各类报告。

第一百零六条　科学技术保密制度

国家实行科学技术保密制度，加强科学技术保密能力建设，保护涉及国家安全和利益的科学技术秘密。

> 国家依法实行重要的生物种质资源、遗传资源、数据资源等科学技术资源和关键核心技术出境管理制度。

法 律

1.《保守国家秘密法》（2010 年 4 月 29 日）

第 7 条 机关、单位应当实行保密工作责任制，健全保密管理制度，完善保密防护措施，开展保密宣传教育，加强保密检查。

第 9 条 下列涉及国家安全和利益的事项，泄露后可能损害国家在政治、经济、国防、外交等领域的安全和利益的，应当确定为国家秘密：

（一）国家事务重大决策中的秘密事项；

（二）国防建设和武装力量活动中的秘密事项；

（三）外交和外事活动中的秘密事项以及对外承担保密义务的秘密事项；

（四）国民经济和社会发展中的秘密事项；

（五）科学技术中的秘密事项；

（六）维护国家安全活动和追查刑事犯罪中的秘密事项；

（七）经国家保密行政管理部门确定的其他秘密事项。

政党的秘密事项中符合前款规定的，属于国家秘密。

2.《数据安全法》（2021 年 6 月 10 日）

第 25 条 国家对与维护国家安全和利益、履行国际义务相关的属于管制物项的数据依法实施出口管制。

3.《生物安全法》（2020 年 10 月 17 日）

第 56 条 从事下列活动，应当经国务院科学技术主管部门批准：

（一）采集我国重要遗传家系、特定地区人类遗传资源或者采集国务院科学技术主管部门规定的种类、数量的人类遗传资源；

（二）保藏我国人类遗传资源；

（三）利用我国人类遗传资源开展国际科学研究合作；

（四）将我国人类遗传资源材料运送、邮寄、携带出境。

前款规定不包括以临床诊疗、采供血服务、查处违法犯罪、兴奋剂检测和殡葬等为目的的采集、保藏人类遗传资源及开展的相关活动。

为了取得相关药品和医疗器械在我国上市许可，在临床试验机构利用我国人类遗传资源开展国际合作临床试验、不涉及人类遗传资源出境的，不需要批准；但是，在开展临床试验前应当将拟使用的人类遗传资源种类、数量及用途向国务院科学技术主管部门备案。

境外组织、个人及其设立或者实际控制的机构不得在我国境内采集、保藏我国人类遗传资源，不得向境外提供我国人类遗传资源。

● 行政法规及文件

4.《人类遗传资源管理条例》（2019 年 5 月 28 日）

第 7 条 外国组织、个人及其设立或者实际控制的机构不得在我国境内采集、保藏我国人类遗传资源，不得向境外提供我国人类遗传资源。

第 27 条 利用我国人类遗传资源开展国际合作科学研究，或者因其他特殊情况确需将我国人类遗传资源材料运送、邮寄、携带出境的，应当符合下列条件，并取得国务院科学技术行政部门出具的人类遗传资源材料出境证明：

（一）对我国公众健康、国家安全和社会公共利益没有危害；

（二）具有法人资格；

（三）有明确的境外合作方和合理的出境用途；

（四）人类遗传资源材料采集合法或者来自合法的保藏单位；

（五）通过伦理审查。

利用我国人类遗传资源开展国际合作科学研究，需要将我国人类遗传资源材料运送、邮寄、携带出境的，可以单独提出申请，也可以在开展国际合作科学研究申请中列明出境计划一并提出申请，由国务院科学技术行政部门合并审批。

将我国人类遗传资源材料运送、邮寄、携带出境的，凭人类遗传资源材料出境证明办理海关手续。

第31条　国务院科学技术行政部门应当聘请生物技术、医药、卫生、伦理、法律等方面的专家组成专家评审委员会，对依照本条例规定提出的采集、保藏我国人类遗传资源，开展国际合作科学研究以及将我国人类遗传资源材料运送、邮寄、携带出境的申请进行技术评审。评审意见作为作出审批决定的参考依据。

第32条　国务院科学技术行政部门应当自受理依照本条例规定提出的采集、保藏我国人类遗传资源，开展国际合作科学研究以及将我国人类遗传资源材料运送、邮寄、携带出境申请之日起20个工作日内，作出批准或者不予批准的决定；不予批准的，应当说明理由。因特殊原因无法在规定期限内作出审批决定的，经国务院科学技术行政部门负责人批准，可以延长10个工作日。

● 部门规章及文件

5.《科学技术保密规定》（2015年11月16日）

第一章　总　　则

第1条　为保障国家科学技术秘密安全，促进科学技术事业发展，根据《中华人民共和国保守国家秘密法》《中华人民共和国科学技术进步法》和《中华人民共和国保守国家秘密法实施条例》，制定本规定。

第2条　本规定所称国家科学技术秘密，是指科学技术规划、计划、项目及成果中，关系国家安全和利益，依照法定程序确定，在一定时间内只限一定范围的人员知悉的事项。

第3条　涉及国家科学技术秘密的国家机关、单位（以下简称机关、单位）以及个人开展保守国家科学技术秘密的工作（以下简称科学技术保密工作），适用本规定。

第4条　科学技术保密工作坚持积极防范、突出重点、依法管理的方针，既保障国家科学技术秘密安全，又促进科学技术发展。

第5条　科学技术保密工作应当与科学技术管理工作相结合，同步规划、部署、落实、检查、总结和考核，实行全程管理。

第6条　国家科学技术行政管理部门管理全国的科学技术保密工作。省、自治区、直辖市科学技术行政管理部门管理本行政区域的科学技术保密工作。

中央国家机关在其职责范围内，管理或者指导本行业、本系统的科学技术保密工作。

第7条　国家保密行政管理部门依法对全国的科学技术保密工作进行指导、监督和检查。县级以上地方各级保密行政管理部门依法对本行政区域的科学技术保密工作进行指导、监督和检查。

第8条　机关、单位应当实行科学技术保密工作责任制，健全科学技术保密管理制度，完善科学技术保密防护措施，开展科学技术保密宣传教育，加强科学技术保密检查。

第二章　国家科学技术秘密的范围和密级

第9条　关系国家安全和利益，泄露后可能造成下列后果之一的科学技术事项，应当确定为国家科学技术秘密：

（一）削弱国家防御和治安能力；

（二）降低国家科学技术国际竞争力；

（三）制约国民经济和社会长远发展；

（四）损害国家声誉、权益和对外关系。

国家科学技术秘密及其密级的具体范围（以下简称国家科学技术保密事项范围），由国家保密行政管理部门会同国家科学技术行政管理部门另行制定。

第10条 国家科学技术秘密的密级分为绝密、机密和秘密三级。国家科学技术秘密密级应当根据泄露后可能对国家安全和利益造成的损害程度确定。

除泄露后会给国家安全和利益带来特别严重损害的外，科学技术原则上不确定为绝密级国家科学技术秘密。

第11条 有下列情形之一的科学技术事项，不得确定为国家科学技术秘密：

（一）国内外已经公开；

（二）难以采取有效措施控制知悉范围；

（三）无国际竞争力且不涉及国家防御和治安能力；

（四）已经流传或者受自然条件制约的传统工艺。

第三章 国家科学技术秘密的确定、变更和解除

第12条 中央国家机关、省级机关及其授权的机关、单位可以确定绝密级、机密级和秘密级国家科学技术秘密；设区的市、自治州一级的机关及其授权的机关、单位可以确定机密级、秘密级国家科学技术秘密。

第13条 国家科学技术秘密定密授权应当符合国家秘密定密管理的有关规定。中央国家机关作出的国家科学技术秘密定密授权，应当向国家科学技术行政管理部门和国家保密行政管理部门备案。省级机关，设区的市、自治州一级的机关作出的国家科学技术秘密定密授权，应当向省、自治区、直辖市科学技术行政管理部门和保密行政管理部门备案。

第14条　机关、单位负责人及其指定的人员为国家科学技术秘密的定密责任人，负责本机关、本单位的国家科学技术秘密确定、变更和解除工作。

第15条　机关、单位和个人产生需要确定为国家科学技术秘密的科学技术事项时，应当先行采取保密措施，并依照下列途径进行定密：

（一）属于本规定第十二条规定的机关、单位，根据定密权限自行定密；

（二）不属于本规定第十二条规定的机关、单位，向有相应定密权限的上级机关、单位提请定密；没有上级机关、单位的，向有相应定密权限的业务主管部门提请定密；没有业务主管部门的，向所在省、自治区、直辖市科学技术行政管理部门提请定密；

（三）个人完成的符合本规定第九条规定的科学技术成果，应当经过评价、检测并确定成熟、可靠后，向所在省、自治区、直辖市科学技术行政管理部门提请定密。

第16条　实行市场准入管理的技术或者实行市场准入管理的产品涉及的科学技术事项需要确定为国家科学技术秘密的，向批准准入的国务院有关主管部门提请定密。

第17条　机关、单位在科学技术管理的以下环节，应当及时做好定密工作：

（一）编制科学技术规划；

（二）制定科学技术计划；

（三）科学技术项目立项；

（四）科学技术成果评价与鉴定；

（五）科学技术项目验收。

第18条　确定国家科学技术秘密，应当同时确定其名称、密级、保密期限、保密要点和知悉范围。

第19条　国家科学技术秘密保密要点是指必须确保安全的核心事项或者信息，主要涉及以下内容：

（一）不宜公开的国家科学技术发展战略、方针、政策、专项计划；

（二）涉密项目研制目标、路线和过程；

（三）敏感领域资源、物种、物品、数据和信息；

（四）关键技术诀窍、参数和工艺；

（五）科学技术成果涉密应用方向；

（六）其他泄露后会损害国家安全和利益的核心信息。

第20条　国家科学技术秘密有下列情形之一的，应当及时变更密级、保密期限或者知悉范围：

（一）定密时所依据的法律法规或者国家科学技术保密事项范围已经发生变化的；

（二）泄露后对国家安全和利益的损害程度会发生明显变化的。

国家科学技术秘密的变更，由原定密机关、单位决定，也可由其上级机关、单位决定。

第21条　国家科学技术秘密的具体保密期限届满、解密时间已到或者符合解密条件的，自行解密。出现下列情形之一时，应当提前解密：

（一）已经扩散且无法采取补救措施的；

（二）法律法规或者国家科学技术保密事项范围调整后，不再属于国家科学技术秘密的；

（三）公开后不会损害国家安全和利益的。

提前解密由原定密机关、单位决定，也可由其上级机关、单位决定。

第22条　国家科学技术秘密需要延长保密期限的，应当在原保密期限届满前作出决定并书面通知原知悉范围内的机关、单位或者人员。延长保密期限由原定密机关、单位决定，也可由其上级机关、单位决定。

第23条　国家科学技术秘密确定、变更和解除应当进行备案：

（一）省、自治区、直辖市科学技术行政管理部门和中央国家机关有关部门每年12月31日前将本行政区域或者本部门当年确定、变更和解除的国家科学技术秘密情况报国家科学技术行政管理部门备案；

（二）其他机关、单位确定、变更和解除的国家科学技术秘密，应当在确定、变更、解除后20个工作日内报同级政府科学技术行政管理部门备案。

第24条　科学技术行政管理部门发现机关、单位国家科学技术秘密确定、变更和解除不当的，应当及时通知其纠正。

第25条　机关、单位对已定密事项是否属于国家科学技术秘密或者属于何种密级有不同意见的，按照国家有关保密规定解决。

第四章　国家科学技术秘密保密管理

第26条　国家科学技术行政管理部门管理全国的科学技术保密工作。主要职责如下：

（一）制定或者会同有关部门制定科学技术保密规章制度；

（二）指导和管理国家科学技术秘密定密工作；

（三）按规定审查涉外国家科学技术秘密事项；

（四）检查全国科学技术保密工作，协助国家保密行政管理部门查处泄露国家科学技术秘密案件；

（五）组织开展科学技术保密宣传教育和培训；

（六）表彰全国科学技术保密工作先进集体和个人。

国家科学技术行政管理部门设立国家科技保密办公室，负责国家科学技术保密管理的日常工作。

第27条　省、自治区、直辖市科学技术行政管理部门和中央国家机关有关部门，应当设立或者指定专门机构管理科学技术保密工作。主要职责如下：

（一）贯彻执行国家科学技术保密工作方针、政策，制定本行政区域、本部门或者本系统的科学技术保密规章制度；

（二）指导和管理本行政区域、本部门或者本系统的国家科学技术秘密定密工作；

（三）按规定审查涉外国家科学技术秘密事项；

（四）监督检查本行政区域、本部门或者本系统的科学技术保密工作，协助保密行政管理部门查处泄露国家科学技术秘密案件；

（五）组织开展本行政区域、本部门或者本系统科学技术保密宣传教育和培训；

（六）表彰本行政区域、本部门或者本系统的科学技术保密工作先进集体和个人。

第28条　机关、单位管理本机关、本单位的科学技术保密工作。主要职责如下：

（一）建立健全科学技术保密管理制度；

（二）设立或者指定专门机构管理科学技术保密工作；

（三）依法开展国家科学技术秘密定密工作，管理涉密科学技术活动、项目及成果；

（四）确定涉及国家科学技术秘密的人员（以下简称涉密人员），并加强对涉密人员的保密宣传、教育培训和监督管理；

（五）加强计算机及信息系统、涉密载体和涉密会议活动保密管理，严格对外科学技术交流合作和信息公开保密审查；

（六）发生资产重组、单位变更等影响国家科学技术秘密管理的事项时，及时向上级机关或者业务主管部门报告。

第29条　涉密人员应当遵守以下保密要求：

（一）严格执行国家科学技术保密法律法规和规章以及本机关、本单位科学技术保密制度；

（二）接受科学技术保密教育培训和监督检查；

（三）产生涉密科学技术事项时，先行采取保密措施，按规定提请定密，并及时向本机关、本单位科学技术保密管理机构报告；

（四）参加对外科学技术交流合作与涉外商务活动前向本机关、本单位科学技术保密管理机构报告；

（五）发表论文、申请专利、参加学术交流等公开行为前按规定履行保密审查手续；

（六）发现国家科学技术秘密正在泄露或者可能泄露时，立即采取补救措施，并向本机关、本单位科学技术保密管理机构报告；

（七）离岗离职时，与机关、单位签订保密协议，接受脱密期保密管理，严格保守国家科学技术秘密。

第30条　机关、单位和个人在下列科学技术合作与交流活动中，不得涉及国家科学技术秘密：

（一）进行公开的科学技术讲学、进修、考察、合作研究等活动；

（二）利用互联网及其他公共信息网络、广播、电影、电视以及公开发行的报刊、书籍、图文资料和声像制品进行宣传、报道或者发表论文；

（三）进行公开的科学技术展览和展示等活动。

第31条　机关、单位和个人应当加强国家科学技术秘密信息保密管理，存储、处理国家科学技术秘密信息应当符合国家保密规定。任何机关、单位和个人不得有下列行为：

（一）非法获取、持有、复制、记录、存储国家科学技术秘密信息；

（二）使用非涉密计算机、非涉密存储设备存储、处理国家科学技术秘密；

（三）在互联网及其他公共信息网络或者未采取保密措施的有线和无线通信中传递国家科学技术秘密信息；

（四）通过普通邮政、快递等无保密措施的渠道传递国家科学技术秘密信息；

（五）在私人交往和通信中涉及国家科学技术秘密信息；

（六）其他违反国家保密规定的行为。

第 32 条　对外科学技术交流与合作中需要提供国家科学技术秘密的，应当经过批准，并与对方签订保密协议。绝密级国家科学技术秘密原则上不得对外提供，确需提供的，应当经中央国家机关有关主管部门同意后，报国家科学技术行政管理部门批准；机密级国家科学技术秘密对外提供应当报中央国家机关有关主管部门批准；秘密级国家科学技术秘密对外提供应当报中央国家机关有关主管部门或者省、自治区、直辖市人民政府有关主管部门批准。

有关主管部门批准对外提供国家科学技术秘密的，应当在 10 个工作日内向同级政府科学技术行政管理部门备案。

第 33 条　机关、单位开展涉密科学技术活动的，应当指定专人负责保密工作、明确保密纪律和要求，并加强以下方面保密管理：

（一）研究、制定涉密科学技术规划应当制定保密工作方案，签订保密责任书；

（二）组织实施涉密科学技术计划应当制定保密制度；

（三）举办涉密科学技术会议或者组织开展涉密科学技术展览、展示应当采取必要的保密管理措施，在符合保密要求的场所进行；

（四）涉密科学技术活动进行公开宣传报道前应当进行保密

审查。

第34条 涉密科学技术项目应当按照以下要求加强保密管理：

（一）涉密科学技术项目在指南发布、项目申报、专家评审、立项批复、项目实施、结题验收、成果评价、转化应用及科学技术奖励各个环节应当建立保密制度；

（二）涉密科学技术项目下达单位与承担单位、承担单位与项目负责人、项目负责人与参研人员之间应当签订保密责任书；

（三）涉密科学技术项目的文件、资料及其他载体应当指定专人负责管理并建立台账；

（四）涉密科学技术项目进行对外科学技术交流与合作、宣传展示、发表论文、申请专利等，承担单位应当提前进行保密审查；

（五）涉密科学技术项目原则上不得聘用境外人员，确需聘用境外人员的，承担单位应当按规定报批。

第35条 涉密科学技术成果应当按以下要求加强保密管理：

（一）涉密科学技术成果在境内转让或者推广应用，应当报原定密机关、单位批准，并与受让方签订保密协议；

（二）涉密科学技术成果向境外出口，利用涉密科学技术成果在境外开办企业，在境内与外资、外企合作，应当按照本规定第三十二条规定报有关主管部门批准。

第36条 机关、单位应当按照国家规定，做好国家科学技术秘密档案归档和保密管理工作。

第37条 机关、单位应当为科学技术保密工作提供经费、人员和其他必要的保障条件。国家科学技术行政管理部门，省、自治区、直辖市科学技术行政管理部门应当将科学技术保密工作经费纳入部门预算。

第38条 机关、单位应当保障涉密人员正当合法权益。对参与国家科学技术秘密研制的科技人员，有关机关、单位不得因其成果不宜公开发表、交流、推广而影响其评奖、表彰和职称评定。

对确因保密原因不能在公开刊物上发表的论文，有关机关、单位应当对论文的实际水平给予客观、公正评价。

第 39 条　国家科学技术秘密申请知识产权保护应当遵守以下规定：

（一）绝密级国家科学技术秘密不得申请普通专利或者保密专利；

（二）机密级、秘密级国家科学技术秘密经原定密机关、单位批准可申请保密专利；

（三）机密级、秘密级国家科学技术秘密申请普通专利或者由保密专利转为普通专利的，应当先行办理解密手续。

第 40 条　机关、单位对在科学技术保密工作方面作出贡献、成绩突出的集体和个人，应当给予表彰；对于违反科学技术保密规定的，给予批评教育；对于情节严重，给国家安全和利益造成损害的，应当依照有关法律、法规给予有关责任人员处分，构成犯罪的，依法追究刑事责任。

第五章　附　　则

第 41 条　涉及国防科学技术的保密管理，按有关部门规定执行。

第 42 条　本规定由科学技术部和国家保密局负责解释。

第 43 条　本规定自公布之日起施行，1995 年颁布的《科学技术保密规定》（国家科学技术委员会、国家保密局令第 20 号）同时废止。

6.《生物技术研究开发安全管理办法》（2017 年 7 月 12 日）

第 1 条　为规范生物技术研究开发活动，增强从事生物技术研究开发活动的自然人、法人和其他组织的安全责任意识，避免出现直接或间接生物安全危害，促进和保障生物技术研究开发活动健康有序发展，有效维护生物安全，制定本办法。

第2条　在中华人民共和国境内，从事生物技术研究开发活动的自然人、法人和其他组织，应当遵守本办法。

第3条　从事生物技术研究开发活动，应当遵守法律、行政法规，尊重社会伦理，不得损害国家安全、公共利益和他人合法权益，不得违反中华人民共和国相关国际义务和承诺。

第4条　生物技术研究开发安全管理实行分级管理。按照生物技术研究开发活动潜在风险程度，分为高风险等级、较高风险等级和一般风险等级。

高风险等级，指能够导致人或者动物出现非常严重或严重疾病，或对重要农林作物、中药材以及环境造成严重危害的生物技术研究开发活动所具有的潜在风险程度。

较高风险等级，指能够导致人或者动物疾病，但一般情况下对人、动物、重要农林作物、中药材或环境不构成严重危害的生物技术研究开发活动所具有的潜在风险程度。

一般风险等级，指通常情况下对人、动物、重要农林作物、中药材或环境不构成危害的生物技术研究开发活动所具有的潜在风险程度。

第5条　国务院科技主管部门负责全国生物技术研究开发安全指导，联合国务院有关主管部门共同开展生物技术研究开发安全管理有关工作，具体是：

（一）制（修）订生物技术研究开发安全管理规范；

（二）成立国家生物技术研究开发安全管理专家委员会；

（三）研究确定生物技术研究开发活动风险等级，根据生物技术研究开发的发展状况，组织专家制（修）订风险等级清单；

（四）组织专家对法人和其他组织从事的生物技术研究开发活动进行检查和指导。

国务院有关主管部门在各自职责范围内负责生物技术研究开发安全监督管理，对发生的生物技术研究开发事故进行管理。

第6条　国家生物技术研究开发安全管理专家委员会主要职责是：

（一）开展生物技术研究开发安全战略研究，提出生物技术研究开发安全管理有关决策参考和咨询建议；

（二）提出生物技术研究开发活动风险等级清单建议；

（三）提出高风险等级、较高风险等级相关生物技术研究开发安全事故应对措施和处置程序建议；

（四）配合开展生物技术研究开发活动检查和指导。

第7条　省、自治区、直辖市人民政府有关部门依照本办法制定本行政区域生物技术研究开发安全管理规范，开展生物技术研究开发安全管理工作。

第8条　从事生物技术研究开发活动的法人、其他组织对生物技术研究开发安全工作负主体责任，主要职责是：

（一）制定本组织生物技术研究开发安全管理规范；

（二）对本组织生物技术研究开发活动开展风险评估并进行监督管理；

（三）制定本组织各类风险等级生物技术研究开发安全事故应急预案和处置方案；

（四）对生物技术研究开发安全事故进行快速有效处置，并向上级主管部门报告；

（五）对生物技术研究开发安全事故的相关材料和数据进行记录和有效保护。

第9条　自然人、法人和其他组织在公开、转让、推广或产业化、商业化应用生物技术研究开发成果时，应当进行充分评估，避免造成重大生物安全风险。

第10条　自然人、法人和其他组织在生物技术研究开发中涉及国际交流与合作的，应当保守国家秘密，依法维护国家权益。

第11条　自然人、法人和其他组织在生物技术研究开发活动中，未按照生物技术研究开发安全管理规范操作导致出现生物安全事故以及出现事故后未能及时有效处置或隐瞒不报的，由国务院有关主管部门或省、自治区、直辖市人民政府有关部门按照有关法律法规做出处理决定，对于严重失信行为由国务院科技主管部门记入诚信档案。

第12条　军队生物技术研究开发安全管理，由军队参照本办法执行。

第13条　本办法由科学技术部负责解释。

第14条　本办法自发布之日起施行。

附件：生物技术研究开发活动风险分级（略）

7.《禁止出口限制出口技术管理办法》（2009年4月20日）

第1条　为规范我国技术出口的管理，根据《中华人民共和国对外贸易法》、《中华人民共和国技术进出口管理条例》，制定本办法。

第2条　列入《中国禁止出口限制出口技术目录》（另行发布）中禁止出口的技术，不得出口。

第3条　国家对列入《中国禁止出口限制出口技术目录》的限制出口技术实行许可证管理，凡出口国家限制出口技术的，应按本办法履行出口许可手续。

第4条　属于本办法第三条规定的限制出口技术的出口许可由技术出口经营者所在地的省、自治区、直辖市商务主管部门（以下简称“地方商务主管部门”）会同省、自治区、直辖市科技行政主管部门（以下简称“地方科技行政主管部门”）管理。

第5条　技术出口经营者出口本办法第三条所规定的限制出口技术前，应填写《中国限制出口技术申请书》（以下简称《申请书》，见附表一），报送地方商务主管部门履行出口许可手续。

属于国家秘密技术的限制出口技术，在按本办法履行许可手续前，应先按《国家秘密技术出口审查规定》办理保密审查手续，并持保密审查主管部门批准的《国家秘密技术出口保密审查批准书》按本条第一款规定程序办理出口申请。

第6条　地方商务主管部门自收到《申请书》之日起30个工作日内，会同地方科技行政主管部门分别对技术出口项目进行贸易审查和技术审查，并决定是否准予出口。

申请人提供的申请材料不完备、申请内容不清或有其他申请不符合规定的情形，地方商务主管部门可要求申请人对申请材料进行修改或补充。

第7条　地方商务主管部门应在收到《申请书》之日起5个工作日之内，将相关材料转地方科技行政主管部门。地方科技行政主管部门在收到《申请书》之日起15个工作日内，组织专家对申请出口的技术进行技术审查并将审查结果反馈地方商务主管部门，同时报科技部备案。

第8条　限制出口技术的贸易审查应包括以下内容：

（一）是否符合我国对外贸易政策，并有利于促进外贸出口；

（二）是否符合我国的产业出口政策，并有利于促进国民经济发展；

（三）是否符合我国对外承诺的义务。

第9条　限制出口技术的技术审查应包括以下内容：

（一）是否危及国家安全；

（二）是否符合我国科技发展政策，并有利于科技进步；

（三）是否符合我国的产业技术政策，并能带动大型和成套设备、高新技术产品的生产和经济技术合作。

第10条　出口申请获得批准后，由地方商务主管部门颁发由商务部统一印制和编号的《中华人民共和国技术出口许可意向书》(以下简称《技术出口许可意向书》，见附表二)。《技术出口许可意向书》的有效期为3年。

在申请出口信贷、保险意向承诺时，必须出具《技术出口许可意向书》，金融、保险机构凭《技术出口许可意向书》办理有关业务。

第11条　对没有取得《技术出口许可意向书》的限制出口技术项目，任何单位和个人都不得对外进行实质性谈判，不得做出有关技术出口的具有法律效力的承诺。

第12条　技术出口经营者在《技术出口许可意向书》有效期内，未签订技术出口合同的，应按本办法第五条规定的程序向地方商务主管部门重新提出出口申请。

第13条　技术出口经营者签订技术出口合同后，持《技术出口许可意向书》、合同副本、技术资料出口清单（文件、资料、图纸、其他）(见附表四)、签约双方法律地位证明文件到地方商务主管部门申请技术出口许可证。

第14条　地方商务主管部门对技术出口合同的真实性进行审查，并自收到本办法第十三条规定的文件之日起15个工作日内，对技术出口做出是否许可的决定，对许可出口的技术颁发由商务部统一印制和编号的《中华人民共和国技术出口许可证》(以下简称《技术出口许可证》，见附表三)。

第15条　限制出口技术的技术出口合同自《技术出口许可证》颁发之日起生效。

第16条　技术出口经营者到地方商务主管部门领取《技术出口许可证》前，应登录商务部网站上的“技术进出口合同信息管理系统”（网址为：jsjckqy. fwmys. mofcom. gov. cn），按程序录入合同内容。

第17条　技术出口经营者获得《技术出口许可证》后，如需更改技术出口内容，应按本办法规定的程序重新履行技术出口许可手续。

第18条　凡经批准允许出口的国家限制出口技术出口项目，技术出口经营者在办理海关事宜时，应主动出示《技术出口许可证》，海关验核后办理有关放行手续。

第19条　商务部会同科技部负责对地方商务主管部门和地方科技主管部门的技术出口许可进行监督检查，同时加强对限制出口技术管理的培训和指导。

地方商务主管部门应在每年1月31日前将上年度批准的技术出口许可事项向商务部备案。

第20条　凡违反本办法规定的，将依据《中华人民共和国技术进出口管理条例》及其他有关法律规定，追究有关当事人和单位的责任。

第21条　核技术、核两用品相关技术、化学两用品相关技术、生物两用品相关技术、导弹相关技术和国防军工专有技术的出口不适用本办法。

第22条　本办法自公布之日起30日后施行。2002年1月1日起施行的《禁止出口限制出口技术管理办法》（原对外贸易经济合作部、科学技术部2001年第14号令）同时废止。

附件：出口技术规章附表（略）

第一百零七条　禁止的科学技术研究开发和应用活动

禁止危害国家安全、损害社会公共利益、危害人体健康、违背科研诚信和科技伦理的科学技术研究开发和应用活动。

从事科学技术活动，应当遵守科学技术活动管理规范。对严重违反科学技术活动管理规范的组织和个人，由科学技术行政等有关部门记入科研诚信严重失信行为数据库。

● 法　律

1.《科学技术普及法》（2002年6月29日）

第30条　以科普为名进行有损社会公共利益的活动，扰乱社会秩序或者骗取财物，由有关主管部门给予批评教育，并予以制止；违反治安管理规定的，由公安机关依法给予治安管理处罚；构成犯罪的，依法追究刑事责任。

● 行政法规及文件

2.《国家科学技术奖励条例》（2020年10月7日）

第24条　国家科学技术奖励工作实行科研诚信审核制度。国务院科学技术行政部门负责建立提名专家、学者、组织机构和评审委员、评审专家、候选者的科研诚信严重失信行为数据库。

禁止任何个人、组织进行可能影响国家科学技术奖提名和评审公平、公正的活动。

第十一章　法律责任

第一百零八条　滥用职权、玩忽职守、徇私舞弊的法律责任

违反本法规定，科学技术行政等有关部门及其工作人员，以及其他依法履行公职的人员滥用职权、玩忽职守、徇私舞弊的，对直接负责的主管人员和其他直接责任人员依法给予处分。

● 法　律

1.《促进科技成果转化法》（2015年8月29日）

第49条　科学技术行政部门和其他有关部门及其工作人员在科技成果转化中滥用职权、玩忽职守、徇私舞弊的，由任免机关或者监察机关对直接负责的主管人员和其他直接责任人员依法

给予处分；构成犯罪的，依法追究刑事责任。

2.《**科学技术普及法**》（2002年6月29日）

第33条 国家工作人员在科普工作中滥用职权、玩忽职守、徇私舞弊的，依法给予行政处分；构成犯罪的，依法追究刑事责任。

行政法规及文件

3.《**国家科学技术奖励条例**》（2020年10月7日）

第27条 禁止使用国家科学技术奖名义牟取不正当利益。

第29条 评审委员、评审专家违反国家科学技术奖评审工作纪律的，由国务院科学技术行政部门取消其评审委员、评审专家资格，并由所在单位或者有关部门依法给予处分。

第35条 参与国家科学技术奖评审组织工作的人员在评审活动中滥用职权、玩忽职守、徇私舞弊的，依法给予处分；构成犯罪的，依法追究刑事责任。

第一百零九条 阻挠、限制、压制科学技术研究开发活动的法律责任

违反本法规定，滥用职权阻挠、限制、压制科学技术研究开发活动，或者利用职权打压、排挤、刁难科学技术人员的，对直接负责的主管人员和其他直接责任人员依法给予处分。

法 律

《**促进科技成果转化法**》（2015年8月29日）

第49条 科学技术行政部门和其他有关部门及其工作人员在科技成果转化中滥用职权、玩忽职守、徇私舞弊的，由任免机关或者监察机关对直接负责的主管人员和其他直接责任人员依法给予处分；构成犯罪的，依法追究刑事责任。

第一百一十条 虚报、冒领、贪污财政性科技资金等的法律责任

违反本法规定，虚报、冒领、贪污、挪用、截留用于科学技术进步的财政性资金或者社会捐赠资金的，由有关主管部门责令改正，追回有关财政性资金，责令退还捐赠资金，给予警告或者通报批评，并可以暂停拨款，终止或者撤销相关科学技术活动；情节严重的，依法处以罚款，禁止一定期限内承担或者参与财政性资金支持的科学技术活动；对直接负责的主管人员和其他直接责任人员依法给予行政处罚和处分。

● 法 律

《科学技术普及法》（2002 年 6 月 29 日）

第 28 条 科普经费和社会组织、个人资助科普事业的财产，必须用于科普事业，任何单位或者个人不得克扣、截留、挪用。

第 31 条 违反本法规定，克扣、截留、挪用科普财政经费或者贪污、挪用捐赠款物的，由有关主管部门责令限期归还；对负有责任的主管人员和其他直接责任人员依法给予行政处分；构成犯罪的，依法追究刑事责任。

第一百一十一条 不履行科学技术资源共享使用义务的法律责任

违反本法规定，利用财政性资金和国有资本购置大型科学仪器、设备后，不履行大型科学仪器、设备等科学技术资源共享使用义务的，由有关主管部门责令改正，给予警告或者通报批评，对直接负责的主管人员和其他直接责任人员依法给予处分。

法　律

《科学技术普及法》（2002 年 6 月 29 日）

第 32 条　擅自将政府财政投资建设的科普场馆改为他用的，由有关主管部门责令限期改正；情节严重的，对负有责任的主管人员和其他直接责任人员依法给予行政处分。

扰乱科普场馆秩序或者毁损科普场馆、设施的，依法责令其停止侵害、恢复原状或者赔偿损失；构成犯罪的，依法追究刑事责任。

第一百一十二条　从事禁止的科学技术研究开发和应用活动的法律责任

违反本法规定，进行危害国家安全、损害社会公共利益、危害人体健康、违背科研诚信和科技伦理的科学技术研究开发和应用活动的，由科学技术人员所在单位或者有关主管部门责令改正；获得用于科学技术进步的财政性资金或者有违法所得的，由有关主管部门终止或者撤销相关科学技术活动，追回财政性资金，没收违法所得；情节严重的，由有关主管部门向社会公布其违法行为，依法给予行政处罚和处分，禁止一定期限内承担或者参与财政性资金支持的科学技术活动、申请相关科学技术活动行政许可；对直接负责的主管人员和其他直接责任人员依法给予行政处罚和处分。

违反本法规定，虚构、伪造科研成果，发布、传播虚假科研成果，或者从事学术论文及其实验研究数据、科学技术计划项目申报验收材料等的买卖、代写、代投服务的，由有关主管部门给予警告或者通报批评，处以罚款；有违法所得的，没收违法所得；情节严重的，吊销许可证件。

法　律

1.《科学技术普及法》（2002 年 6 月 29 日）

第 30 条　以科普为名进行有损社会公共利益的活动，扰乱社会秩序或者骗取财物，由有关主管部门给予批评教育，并予以制止；违反治安管理规定的，由公安机关依法给予治安管理处罚；构成犯罪的，依法追究刑事责任。

2.《促进科技成果转化法》（2015 年 8 月 29 日）

第 47 条　违反本法规定，在科技成果转化活动中弄虚作假，采取欺骗手段，骗取奖励和荣誉称号、诈骗钱财、非法牟利的，由政府有关部门依照管理职责责令改正，取消该奖励和荣誉称号，没收违法所得，并处以罚款。给他人造成经济损失的，依法承担民事赔偿责任。构成犯罪的，依法追究刑事责任。

第 50 条　违反本法规定，以唆使窃取、利诱胁迫等手段侵占他人的科技成果，侵犯他人合法权益的，依法承担民事赔偿责任，可以处以罚款；构成犯罪的，依法追究刑事责任。

行政法规及文件

3.《国家科学技术奖励条例》（2020 年 10 月 7 日）

第 24 条　国家科学技术奖励工作实行科研诚信审核制度。国务院科学技术行政部门负责建立提名专家、学者、组织机构和评审委员、评审专家、候选者的科研诚信严重失信行为数据库。

禁止任何个人、组织进行可能影响国家科学技术奖提名和评审公平、公正的活动。

第一百一十三条　违反科学技术活动管理规范的法律责任

违反本法规定，从事科学技术活动违反科学技术活动管理规范的，由有关主管部门责令限期改正，并可以追回有关财政性资金，给予警告或者通报批评，暂停拨款、终止或者撤销相关财政性资金支持的科学技术活动；情节严重的，禁止一定期限内承担或者参与财政性资金支持的科学技术活动，取消一定期限内财政性资金支持的科学技术活动管理资格；对直接负责的主管人员和其他直接责任人员依法给予处分。

法　律

1.《促进科技成果转化法》（2015 年 8 月 29 日）

第 46 条　利用财政资金设立的科技项目的承担者未依照本法规定提交科技报告、汇交科技成果和相关知识产权信息的，由组织实施项目的政府有关部门、管理机构责令改正；情节严重的，予以通报批评，禁止其在一定期限内承担利用财政资金设立的科技项目。

国家设立的研究开发机构、高等院校未依照本法规定提交科技成果转化情况年度报告的，由其主管部门责令改正；情节严重的，予以通报批评。

第 51 条　违反本法规定，职工未经单位允许，泄露本单位的技术秘密，或者擅自转让、变相转让职务科技成果的，参加科技成果转化的有关人员违反与本单位的协议，在离职、离休、退休后约定的期限内从事与原单位相同的科技成果转化活动，给本单位造成经济损失的，依法承担民事赔偿责任；构成犯罪的，依法追究刑事责任。

行政法规及文件

2.《国家科学技术奖励条例》（2020 年 10 月 7 日）

第 28 条　候选者进行可能影响国家科学技术奖提名和评审公平、公正的活动的，由国务院科学技术行政部门给予通报批评，取消其参评资格，并由所在单位或者有关部门依法给予处分。

其他个人或者组织进行可能影响国家科学技术奖提名和评审公平、公正的活动的，由国务院科学技术行政部门给予通报批评；相关候选者有责任的，取消其参评资格。

第一百一十四条 骗取科技奖励等的法律责任

违反本法规定，骗取国家科学技术奖励的，由主管部门依法撤销奖励，追回奖章、证书和奖金等，并依法给予处分。

违反本法规定，提名单位或者个人提供虚假数据、材料，协助他人骗取国家科学技术奖励的，由主管部门给予通报批评；情节严重的，暂停或者取消其提名资格，并依法给予处分。

● 法　律

1. 《促进科技成果转化法》（2015 年 8 月 29 日）

第 47 条　违反本法规定，在科技成果转化活动中弄虚作假，采取欺骗手段，骗取奖励和荣誉称号、诈骗钱财、非法牟利的，由政府有关部门依照管理职责责令改正，取消该奖励和荣誉称号，没收违法所得，并处以罚款。给他人造成经济损失的，依法承担民事赔偿责任。构成犯罪的，依法追究刑事责任。

● 行政法规及文件

2. 《国家科学技术奖励条例》（2020 年 10 月 7 日）

第 24 条　国家科学技术奖励工作实行科研诚信审核制度。国务院科学技术行政部门负责建立提名专家、学者、组织机构和评审委员、评审专家、候选者的科研诚信严重失信行为数据库。

禁止任何个人、组织进行可能影响国家科学技术奖提名和评审公平、公正的活动。

第 30 条　获奖者剽窃、侵占他人的发现、发明或者其他科学技术成果的，或者以其他不正当手段骗取国家科学技术奖的，由国务院科学技术行政部门报国务院批准后撤销奖励，追回奖章、证书和奖金，并由所在单位或者有关部门依法给予处分。

第一百一十五条　综合法律责任

违反本法规定的行为，本法未作行政处罚规定，其他有关法律、行政法规有规定的，依照其规定；造成财产损失或者其他损害的，依法承担民事责任；构成违反治安管理行为的，依法给予治安管理处罚；构成犯罪的，依法追究刑事责任。

第十二章　附　　则

第一百一十六条　国防科技进步

涉及国防科学技术进步的其他有关事项，由国务院、中央军事委员会规定。

第一百一十七条　施行日期

本法自 2022 年 1 月 1 日起施行。

附录

本书所涉文件目录

一、法律

2002 年 6 月 29 日　中华人民共和国科学技术普及法
2010 年 4 月 29 日　中华人民共和国保守国家秘密法
2012 年 12 月 28 日　中华人民共和国农业法
2015 年 8 月 29 日　中华人民共和国促进科技成果转化法
2017 年 9 月 1 日　中华人民共和国中小企业促进法
2018 年 10 月 26 日　中华人民共和国农业机械化促进法
2018 年 10 月 26 日　中华人民共和国节约能源法
2018 年 10 月 26 日　中华人民共和国循环经济促进法
2018 年 12 月 29 日　中华人民共和国高等教育法
2018 年 12 月 29 日　中华人民共和国义务教育法
2018 年 12 月 29 日　中华人民共和国企业所得税法
2019 年 12 月 28 日　中华人民共和国基本医疗卫生与健康促进法
2020 年 4 月 29 日　中华人民共和国固体废物污染环境防治法
2020 年 10 月 17 日　中华人民共和国生物安全法
2020 年 10 月 17 日　中华人民共和国专利法
2021 年 3 月 11 日　中华人民共和国国民经济和社会发展第十四个五年规划和 2035 年远景目标纲要
2020 年 10 月 17 日　中华人民共和国生物安全法
2020 年 12 月 26 日　中华人民共和国长江保护法
2021 年 4 月 29 日　中华人民共和国乡村振兴促进法
2021 年 4 月 29 日　中华人民共和国教育法
2021 年 6 月 10 日　中华人民共和国数据安全法

2021 年 12 月 24 日　中华人民共和国种子法
2022 年 10 月 30 日　中华人民共和国黄河保护法

二、行政法规及文件

2007 年 2 月 24 日　国家自然科学基金条例
2013 年 1 月 28 日　国务院办公厅关于强化企业技术创新主体地位全面提升企业创新能力的意见
2017 年 11 月 23 日　国务院办公厅关于推动国防科技工业军民融合深度发展的意见
2019 年 4 月 23 日　中华人民共和国企业所得税法实施条例
2019 年 5 月 28 日　中华人民共和国人类遗传资源管理条例
2019 年 10 月 22 日　优化营商环境条例
2020 年 10 月 7 日　国家科学技术奖励条例
2021 年 7 月 16 日　国务院办公厅关于完善科技成果评价机制的指导意见
2021 年 8 月 5 日　国务院办公厅关于改革完善中央财政科研经费管理的若干意见

三、部门规章及文件

2001 年 1 月 20 日　国家科技计划管理暂行规定
2002 年 10 月 29 日　国家技术创新计划管理办法
2004 年 8 月 15 日　外国人在中国永久居留审批管理办法
2005 年 11 月 15 日　创业投资企业管理暂行办法
2007 年 12 月 24 日　科技部、教育部、财政部、劳动和社会保障部、税务总局、中国科协《关于加强农村实用科技人才培养的若干意见》
2008 年 11 月 3 日　国家民委、科技部、农业部、中国科协《关于进一步加强少数民族和民族地区科技工作的若干意见》
2008 年 12 月 23 日　国家科学技术奖励条例实施细则

2009 年 4 月 20 日	禁止出口限制出口技术管理办法
2010 年 5 月 29 日	国防科学技术奖励办法
2010 年 7 月 1 日	国家科技重大专项知识产权管理暂行规定
2010 年 8 月 12 日	财政部、工业和信息化部、银监会、国家知识产权局、国家工商行政管理总局、国家版权局《关于加强知识产权质押融资与评估管理支持中小企业发展的通知》
2011 年 8 月 17 日	国家国际科技合作专项管理办法
2013 年 11 月 29 日	教育部关于深化高等学校科技评价改革的意见
2013 年 12 月 19 日	政府采购非招标采购方式管理办法
2015 年 8 月 13 日	专业技术人员继续教育规定
2015 年 11 月 16 日	科学技术保密规定
2016 年 2 月 26 日	国家企业技术中心认定管理办法
2016 年 2 月 26 日	财政部、科技部、国资委《国有科技型企业股权和分红激励暂行办法》
2016 年 6 月 16 日	高等学校预防与处理学术不端行为办法
2017 年 6 月 22 日	科技部、财政部《国家重点研发计划管理暂行办法》
2017 年 7 月 12 日	生物技术研究开发安全管理办法
2018 年 6 月 15 日	个体工商户个人所得税计税办法
2018 年 9 月 18 日	财政部、科技部、国资委《关于扩大国有科技型企业股权和分红激励暂行办法实施范围等有关事项的通知》
2018 年 12 月 14 日	科技企业孵化器管理办法
2019 年 8 月 13 日	科技部、中央宣传部、中央网信办、财政部、文化和旅游部、广播电视总局《关于促进文化和科技深度融合的指导意见》
2019 年 9 月 12 日	科技部《关于促进新型研发机构发展的指导意见》

2019 年 9 月 23 日	财政部《关于进一步加大授权力度促进科技成果转化的通知》
2019 年 10 月 24 日	教育部《关于加强新时代教育科学研究工作的意见》
2019 年 12 月 2 日	生态环境部《关于深化生态环境科技体制改革激发科技创新活力的实施意见》
2020 年 4 月 7 日	科技部办公厅关于开展科技人员服务企业专项行动的通知
2020 年 5 月 9 日	科技部、发展改革委、教育部、工业和信息化部、财政部、人力资源社会保障部、商务部、知识产权局、中科院《赋予科研人员职务科技成果所有权或长期使用权试点实施方案》
2020 年 6 月 4 日	科技部办公厅关于加快推动国家科技成果转移转化示范区建设发展的通知
2020 年 6 月 29 日	农业农村部办公厅关于国家农业科技创新联盟建设的指导意见
2020 年 7 月 17 日	科学技术活动违规行为处理暂行规定
2020 年 7 月 29 日	国家工程研究中心管理办法
2020 年 12 月 20 日	科技部《长三角科技创新共同体建设发展规划》
2020 年 12 月 31 日	工作场所职业卫生管理规定
2020 年 12 月 31 日	人力资源社会保障部、教育部《关于深化高等学校教师职称制度改革的指导意见》
2021 年 2 月 8 日	人力资源社会保障部、财政部、科技部《关于事业单位科研人员职务科技成果转化现金奖励纳入绩效工资管理有关问题的通知》
2021 年 2 月 10 日	科技部、财政部《国家技术创新中心建设运行管理办法（暂行）》

2021年4月16日	财政部、中央宣传部、国家发展改革委、教育部、科技部、工业和信息化部、民政部、商务部、文化和旅游部、海关总署、税务总局《关于“十四五”期间支持科技创新进口税收政策管理办法的通知》
2021年6月17日	科技部、全国妇联、教育部、工业和信息化部、人力资源社会保障部、卫生健康委、国资委、中科院、工程院、社科院、全国总工会、中国科协、自然科学基金委《关于支持女性科技人才在科技创新中发挥更大作用的若干措施》
2021年7月12日	教育部《高等学校碳中和科技创新行动计划》
2021年8月25日	交通运输部、科学技术部《关于科技创新驱动加快建设交通强国的意见》
2021年9月28日	财政部、国家自然科学基金委员会《国家自然科学基金资助项目资金管理办法》
2021年9月30日	科技部、财政部、海关总署、税务总局《科研院所等科研机构免税进口科学研究、科技开发和教学用品管理细则》
2021年11月30日	财政部、科技部《中央引导地方科技发展资金管理办法》
2021年12月10日	自然资源部办公厅《关于进一步落实科技创新有关政策的若干措施》
2022年8月4日	“十四五”国家科学技术普及发展规划
2022年8月25日	科技部等二十二部门关于印发《科研失信行为调查处理规则》的通知

四、司法解释及文件

2009 年 3 月 23 日　最高人民法院关于贯彻实施国家知识产权战略若干问题的意见

2012 年 7 月 19 日　最高人民法院关于充分发挥审判职能作用为深化科技体制改革和加快国家创新体系建设提供司法保障的意见

五、其他规范性文件

2020 年 11 月 26 日　中国科协、民政部《关于进一步推动中国科协学会创新发展的意见》

2021 年 12 月 16 日　中国科协办公厅《关于加强科普标准化工作的通知》

图书在版编目（CIP）数据

科学技术进步法一本通／法规应用研究中心编．—北京：中国法制出版社，2023.1
（法律一本通；26）
ISBN 978-7-5216-3090-9

Ⅰ．①科…　Ⅱ．①法…　Ⅲ．①科学技术管理法规-基本知识-中国　Ⅳ．①D922.174

中国版本图书馆 CIP 数据核字（2022）第 210144 号

责任编辑：孙　静　　　　封面设计：杨泽江

科学技术进步法一本通

KEXUE JISHU JINBUFA YIBENTONG

编者/法规应用研究中心
经销/新华书店
印刷/三河市国英印务有限公司
开本/880 毫米×1230 毫米　32 开　　　　印张/13.125　字数/319 千
版次/2023 年 1 月第 1 版　　　　2023 年 1 月第 1 次印刷

中国法制出版社出版
书号 ISBN 978-7-5216-3090-9　　　　定价：46.00 元

北京市西城区西便门西里甲 16 号西便门办公区
邮政编码：100053　　　　传真：010-63141600
网址：http：//www.zgfzs.com　　　　**编辑部电话：010-63141787**
市场营销部电话：010-63141612　　　　**印务部电话：010-63141606**

（如有印装质量问题，请与本社印务部联系。）

法律一本通丛书．第九版

1. 民法典一本通
2. 刑法一本通
3. 行政法一本通
4. 土地管理法一本通
5. 农村土地承包法一本通
6. 道路交通安全法一本通
7. 劳动法一本通
8. 劳动合同法一本通
9. 公司法一本通
10. 安全生产法一本通
11. 税法一本通
12. 产品质量法、食品安全法、消费者权益保护法一本通
13. 公务员法一本通
14. 商标法、专利法、著作权法一本通
15. 民事诉讼法一本通
16. 刑事诉讼法一本通
17. 行政复议法、行政诉讼法一本通
18. 个人信息保护法一本通
19. 行政处罚法一本通
20. 数据安全法一本通
21. 网络安全法、数据安全法、个人信息保护法一本通
22. 监察法、监察官法、监察法实施条例一本通
23. 法律援助法一本通
24. 家庭教育促进法、未成年人保护法、预防未成年人犯罪法一本通
25. 工会法一本通
26. 科学技术进步法一本通
27. 职业教育法一本通
28. 反垄断法一本通
29. 体育法一本通
30. 反电信网络诈骗法一本通
31. 农产品质量安全法一本通
32. 妇女权益保障法一本通
33. 治安管理处罚法一本通
34. 企业破产法一本通
35. 保险法一本通
36. 证券法一本通
37. 劳动争议调解仲裁法一本通
38. 劳动法、劳动合同法、劳动争议调解仲裁法一本通
39. 未成年人保护法、妇女权益保障法、老年人权益保障法一本通